kompaktwissen

HERB COHEN

So bekommen Sie alles, was Sie wollen

Die Techniken
der Verhandlungskünstler: in Beruf
und Geschäft, im Gesellschafts- und
Privatleben.

Gesprächstaktiken - Vergünstigungen,
Vorteile, Preisnachlässe aushandeln -
Widerstände überwinden -
Die Stärke der Schwäche -
Durchsetzungstraining

Wilhelm Heyne Verlag
München

HEYNE KOMPAKTWISSEN
Nr. 22/327

Herausgeber der Reihe »kompaktwissen«:
Dr. Uwe Schreiber

Titel der amerikanischen Originalausgabe
YOU CAN NEGOTIATE ANYTHING
Deutsche Übersetzung von Dr. Klaus Kamberger

Neuauflage des Heyne-Taschenbuches Nr. 22/120
»Sie können alles erreichen«

Printed in Germany 1994
Umschlaggestaltung: Atelier Ingrid Schütz, München
Satz: Schaber Datentechnik, Wels
Druck und Bindung: Ebner Ulm

ISBN 3-453-07077-1

Inhalt

Zum Gedenken an meinen Vater, Morris Cohen.
Seine Strategie, etwas zu erreichen, bestand darin,
stets viel mehr zu geben, als er erhielt.
Sein Leben sprach für sich selbst.

Unsere besten Gedanken liefern uns die anderen.

RALPH WALDO EMERSON

Danksagung

Dieses Buch hat, wie so manches andere, eine lange Geschichte. Viele Menschen und Erfahrungen haben über die Jahre hinweg mein Denken geformt. Mit Rücksicht darauf ist es nur ehrlich und richtig, wenn ich sage, daß die Arbeit an diesem Manuskript bereits vor langer Zeit begonnen hat.
Abgesehen von dieser Einschätzung ist jedoch das, was die folgenden Seiten bringen, das Produkt von Tausenden von Versuchen, in denen ich selbst dreißig Jahre lang ein Hindernis nach dem anderen zu überwinden hatte. Während dieser ganzen Zeit habe ich in starkem Maße von der Zusammenarbeit mit vielen ausgezeichneten Theoretikern und Praktikern aus Industrie und Verwaltung profitiert.
Dennoch wäre es eine Nachlässigkeit von mir, wenn ich es versäumte, einige Namen zu nennen, die meine Entwicklung entscheidend beeinflußt haben, obwohl ich sie nicht für alles, was ich geschrieben habe, verantwortlich machen kann: Robert E. Alberts, Saul D. Alinsky, Renee Blumenthal, Harlan Cleveland, Michael Di Nunzio, Viktor E. Frankl, Jay Haley, Eric Hoffer, Eugene E. Jennings, George F. Kennan, Marya Mannes, Norman Podhoretz, Bill Rosen, Bertrand Russell, Arthur Sabath, Francis A. Sinatra und, vor allem, Esther Greenspun.
Auch den anderen, die ihre Spuren auf diesen Seiten hinterlassen haben, möchte ich danken — vor allem George Elrick, Eleanor Harvie, Anita Lurie und meinem besten Freund, Larry King. Großen Dank schulde ich Carole Livingstone für ihre Ratschläge, ebenso meinem Verleger, Lyle Stuart, für seine einzigartige Veranlagung, Mut zum Risiko mit Geduld zu verbinden.
Vor allem möchte ich aber meiner Lebensgefährtin und Gattin Ellen für ihre Hilfe und Unterstützung danken. Das vorliegende Buch wäre schwerlich in Gedanken ausgearbeitet, geschweige denn vollendet worden, wenn sie nicht gewesen wäre.
Bevor Sie sich nun dem eigentlichen Text zuwenden, möchte

ich gern auf drei Dinge hinweisen, die bei der Lektüre beachtet werden sollten.
Erstens: Ich möchte betonen, daß ich mit dem Gebrauch des männlichen Pronomens keine Geringschätzung des anderen Geschlechts verbinde. Als ich dieses Buch schrieb, habe ich endlose Stunden damit zugebracht, unsere häufig von Vorurteilen geprägten Sprachgewohnheiten in den Griff zu bekommen. Meine anfänglichen Versuche, die Schwierigkeiten, die die Pronomen darstellen, völlig auszumerzen, stifteten eher Verwirrung oder wirkten schwerfällig. Daher kann es schon sein, daß hier und da der Eindruck eines verbalen Sexismus entsteht. Sollte das der Fall sein, dann bitte ich um Entschuldigung. Zweifelsohne gehöre ich nicht zu denen, die meinen, daß die Frau, nur weil sie angeblich aus Adams Rippe entstanden ist, eine zweitrangige Randerscheinung ist. Im Zeitalter der Emanzipation zeigt sich immer wieder, daß viele Schwierigkeiten zwischen den beiden Geschlechtern auch schon in der Sprache ihren Niederschlag gefunden haben.
Zweitens: Ich habe mich entschlossen, keinerlei Fußnoten, Hinweise oder Fachbegriffe zur Untermauerung der Konzepte und Ideen, die ich in diesem Buch darlege, zu verwenden. Es lag nicht in meiner Absicht, ein wissenschaftliches Werk für Experten zu verfassen, sondern einen praktischen und lesbaren Führer für den Laien. Sinn und Bedeutung des Buches sollen sich aus den dargestellten Gedanken und Beispielen heraus entwickeln. Ist dies nicht der Fall, dann bietet auch die allerklügste Fußnote keine Lösung.
Drittens: Ich bin über manche Dinge großzügig hinweggegangen, indem ich es vermieden habe, auf technische oder rechtliche Details einzugehen. Ich hoffe, daß dadurch die dem Ganzen zugrunde liegenden Konzepte leichter verständlich wurden. An einigen Stellen habe ich zudem Vorschläge gemacht, die nur sinn-, nicht buchstabengemäß aufgefaßt werden sollten.
Es liegt nicht in meiner Absicht, den Lesern ein bestimmtes Verhalten vorzuschreiben oder ihnen zu sagen, was sie wollen sollten. Mein Ziel ist vielmehr, die Wirklichkeit, in der wir leben, und die darin enthaltenen Möglichkeiten zu beleuchten.

Dabei arbeite ich sowohl Denk- und Verhaltensweisen heraus, die Ihnen bestimmte Grenzen setzen, als auch Entscheidungen und Alternativen, unter denen Sie wählen können. Jeder von Ihnen wird dann innerhalb seines eigenen Bedürfnissystems — vom Glauben bis hin zur Bequemlichkeit — seinen Weg finden, auf dem er bekommt, was er sich wünscht, und dies allein auf der Basis der eigenen Vorstellungen und Notwendigkeiten.

Northbrook, Illinois, September 1980 H.C.

Erster Teil: Jawohl, Sie können es

Um in das Gelobte Land zu gelangen,
muß man sich seinen Weg durch die Wildnis
bahnen.

1. Was bedeutet das Überwinden von Hindernissen in Verhandlungssituationen?

Die Welt, in der Sie leben, gleicht einem riesigen Hindernislauf, an dem Sie, ob Sie wollen oder nicht, teilnehmen müssen. Als Individuum gerät man in Konflikt mit den anderen, seien es nun Familienmitglieder, Berufskollegen, Konkurrenten oder mit weniger greifbaren Einrichtungen wie dem ›Establishment‹ oder anderen Machtstrukturen. Die Art, wie Sie mit diesen Herausforderern und Herausforderungen umgehen, bestimmt nicht allein darüber, ob Sie Erfolg haben, sondern auch, ob Sie sich eines erfüllten, angenehmen und befriedigenden Lebens erfreuen.
Schwierigkeiten und Probleme im Umgang mit Ihrer Umwelt zu bewältigen, erfordert, daß Sie Ihre Bemühungen und Ihr Wissen so einsetzen, daß Sie die Gunst der Leute erringen, von denen Sie etwas wollen. So einfach ist das.
Und was ist es, was wir wollen? Wir wollen alles mögliche: Ansehen, Freiheit, Geld, Gerechtigkeit, Status, Liebe, Sicherheit, Anerkennung. Manche von uns wissen besser als andere, wie sie erreichen können, was sie wollen. Und Sie sind jetzt auf dem Wege, einer von denen zu werden.
Ursprünglich hieß es, daß diejenigen Menschen am meisten erreichen, die das größte Talent, die größte Hingabefähigkeit und die beste Erziehung und Ausbildung besitzen. Aber das Leben hat denen, die über diese Tugenden und Vorzüge verfügten, die Illusionen geraubt: Am Ende triumphierte die

harte Arbeit. Die Gewinner scheinen Leute zu sein, die nicht nur kompetent sind, sondern auch die Fähigkeit besitzen, mit Dingen so umzugehen, daß sie erreichen, was sie sich vorgenommen haben.

Wie überwindet man Hindernisse? Indem man sein Wissen und seine Kräfte so einsetzt, daß man in einem bestimmten Spannungsfeld Verhalten beeinflußt. Wenn Sie sich diese ziemlich weitgefaßte Definition durch den Kopf gehen lassen, dann wird Ihnen aufgehen, daß Sie in der Tat von morgens bis abends damit beschäftigt sind, Hindernisse zu überwinden, um etwas zu erreichen, sei es in Ihrem Beruf oder in Ihrem privaten Leben.

Mit wem gemeinsam teilen Sie Ihr Wissen und Ihre Kräfte außerhalb Ihres Berufs? Männer haben mit ihren Ehefrauen zu tun, Ehefrauen mit ihren Männern. (Ich hoffe, Sie führen eine Ehe, in der beide daraus Gewinn schöpfen.) Hinzu kommen Freunde und Verwandte. Oder Sie werden etwa mit einem Verkehrspolizisten konfrontiert, der Ihnen ein Strafmandat ausschreibt, mit einem Verkäufer, der Ihren Scheck nicht akzeptieren will, mit einem Hauseigentümer, der sich nicht um die notwendigen Dienstleistungen kümmert oder plötzlich die Miete verdoppeln will, mit einem Autoverkäufer, der Ihnen etwas aufschwätzen will, oder mit einem Hotelmanager, der keinen Platz mehr für Sie hat, obwohl man Ihre Reservierung bestätigt hat. Zu den häufigsten und frustrierendsten Situationen, in denen es Hürden zu überwinden gilt, kommt es innerhalb der Familie, wenn Eltern und Kinder miteinander Probleme auszutragen haben. Dazu ein Beispiel aus meiner persönlichen Erfahrung.

Meine Frau und ich haben drei Kinder. Als unser Jüngster neun Jahre alt war, wog er knapp fünfzig Pfund — ein erstaunlich geringes Gewicht für ein Kind seines Alters. Und damit sorgte er tatsächlich für einige Aufregung unter den Familienmitgliedern. Meine Frau und ich sind ausgesprochen gute Esser, und unsere beiden ältesten Kinder haben ebenfalls einen unersättlichen Appetit. Und dann dieses dritte Kind, das so ganz anders war — die Leute fragten uns sogar: »Woher habt Ihr es?«, oder: »Wessen Kind ist das?«

Unser Sohn war deshalb so mager, weil er ganz eigene Methoden entwickelt hatte, die ihn davor bewahrten, auch nur in die Nähe von Speisen zu kommen, die serviert wurden. Für ihn waren Begriffe wie »Mahlzeit«, »Küche«, »Essen« etwas sehr Profanes.
Es ist ein paar Jahre her, daß ich eines Freitagabends nach einer anstrengenden Woche voller Reisen und Vorträge nach Hause kam. Da ich mich bei solchen langen Autofahrten recht einsam fühle, freute ich mich darauf, mit meiner Frau am Abend das eine oder andere zu bereden. Als ich unser Haus betrat, war ich bestürzt, meine Frau zusammengerollt auf der Couch zu finden, den Daumen im Mund. Sie hatte offenbar ein Problem. »Ich hatte einen ziemlich harten Tag«, murmelte sie.
Um sie aus ihrem Trübsinn herauszureißen, schlug ich vor: »Warum gehen wir zum Abendessen nicht in ein Restaurant?« Meine Frau und meine beiden Ältesten waren von der Idee begeistert.
Nur der Neunjährige widersprach: »Ich betrete kein Restaurant! Da servieren sie nämlich etwas zu essen!« Da schnappte ich ihn einfach und trug ihn zum Auto — was auch eine Methode ist, mit einer Situation fertigzuwerden.
Als wir das Restaurant betraten, beschwerte er sich noch immer: »Papa, warum muß ich eigentlich mit allen hier rund um den Tisch sitzen? Warum kann ich nicht *unter* dem Tisch hokken?«
Ich wandte mich an meine Frau. »Was macht das schon für einen Unterschied? Dann sitzen wir eben zu viert hier oben und einer unten. Dabei sparen wir uns noch einen Posten auf der Rechnung!« Sie wehrte sich anfangs gegen diese Idee, ließ sich dann aber doch überzeugen.
Wir fingen an zu essen, und in den ersten zehn Minuten passierte nichts. Bevor der zweite Gang serviert wurde, spürte ich plötzlich eine feuchtkalte Hand mein Bein hinaufkriechen. Ein paar Sekunden später sprang meine Frau plötzlich wie von einer Tarantel gestochen auf.
Wütend griff ich unter den Tisch, bekam den Missetäter zu fassen, zog ihn an den Schultern hervor und pflanzte ihn auf

den Stuhl neben mir. Ich zischte ihm daraufhin zu: »Bleib da gefälligst sitzen und sprich mit niemandem, nicht mit mir, nicht mit deiner Mutter, nicht mit deinem Bruder und nicht mit deiner Schwester!«

Er antwortete: »Mach ich. Aber kann ich mich auf den Stuhl stellen?«

»In Ordnung«, sagte ich. »Aber laß uns alle in Ruhe!«

Und zwanzig Sekunden später geschah es, daß dieser dürre, kleine Kerl ganz plötzlich und ohne jegliche Vorwarnung die Hände an den Mund legte und laut ins Lokal brüllte: »Das ist das letzte Restaurant!«

So konsterniert ich war, hatte ich doch noch die Geistesgegenwart, ihn am Kragen zu packen, wieder unter den Tisch zu drücken und schleunigst die Rechnung zu verlangen.

Auf dem Heimweg sagte meine Frau zu mir: »Herb, ich glaube, wir haben heute abend etwas gelernt. Laß uns dieses kleine Monster doch nie wieder in ein Restaurant mitnehmen.«

Ich muß gestehen, daß wir tatsächlich dem Kind nie wieder das Angebot gemacht haben, es in ein Restaurant mitzunehmen. Unserem Neunjährigen war nämlich in diesem Fall — wenn für uns auch sehr peinlich — gelungen, was ich vorhin als Rat angeführt habe: Er hatte sein Wissen und seine Kräfte darauf konzentriert, unser Verhalten zu beeinflussen. Wie so viele junge Leute heutzutage hat er die Fähigkeit entwickelt, sich durchzusetzen — wenigstens bei seinen Eltern.

Auch bei der Arbeit ist man ständig damit beschäftigt, Hindernisse zu überwinden, auch wenn man sich dessen nicht immer bewußt ist. Untergeordnete und Angestellte setzen ihr Wissen und ihre Kräfte ein, um Einfluß auf das Verhalten ihrer Vorgesetzten zu gewinnen. Nehmen wir an, Sie haben eine Idee oder einen Vorschlag ausgearbeitet und sind sehr daran interessiert, daß man ihn akzeptiert. Dazu ist es erforderlich, daß Sie Ihr Konzept so verpacken, daß es den gerade vorhandenen Bedürfnissen Ihres Chefs entspricht und gleichzeitig den von Ihrer Firma aktuell gesetzten Prioritäten: Es gibt eine ganze Menge Leute, die über ein gutes technisches Wissen verfügen, denen aber das Geschick fehlt, ihre Ideen entsprechend zu verkaufen. Die häufige Folge davon ist, daß sie frustriert sind.

In heutiger Zeit bemüht sich ein kluger Chef stets, seine Angestellten an sich zu binden. Was sind die Absichten eines Chefs? Er verfügt formell über Autorität und versucht gleichzeitig, die Leute dahin zu bringen, freiwillig das zu tun, was getan werden muß. Und Sie wissen ebensogut wie ich, wie man sich seinen Chef am besten zurechtbiegt: Man gibt ihm das Gefühl, ganz genau das zu tun, was er von einem verlangt. Hat er es einem erklärt, schreibt man es auf und fragt: »Haben Sie es so gemeint?« Dann machen Sie sich daran, seinen Anordnungen im wahrsten Sinn des Wortes Folge zu leisten.

Zwei Wochen später kommt dann Ihr Chef hereingestürmt und platzt los: »Was ist Ihnen denn da passiert?«

Und Sie antworten möglichst harmlos: »Ich habe keine Ahnung. Ich habe nur genau das ausgeführt, was Sie von mir verlangt haben.«

Man kann dies eine Art böswilligen Gehorsam nennen, und es gibt nicht wenige Leute, die sich darauf wie auf eine Kunst verstehen. Sollten Sie also zufällig selbst Chef sein, dann verlangen Sie von einem Angestellten nie, er solle ganz exakt ausführen, was Sie ihm gesagt haben. Sie sollten es darauf anlegen, daß er mehr oder weniger auch das tut, was Sie ihm *nicht* gesagt haben ... Oft können wir nämlich gar nicht genau sagen, wie eine Sache angepackt werden soll, weil es viele Probleme gibt, die man gar nicht vorhersehen kann.

Aber man hat nicht allein mit seinem Chef bzw. mit seinen Untergebenen zu tun, sondern auch mit seinen Kollegen. Wenn Ihnen daran liegt, daß Sie Ihre Arbeit einigermaßen reibungslos erledigen können, dann sind Sie auf die Zusammenarbeit mit ihnen angewiesen, aber auch auf die Hilfe und Unterstützung vieler Leute, mit denen Sie vielleicht nur entfernt zu tun haben. Darunter mögen Leute mit den verschiedensten Funktionen, aus den verschiedensten Bereichen sein. Vielleicht haben sie ihre Arbeitsplätze sogar in ganz verschiedenen Stadtteilen. Und da braucht man dann einiges an Geschicklichkeit, um sich ihrer Hilfe und Unterstützung zu versichern.

Sie haben vielleicht mit Kunden zu verhandeln oder mit Klienten, mit Bankleuten, Verkäufern, Lieferanten oder Regierungsvertretern aller Art. Vielleicht geht es dabei um eine Erweiterung Ihres Budgets, mehr Platz für Ihr Büro, größere Selbständigkeit, mehr arbeitsfreie Zeit, einen größeren Transfer oder was immer zu Ihren Aufgaben gehört. Worauf ich hinauswill, ist der Umstand, daß Sie viel häufiger in Verhandlungen verwickelt sind als Ihnen bewußt ist. Sie sollten daher lernen, Geschick zu entwickeln. Man kann lernen, effektiv zu sein und damit seine eigene Lebensqualität zu erhöhen, und zwar sowohl im Beruf als auch im Privatbereich.

Gleichgültig, um welches Geschäft, um welche Verhandlung es auch immer gehen mag — von der großen diplomatischen Offensive bis zu den kleinen Dingen daheim —, bei allen Verhandlungen der Welt treten immer die folgenden drei Faktoren auf:

1. *Information und Wissen.* Die Gegenseite scheint stets mehr über Sie und Ihre Bedürfnisse zu wissen als umgekehrt.
2. *Zeit.* Die andere Seite scheint nie unter dem gleichen organisatorischen Druck, dem gleichen Terminstreß, den gleichen Restriktionen zu stehen wie Sie.
3. *Energie.* Die andere Seite scheint immer über mehr Energie und Autorität zu verfügen als Sie selbst.

Energie ist eine Größe, die das eigene Bewußtsein stark beeinflußt. Sie stellt die Möglichkeit und Fähigkeit dar, den Fortgang der Dinge zu bestimmen ... Kontrolle über Menschen auszuüben, über das, was vorgeht, über sich selbst ... Aber: Alle Energie basiert letztlich auf Erkenntnis. Wenn Sie der Ansicht sind, daß Sie sie besitzen, dann haben Sie sie auch in Wirklichkeit. Wenn Sie aber glauben, Sie hätten die notwendige Energie nicht, obgleich Sie eigentlich doch über sie verfügen, dann steht sie Ihnen trotzdem nicht zur Verfügung. Kurz: Sie haben mehr Energie, wenn Sie selbst daran glauben, daß Sie sie haben, und wenn Sie das, was Ihnen in Ihrem Leben begegnet, als Herausforderung ansehen.

Ihre Fähigkeit, Hindernisse aus dem Weg zu räumen, bestimmt darüber, ob Sie Ihre Umwelt beeinflussen können oder nicht. Sie gibt Ihnen das Gefühl, Ihr Leben meistern zu können. Mit ihr gibt es keine Mogeleien, und unerwartete Dinge können Sie nicht mehr zurückwerfen. Mit analytischem Wissen, Zeit und Energie können Sie Verhaltensweisen bestimmen, können Sie Ihre und die Bedürfnisse anderer so lenken, daß die Dinge sich so entwickeln wie Sie es wollen.

Die hohe Kunst des Verhandelns und Durchsetzens ist in Wirklichkeit nichts Neues. Meiner Ansicht nach lebten zwei der Größten auf diesem Gebiet, die die menschliche Geschichte vorzuweisen hat, vor nahezu zweitausend Jahren. Keiner von ihnen gehörte zum sogenannten Establishment ihrer Zeit. Keiner verfügte über eine formell anerkannte Autorität. Aber beide übten Macht aus.

Beide Männer waren eher schäbig gekleidet und gingen Fragen stellend umher (wobei sie Informationen und Wissen sammelten); der eine fragte auf der Ebene der logischen Vernunft, der andere in Parabeln. Beide hatten genaue Ziele vor Augen, beide verfügten über genaue Maßstäbe. Beide waren bereit, Risiken einzugehen — aber immer mit dem Gefühl, die Situation meistern zu können. Beide bestimmten selbst über Ort und Art ihres Todes. Aber in ihrem und durch ihren Tod gewannen sie die Gefolgschaft von anderen, die das weiterführten, was sie begonnen hatten, und damit die Wertsysteme auf dieser Welt veränderten. Tatsächlich ist es ja so, daß viele von uns ihr tägliches Leben nach ihren Werten auszurichten versuchen.

Keine Frage: Ich spreche natürlich von Jesus Christus und Sokrates. Von meinem Standpunkt aus gesehen waren sie Menschen, die sich durchzusetzen wußten. Sie taten dies nach ethischen Prinzipien, unter Einsatz all ihrer Energie. Und genau betrachtet bedienten sie sich dabei bewußt vieler jener Schritte und Methoden, die ich Ihnen in diesem Buch beizubringen versuche.

2. Erreichbar ist fast alles

Wissensstand, Zeitdruck und richtig eingesetzte Energie entscheiden häufig darüber, ob Sie bei der Bewältigung einer Aufgabe Befriedigung oder Enttäuschung erleben. Lassen Sie mich dies an einem Beispiel verdeutlichen: Sie wachen am Morgen auf und gehen zu Ihrem Kühlschrank, um sich ein Glas Milch zu holen. Sie haben vor, den größten Teil davon gleich auszutrinken, den Rest dann für den Kaffee zu verwenden. Als Sie den Kühlschrank öffnen und nach der Milchflasche greifen, merken Sie, daß sie beschlagen ist. Sie treten einen Schritt zurück und entdecken auf dem Fußboden eine Wasserpfütze. Sie rufen Ihren Mann/Ihre Frau herbei, um den Fall zu beurteilen, und er/sie stellt daraufhin die sachverständige Diagnose: »Der Kühlschrank ist kaputt.«
Dazu bemerken nun Sie wiederum: »Ich glaube, wir brauchen einen neuen. Laß uns in den und den Laden gehen, dort wird man uns nicht übers Ohr hauen.« Weil Ihre Kinder noch zu klein sind, um sie allein zu Hause zu lassen, sagen Sie zu ihnen: »Hinein ins Auto, wir wollen einen Kühlschrank kaufen.« Auf dem Weg bereden Sie dann die Finanzierung der Neuanschaffung. Weil Sie momentan nicht besonders flüssig sind, beschließen Sie, nicht mehr als 450 Dollar dafür auszugeben. Mit anderen Worten: Sie haben eine ganz bestimmte Vorstellung von Ihrem geplanten Einkauf.
Sie kommen in dem Geschäft an, steuern gleich auf die Abteilung für Elektro-Großgeräte zu, Ihren Anhang im Schlepptau. Sie werfen einen Blick auf die verschiedenen Kühlschrankmodelle und entdecken eines, das Ihren Ansprüchen und Bedürfnissen entsprechen könnte. Aber als Sie das Preisschild studieren, steht dort »Nur 489,95 Dollar«, nach Ihren Vorausberechnungen genau 39,95 Dollar mehr als Ihr Kontostand es erlaubt. Aber dafür ist es auch kein gewöhnlicher Kühlschrank, sondern ein Markenmodell. Er sieht gut aus, ist perfekt verarbeitet und somit wie für Sie geschaffen.

Sie rufen nach einem Verkäufer, der auch sofort herbeieilt.
»Kann ich Ihnen helfen?«
Sie antworten: »Ich würde mich gern mit Ihnen über diesen Kühlschrank unterhalten.«
Er sagt: »Gefällt er Ihnen?«
»Ja, das tut er«, geben Sie zu.
Darauf er: »Gut, dann fülle ich mal den Auftrag aus.«
Sie wenden ein: »Nein ... oder doch, warten Sie, vielleicht können wir darüber reden.«
Worauf er eine Augenbraue hochzieht und meint: »Wenn Sie sich mit Ihrer Frau endgültig geeinigt haben, dann finden Sie mich dort gleich nebenan.« Und weg ist er.
Meine Frage an Sie lautet nun: »Handelt es sich hier um einen leichten oder einen schwierigen Verhandlungsfall?« Die Antwort der meisten Menschen aus unserem Kulturkreis dürfte lauten: »Ein schwieriger Fall. Warum?« Der Grund liegt in dem großen Ungleichgewicht, das in den verfügbaren Informationen herrscht, an dem offensichtlichen Zeitdruck und an der ungleichen Verteilung der Kräfte.

Information. Was wissen Sie über die Bedürfnisse des Verkäufers und über den Bedarf des Geschäfts? Arbeitet der Verkäufer gegen Gehalt, bekommt er eine Provision oder erhält er eine Kombination aus beidem? Sie wissen es nicht. Hat er bestimmte Sollzahlen zu erfüllen? Sie wissen es nicht. Hat er schon einen Monat mit guten Abschlüssen hinter sich, oder mußte ihn sein Chef gerade verwarnen, heute noch unbedingt einen Kühlschrank zu verkaufen, sonst ...? Sie wissen es nicht. Auf welchem Stand befindet sich das Modell, das Sie ins Auge gefaßt haben? Gehört es zu den Angeboten des Hauses, die wie warme Semmeln weggehen, oder handelt es sich um ein Gerät, das Ihnen der Geschäftsinhaber zu jedem Preis andrehen möchte? Sie wissen es nicht. Was kostet das Modell laut offiziell empfohlener Preisliste? Sie wissen es nicht. Macht das Geschäft einen guten Profit mit diesem Modell? Und wenn ja, wie hoch mag er sein? Sie wissen es nicht.
Offensichtlich wissen Sie nicht sehr viel über den Verkäufer und das Geschäft. Aber weiß der Verkäufer dafür etwas über

Sie? Jawohl. Er weiß, daß Sie Interesse an dem Kühlschrank haben. In die Sportabteilungen oder in die Abteilungen für Bekleidung, für Schallplatten und Stereoanlagen gehen die Leute schon mal nur so hinein, um sich ein wenig umzuschauen. Für die Abteilung der Großelektrogeräte gilt das nicht. Kühlschränke prüft und vergleicht man nur, wenn man wirklich einen benötigt. Und über diese gegebene Tatsache hinaus weiß der Verkäufer natürlich auch, was für Kühlschränke die benachbarte Konkurrenz anzubieten hat, ob sie gerade mit Sonderangeboten lockt und mit was für Preisen sie kalkuliert. Er mag sogar vielleicht — für einen Augenblick — Ihnen und Ihrer Gattin keinerlei Beachtung schenken, aber trotzdem wird er mit einem gespitzten Ohr auf das lauschen, was Sie sich zu sagen haben. Er hört Sie über Ihren alten Kühlschrank reden, über Ihre Probleme mit dem Kontostand und über die Notwendigkeit, ein neues Gerät anzuschaffen. Fast alles, was Sie und Ihre Gattin sich gegenseitig sagen, verschiebt das Ungleichgewicht der Informationen noch weiter zu Ihren Ungunsten und stärkt die Position des Verkäufers.

Kleine Kommentare, wie: »Die Farbe ist genau passend ...«, oder »Ich glaube nicht, daß der Laden gegenüber diesen Preis noch unterbieten kann ...«, oder »Das ist das größte Fassungsvermögen, das es zu diesem Preis geben dürfte ...«, erweitern den Vorsprung des Verkäufers.

Ist Ihnen schon aufgefallen, daß ein Verkäufer niemals direkt auf eine Frage antwortet, die *Ihren* Informationsstand erhöhen könnte? Seine Antwort auf eine Frage ist stets eine Gegenfrage. Wenn Sie fragen: »Angenommen, ich würde diesen Kühlschrank kaufen, wann könnten Sie ihn wohl liefern?«, dann wird er sagen: »Wann möchten Sie ihn denn geliefert haben?« Wenn Sie dann entgegnen: »Ginge es noch heute nachmittag?«, wird er zurückfragen: »Warum so bald?« Und an dieser Stelle des Gesprächs werden Sie dann damit herausrücken: »Uns verdirbt sonst eine ganze Menge Nahrungsmittel für soundsoviel Dollar.«

Ihrem Verkäufer kommt solch eine Information sehr gelegen. Er weiß jetzt, wie Sie unter Druck stehen, ohne daß Sie bemerkten, was Sie ihm da verraten haben.

Zeit. Die wachsende Informationslücke nun zu schließen, ist das Problem, das unter Zeitdruck zu lösen ist. Der Verkäufer, mit dem Sie zu tun haben, scheint ganz locker. Worauf er hinauswill, ist nicht offen erkennbar. Und wie sieht das bei Ihnen aus? Ihre Absicht liegt ja klar auf dem Tisch, aber Sie sind sich nicht einig. Ihre Frau sagt: »Laß uns gehen.« Und Sie sagen: »Warte doch noch.« Oder umgekehrt.
Und was ist mit den beiden Kindern, die Sie mit in das Geschäft genommen haben? Wo stecken sie? Verhalten sie sich ruhig und warten geduldig, bis Sie die Kaufverhandlungen abgeschlossen haben? Mitnichten. Einer spielt gerade zwischen den ausgestellten Kühlschränken Verstecken.
»Wo ist er?«
»Ich glaube, er ist gerade in den gelben da gekrochen ... in den dort mit der geschlossenen Tür. Wenn wir ihn nicht innerhalb drei Minuten finden und herausholen, wird er uns erstikken!« Und wo steckt das andere Kind? Es hat sich einen Hokkeyschläger und einen Plastik-Puck gegriffen und spielt am anderen Ende der Halle gegen Waschautomaten und Trokkengeräte. »Los! Vorwärts! Greif an!«, tönt es herüber.
Während bei Ihnen also alles mögliche durcheinandergeht und Sie immer mehr in Druck geraten, schlendert der Verkäufer lässig zwischen seinen Ausstellungsstücken umher, als sei er fast gar nicht daran interessiert, Ihnen diesen Kühlschrank zu verkaufen. Ab und zu kommt er vorbei und fragt ganz unbeschwert: »Nun, sind Sie schon zu einem Entschluß gekommen?« Und schon schlendert er weiter und tut so, als ginge ihn das ganze herzlich wenig an.

Energie. Als drittes Element kommt nun noch das Problem der Kräfteverteilung hinzu. Bei diesem Beispiel schlägt sie sich in zwei Formen nieder:
A. Der Anbieter befindet sich in einem natürlichen Vorteil. Die meisten Menschen sind dabei fest davon überzeugt, daß sie um den ausgewiesenen Preis einer Ware nicht handeln können. Fragt man sie, warum sie das tun, heißt die übliche Antwort: »Warum zeichnen sie sonst ihre Waren aus?« Solch eine Denkweise zeitigt dann folgenden Effekt:

1. Da Sie, wie gesagt, davon überzeugt sind, um den Preis nicht handeln zu können, *versuchen* Sie es
2. erst gar nicht, Bedingungen zu stellen, was
3. dazu führt, daß Sie dann auch gar nicht fähig sind, über den Preis zu reden. Und so schließt sich der Kreis.

Man kann es auch als ein erstes Beispiel einer sich selbst erfüllenden Prophezeiung bezeichnen.
Haben Sie jemals beobachtet, wie ein Kunde den halbherzigen Versuch macht, zu handeln? Die Methode selbst produziert bereits ihr eigenes Scheitern mit.
Der Kunde steuert also auf das Preisschild zu und liest ängstlich, was für das Gerät verlangt wird. Natürlich weiß der Verkäufer aus langer Erfahrung, was in dem Käufer nun vorgeht. Aber er wartet trotzdem, bis dieser anfängt zu reden.
Schließlich fragt der Verkäufer doch: »Worum geht es?«
Darauf zeigt der Kunde auf das Preisschild und murmelt: »Na, Sie wissen schon.«
Der Verkäufer: »Ist irgend etwas nicht in Ordnung mit dem Schild?«
Der Kunde stottert: »Nein, nein … es ist nur der Pr … der Pr …«
Der Verkäufer, die reine Unschuld: »Der was?«
Und endlich bringt der Kunde es heraus: »Der Preis!«
An dieser Stelle zeigt der Verkäufer dann ein regelrecht indigniertes Gesicht und meint: »Nun ja, mein Herr, Sie befinden sich hier schließlich in einem Qualitätsgeschäft!«
In solchen Fällen entschuldige ich mich immer mit der Formel: »Oh, Verzeihung … Ich wußte gar nicht, wo ich im Augenblick war!« Und im gleichen Augenblick macht dann meine Frau auf dem Absatz kehrt und marschiert auf den Ausgang zu, wobei sie noch über die Schulter weg die Bemerkung fallenläßt: »Mit dir gehe ich nie wieder einkaufen!« Was übrigens nicht weiter schlimm ist, da ich doch damit noch einen weiteren Nebeneffekt erreicht habe!
Es gibt eine Möglichkeit, aus dieser Klemme herauszukommen: Handeln Sie nie so, als seien Ihre begrenzten Erfahrungen unerschütterliche, allgemeingültige Wahrheiten. Das sind

sie nämlich wirklich nicht. Zwingen Sie sich dazu, über Ihren Erfahrungsstand hinauszugehen und rücksichtslos zu prüfen, von welchen Voraussetzungen Sie eigentlich ausgehen. Sie werden zu Ihrem eigenen Erstaunen entdecken, daß viele davon ganz falsch sind. Heben Sie sozusagen das Niveau Ihrer Ansprüche gegen sich selbst. Hüten Sie sich vor einer von vornherein negativen Einstellung, wie sie etwa in diesem Vers charakterisiert wird:

Man sagte, das schafft er wohl nicht.
So ging er nur halbherzig dran.
Er packte es nicht richtig an,
Und drum gelang's ihm auch nicht.

Wenn Sie über etwas verhandeln, dann gehen Sie ein gewisses Risiko ruhig ein, befreien Sie sich von dem Gewicht Ihrer früheren Erfahrungen, prüfen Sie Ihre bisherigen Annahmen, steigern Sie Ihre Ansprüche und Erwartungen.

Während Sie und Ihre Gattin (bzw. umgekehrt) vor dem Preisschild in dem Geschäft stehen, entsteht noch eine andere Form von Energie:

B. Die Kraft der Legitimation. Diese Kraft leitet sich von einer tatsächlich anerkannten oder eingebildeten Autorität ab – einer Autorität, die häufig durch Gegenstände, wie zum Beispiel Preisschilder, gedruckte Unterlagen etc., repräsentiert und normalerweise einfach akzeptiert wird, ohne hinterfragt zu werden.

Dazu ein Beispiel: Wenn ich Ihnen vorschlage, dies oder jenes zu tun, dann bewerten Sie diesen Vorschlag auf der Grundlage Ihrer Bedürfnisse. Paßt beides – mein Vorschlag und Ihr Bedürfnis – zusammen, dann stimmen Sie vielleicht zu. Wenn Ihnen aber etwa ein Preisschild diktiert, soundsoviel zu bezahlen, dann ist die Chance, daß Sie vorbehaltlos akzeptieren, um einiges mehr gesichert. Lassen Sie mich das an einem weiteren Beispiel verdeutlichen. Wenn Sie öfter unterwegs sind, dann sind Ihnen diese kleinen Schilder an jeder Hotelrezeption und, noch etwas kleiner, an jeder Zimmertür, vertraut,

mit denen Sie aufgefordert werden, spätestens bis soundsoviel Uhr Ihr Zimmer zu räumen.
Wieviel Prozent der Gäste lassen sich nach Ihrer Schätzung wohl auf diese Unbequemlichkeit wirklich ein? Als man mir einmal diese Frage stellte, überlegte ich eine Weile und sagte dann: »Vierzig Prozent.« Aber dann mußte ich mich von einem Hotelangestellten eines Besseren belehren lassen: Je nach Lage des Hotels pendelt der Prozentsatz zwischen neunzig und fünfundneunzig Prozent.
Überrascht Sie diese Zahl? Mich persönlich hat sie überrascht. Bei allgemeinen Wahlen sind wir in den Vereinigten Staaten schon froh, wenn mehr als fünfzig Prozent an die Urne gehen, aber wenn ein Hotel von uns verlangt, bis zu dem und dem Zeitpunkt unsere Sachen zu packen und die Rechnung zu bezahlen, dann tun wir das zu fünfundneunzig Prozent. Da drängt sich doch die Frage auf, aus welchem Grund sich für gewöhnlich unabhängige Leute da wie die Lemminge zu einer bestimmten Uhrzeit auf den Weg zur Kasse machen.
Vor fünf Jahren war ich einmal zufällig in einem Holiday Inn. Weil ich am frühen Nachmittag mit dem Flugzeug weiter mußte, marschierte ich um 12.30 Uhr zur Kasse — obwohl die erwähnten Schilder die Gäste anwiesen, um 13 Uhr ihre Rechnung zu bezahlen. Prompt fand ich dann auch den Platz des Kassiers leer. Da ich ein wenig Hunger verspürte, beschloß ich, mir am Buffet eine Kleinigkeit zu holen, es auf meine Rechnung setzen zu lassen und dann wieder zur Kasse zurückzukehren. Nachdem ich gegessen hatte, warf ich einen Blick auf meine Uhr. Es war 13 Uhr. Weil vorher niemand an der Kasse gestanden hatte, nahm ich an, daß ich jetzt auch nicht auf mehr als drei Leute treffen würde.
Aber weit gefehlt. Als ich in die Halle kam, sah ich da achtundzwanzig Leute aufgereiht in der Schlange stehen wie Sträflinge bei der Essensausgabe. Ich konnte das nicht glauben. Wie war das möglich — von null auf achtundzwanzig innerhalb einer halben Stunde? Ich dachte mir: »Wahrscheinlich sind das nicht alles Gäste, die gerade zahlen und gehen wollen. So wie sie aussehen, könnten es ja auch Touristen sein, die eine Stadtrundfahrt machen und auf deren Programm eine

Besichtigung dieses Holiday Inn steht.« Aufgrund dieser Annahme reihte ich mich nun natürlich nicht in die Schlange ein, die offensichtlich nicht für mich galt. Ich beschloß vielmehr, sie zu überholen und mich dort einzureihen, wo die Kasse *für mich* war.

Als ich das tat und an den ›Touristen‹ vorbeiging, schauten ein paar von ihnen zu mir herüber — nicht gerade freundlichen Blickes. Da wurde mir die Sache erst bewußt. Ein wenig verlegen stellte ich mich ganz am Ende der Schlange auf.

Dann tippte ich dem Mann vor mir auf die Schulter und fragte:

»Was ist das hier für eine Schlange?«

Er antwortete: »Für die Hotelrechnung.«

»Und wie kommt so etwas zustande?«

»Na ja, jetzt ist eben Abrechnungszeit, dadurch kommt das«, murmelte er.

»Und woher *wußten* Sie, daß jetzt der Termin ist?«

»Ich habe es an der Zimmertür gelesen. Dort stand es: 13 Uhr.«

Das war ein äußerst bezeichnender Kommentar. Feierlich an die Zimmertür hatte er es geschrieben gesehen, und also trat er an.

Ein zweites Beispiel für diese Form von Autorität: Ein Angestellter gibt sich einen Ruck und marschiert in das Büro seines Firmenchefs: »Verzeihen Sie, aber ich hätte gern eine Gehaltserhöhung. Ich bin ernsthaft der Meinung, daß ich eine verdient hätte.«

Antwortet jetzt der Chef: »Nein, Sie können keine Erhöhung bekommen?« Niemals. Statt dessen sagt er: »Natürlich haben Sie eine Gehaltserhöhung verdient. Aber …« (Dieses ›aber‹ bedeutet soviel wie ›Gib's auf‹.) Dann schiebt er seine Unterlagen beiseite, schaut auf eine Liste, die unter der Glasabdekkung seines Schreibtisches liegt, und meint ganz ruhig: »Unglücklicherweise haben Sie schon die höchste Stufe erreicht.« Worauf der Angestellte stottert: »Oh … Ich habe ganz vergessen, daß ich schon so weit bin!« Und dann zieht er sich zurück, ausgetrickst von einem bedruckten Stück Papier unter Glas — was konnte er schon dagegen tun?

Ein drittes Beispiel: Vor zwanzig Jahren hatte ich als Anwalt mit der endgültigen Abwicklung von Grundstücks- und Immobilienverträgen zu tun. Die Leute kamen also zu mir herein, unterschrieben ihre Pachtverträge, und ich habe sie dann gegengezeichnet. Die meisten Klienten bezahlten einfach ihre Kautionen und gingen dann wieder, ohne alle Bedingungen und Paragraphen durchgelesen zu haben. Es gehörte eher zu den seltenen Fällen, daß jemand sagte: »Ich würde das hier gern erst einmal durchlesen, ehe ich es unterschreibe. Ich habe dazu sogar das Recht!«

Ich pflegte dann zu antworten: »Gewiß haben Sie das Recht dazu. Setzen Sie sich dorthin und lesen Sie!«

Es konnte dann passieren, daß er mitten in seiner Lektüre innehielt und rief: »Einen Augenblick mal! So geht das nicht! Dieses Dokument macht mich ja zu einem rechtlosen Opfer, solange der Vertrag läuft!«

Darauf ich: »Das bezweifle ich. Das ist ein standardisierter Normvertrag. Sie können sich dementsprechend erkundigen.«

Gewöhnlich bekam ich dann zur Antwort: »Oh ... ein Normvertrag. Nun ja, in dem Falle ...«, und der Klient oder die Klientin unterzeichnete, von ein paar gedruckten Buchstaben, die offenbar eine magische Qualität haben müssen, zum Nachgeben gezwungen.

In den selteneren Fällen, in denen jemand daraufhin noch immer zögerte, seinen Namen unter das Papier zu setzen, fügte ich gern hinzu: »Die Anwälte würden es nicht zulassen, daß an den Normverträgen etwas geändert wird.« Ganz davon abgesehen, daß vielleicht noch nie ein Anwalt dieses Vertragsformular überhaupt gesehen hatte: Der Satz wirkte immer, weil Leute, die etwas mit dem Recht zu tun haben, natürlich ihre eigene Aura besitzen. Mit denen treibt man keine Possen.

Aber zurück zu unserem Kühlschrank-Einkauf. Sie stehen also da, starren auf das Preisschild, das auf Sie irgendwie eine nicht zu bewältigende Wirkung ausübt. Oder zurück zu unserem Hotel-Beispiel oder zu dem Angestellten, der um eine Gehaltserhöhung ansuchte, oder zu den Leuten, die Verträge unterzeichnen. Von keiner dieser Situationen sollten Sie sich

überwältigen und einschüchtern lassen. Jede davon ist für Sie geeignet, zu lernen, Ihre Interessen durchzusetzen.
Wie ich das behaupten kann? Weil praktisch alles, was an einer Verhandlung beteiligt ist, auch verhandelbar ist, selbst der Preis auf einem Preisschild.
Denken Sie doch einmal einen Augenblick über den ganzen Vorgang nach. Wie ist das Geschäft bei Ihrem Kühlschrank zu dem Preis von 489,95 Dollar gekommen? Sie wissen das genauso gut wie ich. Die Leute aus der Marketing-Abteilung hatten gesagt: »Setzen wir ihn auf 450,00 Dollar, dann werden wir eine Menge Kühlschränke verkaufen.«
Die Leute aus der Finanzabteilung sagen: »Kaufmännische Klugheit sagt uns, daß wir auch einen anständigen Profit machen wollen! Also verlangen wir am besten 540,00 Dollar.« Bis dann einer ungeduldig wird und sagt: »Leute, wir müssen sehen, daß das Geschäft weiterläuft. Können wir uns daher nicht entgegenkommen?«
Und so geschah es dann auch. Sie einigten sich auf einen Kompromiß. Sie trafen sich ungefähr in der Mitte und setzten einen Endpreis von 489,95 Dollar fest. Vom Himmel gefallen ist der Preis somit ganz sicherlich nicht.
Es gibt natürlich auch Dinge, die nicht Gegenstand von Verhandlungen sein können. Die Zehn Gebote etwa sind kein Dokument, das aus irgendwelchen langwierigen Verhandlungen hervorgegangen ist. Es dürfte ja wohl auch schwerfallen, mit Gott herumzudiskutieren, nachdem er uns diese Gebote in Stein gehauen von oben herab präsentiert hat, und zwar als ein *fait accompli.* Dasselbe gilt auch für die Bergpredigt. Christus hat sich nicht mit seinen Jüngern zusammengesetzt und zu ihnen gesagt: »Laßt uns einmal eine Projektgruppe bilden und Informationen sammeln. Daraus bilden wir dann Unterausschüsse und arbeiten das Ganze thematisch auf.« All diese Gebote und Verkündigungen sind uns als ›geheiligtes Gut‹ vermittelt worden, und als solche gehören sie in eine andere Kategorie als die Preise im Kaufhaus, die Abrechnungsgepflogenheiten in einem Hotel, die Gehaltsstufe oder der Standard-Mietvertrag.
Gerade weil aber so viele Dinge verhandlungsfähig sind, sollte

man nun nicht die Schlußfolgerung ziehen, daß über alles und jederzeit verhandelt werden sollte. Wenn Sie mich etwa fragen: »Handeln Sie denn mit einem Verkäufer in einem Großkaufhaus?«, dann bin ich offen genug, Ihnen zu antworten: »Es gehört zu meinen Grundsätzen, nie in solche Kaufhäuser zu gehen.«
Worauf ich dabei hinaus will: Es ist ganz allein Ihre Sache, ob Sie anfangen, über irgend etwas zu verhandeln. Basieren sollte Ihr Vorgehen allerdings auf den Antworten zu folgenden Fragen:

1. Fühle ich mich in dieser oder jener speziellen Situation unbeschwert genug, um zu verhandeln?
2. Entspricht ein Verhandeln meinen Bedürfnissen?
3. Rechtfertigt der Aufwand an Energie und Zeit, daß ich mich hier engagiere?

Nur dann, wenn Sie als Individuum auf alle drei Fragen mit Ja antworten können, sollten Sie ans Verhandeln gehen. Sie sollten dabei auch stets das Gefühl haben, daß Sie die Situation meistern können. Wählen und ergreifen Sie Ihre Möglichkeiten entsprechend Ihren Bedürfnissen. Lassen Sie es nicht zu, daß Sie von jenen manipuliert oder eingeschüchtert werden, denen Ihre eigentlichen Interessen ziemlich gleichgültig sind. Sie haben die Freiheit, Ihre Einstellung gegenüber den jeweils gegebenen Umständen zu bestimmen, und die Möglichkeit, das Ergebnis zu beeinflussen. Mit anderen Worten:
Sie besitzen in viel größerem Maße als sie dachten die Möglichkeit, Ihr Leben aktiv zu gestalten und Ihre Lebensqualität zu verbessern.

Worin liegt das Geheimnis,
auf dem Wasser wandeln zu können?
Man muß wissen, wo die Steine liegen.

3. Wie man keine nassen Füße bekommt

Lassen Sie mich noch einmal auf die Szene zurückkommen. Sie, Ihre Frau und Ihre beiden Kinder stehen in einem Kaufhaus vor dem Kühlschrank, für den wird ein Preis gefordert, der Ihre Zahlkraft übersteigt. Dennoch wollen Sie diesen Kühlschrank haben. Ist er es wert, daß Sie um ihn handeln? Falls Ihre Antworten auf die drei am Ende des vorherigen Kapitels gestellten Fragen Ja lauteten, dann sollten Sie sich mit vollem Einsatz auf den Handel stürzen. Aber wie? Was können Sie sagen, was können Sie tun?

Zum Wettbewerb herausfordern

Zuallererst sollten Sie die Rolle, in der Sie auftreten, nicht zu eng sehen, das heißt, Sie sollten sich nicht nur als jemand verstehen, der einen Kühlschrank kaufen möchte, sondern ebensogut als jemand, der Geld zu vergeben hat. *Geld* — darum geht es bei einem Handel. Je mehr Leute es gibt, die Ihr Geld haben wollen, desto mehr können Sie damit anfangen. Wie Sie die Leute dazu bekommen, hinter Ihrem Geld her zu sein? Sie fordern einen Wettbewerb heraus.

Bleiben wir bei dem Kaufhaus-Beispiel. Der sozusagen idiotensichere Weg, eine Wettbewerbssituation herzustellen, beginnt mit der Bemerkung gegenüber dem Verkäufer, daß die Konkurrenz ein vergleichbares Modell zu einem niedrigeren Preis anbietet. Die Tatsache, daß die Konkurrenz auf Ihr Geld scharf ist, signalisiert sofort einen Machtzuwachs für Sie. Aber manchmal braucht es nicht einmal das. Es gibt Kaufhäuser, die sich quasi in Konkurrenz mit sich selbst befinden. Sie sind erstaunt darüber? Dann prüfen Sie doch einmal genau die Angebote des Katalogs, den dasselbe Kaufhaus vielleicht ausgelegt hat. Da finden Sie dann möglicherweise mitten unter den angepriesenen Geräten auch Ihren Kühlschrank wieder, und zwar diesmal zum Preis von 440 Dollar plus 26,00 Dollar für die Lieferung. Nehmen Sie den Katalog, schlagen Sie die betreffende Seite auf und zeigen Sie sie dem Verkäufer; dann fangen Sie an zu handeln.

Bedürfnisse befriedigen

Sie haben Ihre ganz bestimmten Wünsche und Vorstellungen, und die anderen sind darauf aus, Ihre Bedürfnisse zu befriedigen, gleichgültig, ob diese wirklich oder nur eingebildet sind. In einem grundsätzlichen Sinne dient *jede* Verhandlung der Befriedigung von Bedürfnissen. Das Kaufhaus bietet Ihnen einen Kühlschrank zum Preis von 489,95 Dollar, was *seinen* Interessen entspricht ... aber was ist mit Ihren? Immerhin sind *Sie* ja bei dieser geplanten Transaktion die andere Partei. Im Idealfall sollten beide Parteien als Sieger aus dem Kampf hervorgehen oder, wenn Sie wollen, Kopf an Kopf, wenn der Handel abgeschlossen ist.

Es gibt verschiedene Methoden, mit denen Sie den Verkäufer in Ihrem Kaufhaus dazu bringen können, Ihnen seine ganz besondere Aufmerksamkeit zu schenken. Sie können ihn zum Beispiel fragen: »In welchen Farben wird dieses Modell geliefert?« Falls er darauf antwortet: »In zweiunddreißig«, können Sie nachhaken: »Was für welche sind das?« Ist er mit der Aufzählung endlich fertig, rufen Sie aus: »Das ist alles? Das sind die einzigen Farben, die Sie anzubieten haben?«

Sagt er: »Ja. Nach welcher suchen Sie denn speziell?«, können Sie ihm nun erklären: »Wir haben eine Küche in psychedelischen Farben. Was Sie da aufzählen, ist uns alles zu bieder. Die Farben müssen knallig sein! Aber gut, wenn Sie mir dafür im Preis etwas entgegenkommen ...«

Eine zweite Methode besteht darin, über Ihre speziellen Forderungen an das Gefrierfach des Kühlschranks zu diskutieren. Sie sagen also etwa: »Wie ich sehe, verfügt dieses Modell über ein eigens eingebautes Fach zur Eiswürfelherstellung.«

Darauf der Verkäufer: »So ist es. Es produziert Ihnen vier-

undzwanzig Stunden am Tag Eiswürfel, und das für nur zwei Cents in der Stunde!«
(Beachten Sie, daß er damit völlig unbegründete Aussagen über Ihre Bedürfnisse macht.)
Also kontern Sie diese falsche Aussage, indem Sie sagen: »Gerade darin liegt ein schwieriges Problem. Eines meiner Kinder leidet unter einer chronischen Halsentzündung, und der Arzt sagt: ›Niemals auch nur ein Stückchen Eis, niemals!‹ Könnten Sie daher dieses Fach vielleicht entfernen lassen?«
Er erwidert: »Aber das ist praktisch die ganze Tür!«
Und wieder Sie: »Ich weiß ... aber wenn ich Ihnen nun versichere, daß ich es nie benütze? Hätte das irgendeinen Einfluß auf den Preis?«
Eine dritte Methode, Ihre Bedürfnisse zu artikulieren — und Ihre Unzufriedenheit mit der Ausrüstung des Kühlschranks —, besteht darin die Tür selbst zum Problem zu machen. Sie können etwa sagen: »Bei diesem Modell öffnet die Tür von links. Meine Familie besteht aber durchgehend aus Rechtshändern.« Bemerkungen dieser Art zeigen dem Verkäufer, daß Ihre Bedürfnisse keineswegs voll befriedigt sind. Deshalb sollten auch *seine* Bedürfnisse nicht völlig befriedigt werden.

Ausverkaufstermine beachten

Natürlich sollten Sie sich auch erkundigen, ob und wann ein Modell zum Ausverkauf ansteht. Denn es könnte ja sein, daß das von Ihnen gewählte Gerät bereits auf der Liste steht, und schließlich kann Sie keiner dafür bestrafen, daß Sie achtgeben, wenn es um Ihr Geld geht.

Da hat es einen Schönheitsfehler!

Äußerst günstig für Sie kann es sich auswirken, wenn das Gerät, das Sie kaufen wollen, ein Ausstellungsstück ist. Sie können sich dies auf zweierlei Arten zu ihrem Vorteil machen. Erstens: Sie gehen auf den Kühlschrank zu, nehmen ihn ganz genau in Augenschein, während der Verkäufer Ihnen zuschaut, und murmeln dann: »Da ist ja ein Schönheitsfehler!«

Der Verkäufer wird antworten: »Ich sehe nichts.«
Aber Sie bestehen darauf: »Da scheint ein kleiner Kratzer zu sein ... dort, an der Seitenwand. Schauen Sie hin, wenn das Licht darauf fällt: ein paar Kratzspuren an der Seite. Gibt es dafür keinen Preisnachlaß?«
Aber was tun, wenn kein Schönheitsfehler an dem Kühlschrank zu entdecken ist? Natürlich kann man selbst auch einen *machen.* (Ich will jetzt keine ethischen Gesichtspunkte diskutieren. Ich rede hier nur von verschiedenen Möglichkeiten — sozusagen hinter vorgehaltener Hand.) Erinnern Sie sich an das mit Hockey-Schläger und Puck bewaffnete Kind? Es könnte ja sein, daß es sein Aktionsfeld gerade in die Nähe Ihres Kühlschranks verlegt ...
Die zweite Methode: Ein Ausstellungsstück muß quasi von selbst ein paar Fehler abbekommen haben. Man kann sie vielleicht nicht mit bloßem Auge entdecken, erkennen, was aber nicht heißt, daß sie nicht vorhanden sind. Schließlich haben wer weiß wie viele Kunden die Tür des Kühlschranks schon geöffnet und wieder zugeworfen, die Einsätze befingert, an den Schaltern gedreht — und das vielleicht über viele Monate hinweg. So etwas hinterläßt seine Spuren, und das gibt Ihnen Anlaß genug, auf einem Nachlaß zu bestehen.

Gegengeschäfte nicht vergessen

Sie können natürlich das Gespräch vom Gegenstand selbst ablenken und auf nebensächlichere Punkte bringen, die aber ebenfalls dazu geeignet sind, den Endpreis des neuen Gerätes zu drücken. Normalerweise sind einem Verkäufer bestimmte Grenzen darin gesetzt, inwieweit er den ausgeschriebenen Preis für den Kühlschrank selbst herabsetzen kann, aber dafür hat er in anderen Bereichen wiederum eine größere Flexibilität. Nutzen Sie also die Gelegenheiten aus, bei denen er Ihnen entgegenkommen kann.
Sagen Sie zum Beispiel: »Gut, wenn das Ihr endgültiger Preis ist, dann möchte ich gern für mein altes Gerät, das ich in Zahlung gebe, 150 Dollar angerechnet bekommen. Es ist nämlich noch ausgezeichnet in Schuß.«

Darauf wird dann der Verkäufer fragen: *»Wieviel…«,* und schon sollten Sie ihn unterbrechen und sagen: »In Ordnung, einigen wir uns auf 50 Dollar.«
Zugegebenermaßen werden Sie nicht allzu häufig in die Lage kommen, diese Methode bei Kühlschränken einzusetzen, wogegen Sie sich beim Autokauf erwiesenermaßen häufig bewährt hat.

Was ist, wenn …

Eine andere äußerst wirkungsvolle Methode besteht darin, immer mal wieder »Was ist, wenn …« zu fragen. Diese Frage ist bei Verhandlungen eine äußerst wirkungsvolle magische Formel. Sie können zum Beispiel fragen: »Was ist, wenn ich gleich vier Kühlschränke kaufe? Was hat das für einen Einfluß auf den Preis? Was ist, wenn ich ihn selbst abhole, anstatt daß Sie ihn mir liefern? Hat das einen Einfluß auf den Preis? Was ist, wenn ich gleichzeitig noch eine Waschmaschine und ein Waffeleisen kaufe? Hat das einen Einfluß auf den Preis? Was ist, wenn unser Nachbarschaftsverband im nächsten Halbjahr jeden Monat einen Kühlschrank bei Ihnen kauft? Hat das einen Einfluß auf den Preis?«
Sie müssen das nicht jedesmal ganz genau erklären, wenn Sie »Was ist, wenn« fragen, aber in neun von zehn Fällen wird Ihnen derjenige, mit dem Sie verhandeln, ein Gegenangebot machen, das Ihnen nützt.
Vergessen Sie auch nicht, daß wenn auch der festgesetzte Preis für den Kühlschrank einigermaßen willkürlich zustandegekommen ist, eine ganze Reihe von Kalkulationen darin eingegangen ist, einschließlich Installation, Anlieferung, Vertragsabschluß und Garantie — und das sind ja auch alles Kosten für das Kaufhaus. Wenn Sie dem Kaufhaus von diesen Kostenansätzen einiges ersparen können, dann wird man Ihnen darin schon entgegenkommen. Wenn Sie zum Beispiel den Verkäufer fragen: »Ist in dem Preis auch die Installation enthalten«, und er antwortet mit Ja, dann sagen Sie zu ihm: »Gut … Ich habe einen Satz Werkzeuge zu Hause. Das erledige ich alles selbst.«

Angenommen, Sie haben nur wenig Zeit und sind auch nicht zum Handeln aufgelegt. Sie gehen also auf den erstbesten Verkäufer zu und sagen zu ihm: »Hören Sie, Sie wollen diesen Kühlschrank verkaufen, und ich möchte ihn kaufen. Ich gebe Ihnen jetzt gleich 450 Dollar auf die Hand. Wie ist es: ja oder nein?«

Wenn Sie sich dann auf dem Absatz umdrehen und weggehen, wird Ihnen dann der Verkäufer bis auf die Straße nachlaufen? Keineswegs. Und warum? Weil er überhaupt noch nicht die Gelegenheit hatte, etwas in Ihre Geschäftsbeziehung zu investieren. Mehr noch, er wird Ihren schroffen Vorschlag zurückweisen. Um sich mit einem Ultimatum durchzusetzen, muß man einkalkulieren, wieviel Zeit und Energie die andere Seite in das sich anbahnende Geschäft bereits investiert hat.

Mit diesem Grundsatz im Hinterkopf wollen wir einmal eine andere Methode versuchen. Sie betreten zufällig die Abteilung für Großelektrogeräte, und zwar am Montagnachmittag um 14 Uhr, wenn dort gewöhnlich nicht viel los ist. Zu dem Verkäufer sagen Sie: »Ich interessiere mich für Ihr komplettes Angebot an Kühlschränken.« Lassen Sie sich dann zwei Stunden lang jedes Modell zeigen und erklären, einschließlich aller Vorteile.

Schließlich bemerken Sie: »Bevor ich mich entschließe, werde ich erst einmal morgen mit meiner Frau/meinem Mann vorbeikommen.«

Der Verkäufer hat nun also schon zwei Stunden in Sie investiert.

Am Dienstag tauchen Sie wieder um 14 Uhr auf, diesmal zu zweit. Sie fragen nach demselben Verkäufer und dann wiederholen Sie die ganze Prozedur noch einmal, indem Sie sich jedes Modell erklären lassen. Am Ende sagen Sie zu ihm: »Bevor wir uns entschließen, kommen wir lieber noch einmal mit einem Experten für Kühlschränke zurück: mit meiner Schwiegermutter. Sie kennt sich hervorragend in diesen Dingen aus. Bis morgen nachmittag also!«

Mittlerweile hat der Verkäufer also schon vier Stunden in Sie investiert.
Am Mittwoch tauchen Sie zur verabredeten Stunde erneut in der Abteilung auf, diesmal mit Ehegattin und Schwiegermutter im Schlepptau. Sie bitten den Verkäufer, seinen ganzen Vortrag noch einmal zu wiederholen, und wenn die zwei Stunden dann vorbei sind, murmeln Sie vor sich hin: »Hmmmm ... wissen Sie, was? Ich kann mich noch immer nicht so recht entscheiden!«
Nun sind es schon sechs Stunden, die der Verkäufer auf Sie verwandt hat.
Am Donnerstag kommen Sie, wie erwartet, allein wieder, und zwar mit einem »Hallo — erinnern Sie sich an mich?« und dann weiter: »Ich interessiere mich für einen Kühlschrank.«
Der Verkäufer wird sein Gesicht eher etwas schmerzlich verziehen und erwidern: »Ich hoffe es!«
Dann weiter Sie: »Sehen Sie ... ich habe nur genau diese 450 Dollar in der Tasche, und sonst nur eine Schachtel Streichhölzer, einen Füllfederhalter und acht Cent Kleingeld. Aber mir gefällt ausgerechnet dieses Modell. Bitte sagen Sie mir ... wie können wir damit ins Geschäft kommen?«
Wenn er dann nicht gleich antwortet, zucken Sie mit den Schultern, drehen sich um und bewegen sich langsam in Richtung auf den Ausgang.
Ob Ihnen der Verkäufer jetzt folgt? Ganz gewiß. Er hat bereits zuviel in die ganze Angelegenheit investiert, und jetzt möchte er für seine Bemühungen auch belohnt werden. Also wird er wahrscheinlich zwischen zusammengebissenen Zähnen hervorstoßen: »In Ordnung. Was genug ist, ist genug. Machen wir das Geschäft.«
Warum er jetzt auf Ihr Ja-oder-Nein-Angebot eingeht (obwohl Sie diese Wörter gar nicht benutzt haben)? Weil Sie Ihr Ultimatum so vorbereitet und formuliert haben, daß man es garantiert akzeptieren wird. Sie haben Ihr Ultimatum sozusagen schmackhaft gemacht, indem Sie gleichzeitig den Verkäufer dazu genötigt haben, ungewöhnlich viel Zeit auf Sie zu verwenden. Er wiederum stellt für sich eine Kosten-Nutzen-Rechnung auf und grummelt wohl in sich hinein: »Sechs Stun-

den habe ich für diesen einen Abschluß investiert! Aber der Spatz in der Hand ist besser als die Taube auf dem Dach. Außerdem: Wer weiß, wer als nächster von der Straße hereinkommt?«

Das ›Nachstochern‹

Die Taktik des »Nachstocherns« funktioniert auf der gleichen Grundlage. Vielleicht können Sie sich darunter erst einmal gar nichts Genaues vorstellen, aber wenn ich es beschreibe, dann werden Sie gleich aus Erfahrung wissen, wie so etwas geht. In meinem Beispiel gehe ich einmal davon aus, daß Sie ein Mann sind. Aber dasselbe paßt auch auf eine Frau. Die Situation und der Rahmen lassen sich ohne Schwierigkeiten von einem Oberbekleidungsgeschäft für Herren auf eine Boutique übertragen.

Sie betreten also ein exklusives Herrenbekleidungsgeschäft in einer teuren Einkaufsstraße in Ihrer Stadt, um sich einen Anzug zu kaufen. Irgendein wichtiger Mensch aus Ihrer Umgebung heiratet, und Sie wollen bei der Vermählungsfeier eine gute Figur machen. Da bekanntlich jedes Jahr die Breite der Rock- und der Hosenaufschläge zu variieren pflegt, damit der Anzug aus dem vorigen Jahr schneller ›überholt‹ aussieht, prüfen Sie besonders kritisch den Schnitt. Sie haben zu diesem Zwecke sogar ein Maßband in der Tasche.

»Kann ich Ihnen behilflich sein?« fragt ein Verkäufer.

»Ich denke, ja ...«, antworten Sie, wobei Sie die Stirn in Falten werfen.

Dreieinhalb Stunden lang arbeiten Sie sich jetzt von Ständer zu Ständer und von Anzug zu Anzug vor, messen peinlich genau die Revers nach, immer mit dem Verkäufer im Schlepptau, der sich nicht zu gehen traut, weil Sie ihn dauernd über Schulterweite, Taschenaufschläge, Ärmelschnitte, Zahl der Knöpfe und ähnliches ausfragen. Und dabei wiederholen Sie immer und immer wieder: »Wie lange werde ich einen Anzug in diesem Stil wohl tragen können?« Wenn er Ihnen dann seine Insider-Erfahrungen anbietet, fragen Sie zurück: »Sind Sie da auch sicher?« Nachdem Sie neununddreißig Anzüge inspiziert und achtundsiebzig Aufschläge geprüft haben und der mit steinernem Gesicht neben Ihnen stehende Verkäufer nun soweit ist, die Geduld zu verlieren, sagen Sie zu ihm: »Ich denke, ich sollte diesen da drüben nehmen, den leicht gestreiften für 370 Dollar.«

Der Verkäufer atmet sichtlich auf. Ganz ruhig fordert er Sie auf: »Würden Sie mir bitte folgen?« Er führt Sie in den kleinen Raum an der Rückseite, wo der Schneider seine Änderungen vornimmt. Sie ziehen sich aus, schlüpfen in den neuen Anzug und begutachten seinen Sitz im dreifachen Spiegel. Gleich daneben steht der Verkäufer, jetzt noch ein wenig mehr erleichtert, da er bereits anfangen kann, die Rechnung auszuschreiben und seine Provision auszurechnen.

Hinter Ihnen kniet, während Sie leicht vor und zurück wippen, ein älterer Herr mit leicht gekrümmtem Rücken und einer Reihe Nadeln im Mund, ein Zentimeterband um den Nacken geschlungen. Mit fünf Nadeln, die er aus seinem Mund zieht, bringt er seine Korrekturen an Jacke und Hose an. Dann zeichnet er seine Kreidestriche auf den Stoff und murmelt dazu: »Ein schönes Stück und sitzt sehr gut.«

An dieser Stelle drehen Sie sich dann zu Ihrem Verkäufer um und fragen ihn ganz nebenbei: »Und was für eine Krawatte gibt es umsonst dazu?«

Der Verkäufer hört auf zu schreiben. Er schaut zu dem alten Mann am Boden hinunter. Der hebt seinen Kopf und weiß nun nicht, ob er noch eine weitere Nadel einstecken, einen weiteren Kreidestrich anbringen soll.

Alles schien gelaufen, und da kommen Sie und wollen als kostenlose Zugabe eine Krawatte.

Was geht wohl in dem Verkäufer vor, nachdem seine erste spontane Welle von Haß und Wut abgeebbt ist? Innerlich beschwert er sich: »Dieser Fetzen Stoff hat mich dreieinhalb Stunden meiner kostbaren Zeit gekostet. Ich mußte sogar auf meine Kaffeepause verzichten. Mir tun beide Arme weh vom dreißigmal An- und Ausziehen der Jacken: Ich habe mit ansehen müssen, wie er diese blödsinnigen Messungen macht — achtundsiebzigmal. Also gut, das haben wir hinter uns. Aber was ist für mich dabei herausgekommen? Genug, um von meiner Provision diesem Clown da auch noch eine Krawatte zu kaufen? Sei's drum. Hoffentlich sehe ich ihn dafür nie wieder!«

Bekommen Sie also die Krawatte? Aber gewiß. Ob Sie allerdings die Zuneigung und Bewunderung des Verkäufers gewonnen haben, steht auf einem anderen Blatt. Er wird Ihnen die Krawatte als kostenlose Zugabe nicht deswegen überreichen, weil er Sie mag, sondern weil er selbst schon viel zu viel in die ganze Sache investiert hat.

Hätte diese Taktik auch geklappt, wenn er nicht soviel Zeit aufgewendet hätte? Nein. Der Erfolg ist vielmehr direkt proportional zum Aufwand an Zeit von seiten des Verkäufers. Daher sollten Sie stets dafür sorgen, daß die andere Seite etwas in die Sache investiert. Und daher sollten Sie sich, wenn Sie bei einem Handel etwas herausholen wollen, erst einmal ganz kooperativ geben, so, als ob Sie dringend Hilfe bräuchten.

›Helfen Sie mir!‹

Ein Verhalten, das suggeriert, daß Sie Hilfe brauchen, ist eigentlich das Gegenteil von dem, was einem normalerweise vorgespielt wird. Denken Sie einmal an die Führungsspitzen in der Industrie und Regierung. Irgendein Mythos der Öffentlichkeit diktiert ihnen, wie sie auszusehen und sich zu verhalten haben, und dementsprechend strengen sie sich an, das von ihnen erwartete Bild in eindrucksvoller Weise selbst nach außen zu tragen.

Dieses öffentliche Image ist eine kunstvolle, mit viel Kosmetik ausgestattete Rolle. Es ist eine Mischung aus Robert Redford und Robert Wagner, dazu ein Schuß Lorne Greene als Kommandeur des Galactia-Raumschiffs (oder, noch besser, als Boß der Ponderosa, mit Hoss, Little Joe und Adam über die Prärie galoppierend). Diese stereotypen Leitfiguren haben ihre leicht angegrauten Schläfen, aber dennoch einen bestens gepflegten vollen Haarschopf. Ihre Stimme ist tief, hat Resonanz. Wenn so einer einem die Hand schüttelt, dann fürchtet man um seine Fingerknochen. Sein fester Schritt hat etwas

enorm Viriles. (»Schaut her! Da geht ein Mann, der ganz oben ist!«) Mit dröhnender Stimme verkündet er jedem: »Nett, Sie zu treffen« — gleichgültig, ob er das nun wirklich meint oder nicht. Selbst wenn Sie solch ein Plastikprodukt mitten in der Nacht nach einer exzessiven Trinkerei aufwecken, springt es noch aus dem Bett und tönt: »Hallo! Nett, Sie zu sehen!«
So einer ist, weil er sich wichtig vorkommt, immer perfekt. Nicht einmal als Kind hat er die Masern oder auch nur einen Pickel gehabt.
Aber das ganze, was er darstellt, ist eben ein einziger Betrug. Zudem ist es selbstzerstörerisch (und sehr ermüdend), immer die Rolle des Helden spielen zu müssen, dauernd in allem genau Bescheid wissen zu müssen, immer obenauf zu sein. Es tut einem einfach manchmal gut, sagen zu können: »Dies und das schaffe ich nicht ... helft mir!« Zuzugeben, daß man nicht auf alles eine Antwort hat, läßt einen menschlich erscheinen und bringt die anderen dazu, sich mehr um Sie zu kümmern.

Schwachsein kann Stärke bedeuten

In Verhandlungen ist es nicht selten besser, sich ein wenig dumm anstatt allzu gewandt zu zeigen, und nützlicher, nicht immer sofort die richtigen Worte zu finden. Kurz: Wenn man einmal in der schwächeren Position zu sein scheint, so kann dies einen in Wirklichkeit stärken. Gewöhnen Sie sich also daran, ab und zu auch »Ich weiß nicht« zu sagen oder »Das verstehe ich nicht«, »Das hatte ich vergessen« oder auch »Helfen Sie mir«. Benutzen Sie diese Wendungen, wann immer Sie Ihren Zwecken dienlich sein könnten.
Rufen Sie sich Ihre eigenen Erfahrungen ins Gedächtnis, wenn Sie mit Leuten zu tun bekommen, die sich ein wenig dumm anstellen. Was nützen Ihnen da Ihre klug ausgedachten Argumente, Ihre logischen Fähigkeiten und Ihr umfassendes Faktenwissen, wenn Sie mit einem Trottel reden, der gar nicht kapiert, worüber Sie sich da auslassen? In solch einem Fall sind Ihre ganzen Überredungsversuche völlig wertlos.
Haben Sie jemals versucht, mit einem Menschen zu verhandeln, der nicht richtig denken kann oder der eine Sprachstö-

rung hat? Stellen Sie sich zum Beispiel vor, ich versuchte, mit Ihnen einen Handel abzuschließen, während Sie herumstammeln und stottern oder so tun, als ob. Ich sage nun zu Ihnen: Also, was haben Sie für Einwände gegen meine Vorschläge?
Sie antworten: »Er ... er ... er ...«
Darauf ich: »Wir haben es nicht eilig. Was wollten Sie sagen?«
Sie antworten wieder: »Er ... er ... er ...«
Ich: »Wollten Sie sagen: erstens?«
Sie nicken.
»In Ordnung. Was meinen Sie unter ›erstens‹?«
Sie: »Den Pr ..., den Pr ...«
Ich: »Meinen Sie den Preis?«
Sie nicken.
»In Ordnung. Jetzt läuft die Sache ja. Und Einwand Nummer zwei?«
Sie: »Die Qu ..., die Qua ...«
Ich: »Meinen Sie die Qualität?«
Sie nicken wieder ... und so weiter.
Was haben Sie nun wirklich gesagt? Gar nichts. Was aber tue ich? Ich helfe Ihnen, Ihre Argumente zu artikulieren, und ich investiere Zeit. Dadurch bekommen in Wirklichkeit Sie die Kontrolle über die gesamte Situation in die Hand.
Meine Frau hat mir zum Beispiel einmal die Beobachtung mitgeteilt, daß ich, wenn ich mit einem blinden Menschen rede, dies stets mit lauterer Stimme tue. Warum? Es geschieht völlig unbewußt — wahrscheinlich will ich ihm irgendwie helfen.
Schwachsein kann also bei einer Verhandlung zur Stärke werden. Nehmen wir das Beispiel einer großen Bank, die einen ihrer Großkunden anruft und ihm bedauernd mitteilt, daß er mit der Rückzahlung eines Kredits im Rückstand sei. Worauf der Schuldner erwidert: »Ich freue mich wirklich, wieder einmal von Ihnen zu hören, denn ich wollte Ihnen ohnehin gerade mitteilen, daß sich meine finanzielle Situation seit kurzem sehr verschlechtert hat. Tatsächlich sehe ich die einzige Chance, einen Bankrott abzuwenden, darin, daß Sie Zins und Tilgung um anderthalb Prozent herabsetzen und die Rückzahlungsfrist um ein Jahr verlängern.«

Die deutliche Hilflosigkeit, in der sich der Schuldner befindet, führt nun dazu, daß auch der Gläubiger in seiner Verhandlungsposition geschwächt wird.

›Wir verstehen nicht‹

Vor allem wenn man mit anderen Regionen oder Kulturen zu tun bekommt, ist die Sprache selbst oft Ursache und Möglichkeit rein phonetischer Verständigungsschwierigkeiten. Ich bin mir dessen stets sehr bewußt, seit ich vor einer Reihe von Jahren einmal drei Japaner — sie waren Repräsentanten der »Japan Airlines« — dabei beobachtete, wie sie diesen Trick bei einer Verhandlung mit einer großen und sehr gewandten Abordnung einer amerikanischen Firma einsetzten.
Was die Firmenvertreter den Partnern aus dem Fernen Osten vorzuführen hatten, war überwältigend. Zweieinhalb Stunden dauerte die Präsentation. Mit der Hilfe von Karten und Diagrammen, Computerberechnungen und allen möglichen weiteren Daten und unter Einsatz von drei riesigen Projektoren versuchten sie, den verlangten Preis für ihr Produkt zu rechtfertigen. Ich saß die ganze Zeit mit am Konferenztisch und ich kam mir vor wie im Disneyland.
Während dieser mit allen denkbaren Kunststückchen versetzten Schau saßen die Herren aus Japan ruhig an ihrem Platz und sagten kein Wort.
Endlich schaltete einer der Spitzenmanager der amerikanischen Seite, mit vor Erwartung gespannten Nerven und gleichzeitig selbstzufriedenem Gesichtsausdruck, das Licht im Konferenzraum wieder an und wandte sich an die unbewegt dasitzenden Japaner. »Nun ... was meinen Sie dazu?«
Worauf einer von ihnen höflich lächelte und zur Antwort gab: »Wir verstehen nicht.«
Dem Manager wich das Blut aus dem Gesicht. »Wie meinen Sie das? *Was* verstehen Sie nicht?«
Worauf der nächste Japaner höflich lächelnd antwortete: »Das ganze.«
Ich schaute mir den frustrierten Manager an und fürchtete

schon, daß er gleich einen Herzanfall bekäme. »Von welcher Stelle an haben Sie die Sache nicht mehr verstanden?« fragte er.
Darauf der dritte Japaner, ebenfalls höflich lächelnd: »Von dem Augenblick an, als die Lichter ausgingen.«
Der Amerikaner lehnte sich mit dem Rücken gegen die Wand, lockerte die teure Krawatte und stöhnte verzweifelt: »Gut ... was sollten wir Ihrer Meinung nach jetzt tun?«
Worauf die drei Japaner wie aus einem Mund echoten: »Können Sie es noch einmal wiederholen?«
Wer hatte nun noch eine Trumpfkarte in der Hinterhand? Wer trickste hier wen aus? Wie sollte es nämlich jemand schaffen, eine Zweieinhalb-Stunden-Präsentation noch einmal mit der gleichen Begeisterung und der gleichen Überzeugung vorzuführen? Und so ging der eigentlich avisierte Preis praktisch den Bach hinunter.
Die Moral von der Geschichte: Seien Sie nicht allzu schnell, wenn es darum geht, etwas zu ›verstehen‹; stellen Sie nicht vorschnell Ihre Klugheit und Ihr Geschick zur Schau. Achten Sie darauf, daß das Verhältnis zwischen Fragen und Antworten stimmt. Lernen Sie, auch dann Fragen zu stellen, wenn Sie eigentlich glauben, die Antworten schon zu wissen.
Außerdem: Wenn Sie sich an andere um Hilfe wenden, dann führt das zu einem besseren Klima in den gegenseitigen Beziehungen, und so bewegen Sie die andere Seite eher dazu, etwas zu investieren — was am Ende Ihnen zugute kommen wird.

Wie man ein Ultimatum durchsetzt

In einigen der bisher angeführten Beispiele wurden auch Ultimaten eingesetzt. Sie gehören zum täglichen Leben: ob es die Eltern sind, die ihr Kind ›zum allerletzten Mal‹ warnen, nicht zu spät nach Hause zu kommen, oder die Gewerkschaft, die bei Lohnverhandlungen mit Streik droht.
Wenn Sie mit Ihrem Ultimatum Erfolg haben wollen, müssen Sie vier Bedingungen erfüllen:
1. *Kein Schlupfloch lassen.* Die andere Seite darf keine andere

Wahl mehr haben, oder sie muß schon so viel eingesetzt haben, so daß sie ihre Karten einfach nicht mehr hinwerfen und ohne weiteres weggehen kann. Aus dem Grunde *muß* ein Ultimatum auch am Ende einer Verhandlung stehen und niemals am Beginn. Man kann den Kuchen nicht essen, bevor man ihn nicht gebacken hat.

2. *Die Sache schmackhaft machen.* Die Sprache, die Sie benutzen, sollte niemals die andere Seite herabsetzen oder herausfordern. ›Harte‹ Ultimaten wie ›Entweder so oder gar nicht‹ fallen auf einen selbst zurück. ›Sanfte‹ Ultimaten dagegen kann man schmackhaft machen, weil sie einfach nichts anderes wiedergeben als Ihren gegenwärtigen Stand. Ein Beispiel: »Ich verstehe sehr wohl Ihre Lage. Ihre Gründe sind auch durchaus stichhaltig. Aber ich kann meinerseits nicht mehr bieten. Können Sie mir da helfen?«

3. *Ein Rezept anbieten, an dem nicht mehr herumgepfuscht werden kann.* Es ist immer ein kluger Schachzug, wenn Sie Ihre Position mit irgendwelchen Unterlagen und Dokumenten untermauern. Zum Beispiel: »Es steht Ihnen zu, wonach Sie verlangen. Und ich wünschte, ich könnte es Ihnen geben. Aber sehen Sie her: So sieht mein Budget aus, und ich kann es nicht überziehen!«

Der Trick zieht für gewöhnlich: Legen Sie einfach schwarz auf weiß Ihr ›offizielles Budget‹ auf den Tisch. Auch zusätzliche Bemerkungen wie: »Das würde die gesetzlich festgelegten Grenzen überschreiten« oder »Die zuständige Gewerkschaft würde das nie dulden« oder »Das verstieße gegen die Geschäftsgrundsätze unseres Unternehmens«, tun für gewöhnlich ihre besondere Wirkung.

Aber auch ohne jegliche Unterstützung durch Unterlagen und ähnliches sind wir alle zu beeinflussen durch Feststellungen wie: »Aber alle meine *Freunde* machen es so und so«, oder »Wenn wir *Ihnen* hierbei entgegenkommen, dann wird uns *jeder* mit den gleichen Ansprüchen kommen.«

4. *Eine Wahlmöglichkeit lassen.* Wie bereits erwähnt: Sie dürfen der Gegenseite niemals die Möglichkeit einer Alternative verbauen. Sagen Sie nie: »Entweder so oder gar nicht!« Legen Sie die ganze Verhandlung lieber so an, daß die andere Seite

noch die Wahl hat zwischen einer für sie besseren und einer schlechteren Alternative.
Nehmen wir zum Beispiel an, ich würde Sie gern auf einen Posten in meiner Firma berufen. Sie verlangen ein Jahresgehalt von 50000 Dollar, aber ich kann Ihnen nicht mehr als 30000 bezahlen. Sollte ich Sie jetzt vor die Wahl stellen: entweder oder? Nein. Das käme einer Kränkung gleich. Statt dessen sage ich zu Ihnen: »Sie verdienen durchaus, was Sie verlangen. Ich verstehe das. Aber die Position, die ich Ihnen anzubieten habe, ist mit 28000 bis 30000 angesetzt. Was möchten Sie haben?«
Natürlich werden Sie antworten: »30000.«
Ich protestiere ein wenig, als ob Sie damit schon die Grenze überschritten hätten, und frage zurück: »Könnten wir uns bei 29000 treffen?«
Darauf Sie: »Nein, auf 30000 muß ich eigentlich schon bestehen.«
Ich seufze und dann kapituliere ich. »In Ordnung. Wenn Sie das ganz ernst meinen, muß ich wohl nachgeben. Für 30000 haben Sie die Stelle.«
Diese Technik funktioniert übrigens auch in hochdramatischen Situationen. Im August 1977 entführten Exilkroaten ein Flugzeug der TWA, das vom La-Guardia-Flughafen in New York nach Chicago-O'Hare gestartet war. Um die Entführer hinzuhalten, flog die Maschine damals einen großen Bogen über Montreal, Neufundland, Shannon, London und landete schließlich auf dem Charles-de-Gaulle-Flugplatz in der Nähe von Paris. Dort zerschossen französische Polizisten erst einmal die Reifen des Flugzeugs.
Dann stand die Maschine drei Tage lang auf der Landebahn. Schließlich stellte die Polizei den Terroristen ein Ultimatum, das ganz meinen vier Kriterien entsprach, vor allem dem letzten. Es lautete in etwa so: »Seht mal … ihr Kerle könnt tun, was immer ihr wollt. Aber: Inzwischen ist amerikanische Polizei hier bei uns eingetroffen, und wenn ihr jetzt aufgebt und mit den Polizisten wieder zurück in die Vereinigten Staaten fliegt, dann werdet ihr zwischen zwei und vier Jahren Gefängnis bekommen — höchstens. Und nach den allgemeinen Ge-

pflogenheiten heißt das, daß ihr in etwa zehn Monaten wieder auf freiem Fuß seid.«
Eine kurze Pause, damit sich das in den Köpfen der Entführer festsetzte, und dann hieß es weiter: »Aber wenn wir euch gefangennehmen müssen, weil ihr euch diesem Vorschlag verweigert, dann heißt die Strafe nach französischem Gesetz: der Tod. Also ... was zieht ihr vor?«
Es kam, wie erwartet: die Flugzeugentführer beschlossen, sich den Amerikanern zu ergeben und in ihrem Land die Strafe auf sich zu nehmen.

Zweiter Teil: Die drei entscheidenden Variablen

Das Unwirkliche ist die wahre Quelle der Machtlosigkeit. Was wir nicht verstehen, können wir auch nicht kontrollieren.

CHARLES REICH

In Arthur Millers ›Tod eines Handlungsreisenden‹ gibt es eine ergreifende Stelle, wo der arme, bemitleidenswerte Willy Loman sich an seinen reichen Bruder wendet und ihn fragt: »O Ben, wie hast du das geschafft? Wie heißt die Antwort?«
Lomans Frage — er stellt sie stellvertretend für uns alle, ob auf der Verlierer- oder auf der Gewinnerseite — zielt auf die alles umfassende Formel für den Erfolg im Spiel des Lebens.
Falls es ein Spiel ist, dann bedeutet Handeln und Verhandeln eine Art, eine Methode zu leben. Wenn Sie Erfolg haben wollen, dann müssen Sie versuchen, das Spiel in seiner Gesamtheit zu verstehen.
Zuallererst müssen Sie sich einmal an der Realität orientieren — die Dinge also so sehen, wie sie wirklich sind, ohne sie gleich zu beurteilen. Leider ist die Angewohnheit nur allzu sehr verbreitet, sich stets nur selbst zu sehen, vorschnelle Schlüsse nach den eigenen Vorstellungen zu ziehen und diese auch noch zu bewerten. Hüten Sie sich vor dieser subjektiven Betrachtungsweise, denn damit fördern Sie bei sich selbst nur ein unrealistisches Wunschdenken. Besser: »Die Dinge sehen, wie sie sind.« Wenn auch das Spiel und die Spieler von Mal zu Mal wechseln, so bleiben doch immer drei Grundregeln, und die sind immer dieselben.
Halten Sie sich innerlich immer dieses Bild vor Augen: Ein paar Männer hocken, mit so teilnahmslosem Gesichtsausdruck wie nur möglich, um einen Tisch in einem verräucher-

ten Zimmer. Es ist spät in der Nacht. Was tun sie? Sie versuchen, jeder für sich, bei einem Wettbewerb etwas herauszuholen, einem Wettbewerb, der seine genauen Regeln und Rituale hat. Worum geht es? Es mag um eine politische Frage gehen oder um ein Pokerspiel … oder sie handeln gerade geschäftlich etwas aus.

Ob Politik, Poker oder Geschäft — Erfolg stellt sich nicht nur ein, wenn man ein gutes Blatt in Händen hält, sondern wenn man die gesamte Situation, also die Verteilung der Karten, analysiert, um das eigene Blatt möglichst geschickt ausspielen zu können. Selbst der raffinierteste und in der besten Ausgangsposition sitzende Mitspieler wird wenig einstecken, wenn er nicht die harten Realitäten um sich herum in seine Strategie mit einbezieht, jene Realitäten, mit denen *alle* Spieler konfrontiert sind. Worauf es also ankommt, wenn Sie das Spielergebnis beeinflussen wollen — ob in der Politik, beim Poker oder im Geschäftsleben: Sie müssen Ihr Gegenüber und seine Position ebenso wie Ihre eigene ganz realistisch analysieren, und zwar im Lichte von drei stets vorhandenen, eng aufeinander bezogenen Variablen:

1. Energie und Macht
2. Zeit
3. Information

Ob du nun meinst,
du kannst es
oder du kannst es nicht –
du hast in beiden Fällen recht.

HENRY FORD I

4. Energie und Macht

Bereits an anderer Stelle dieses Buches habe ich definiert, was ich unter ›Energie‹ und ›Macht‹ verstehe: die Möglichkeit und die Fähigkeit, einen Vorsatz in die Tat umzusetzen ... was Kontrolle über andere wie über sich selbst sowie über Situationen und Ereignisse einschließt. Dabei geht es nicht um die Frage nach Gut und Böse, nach Moral und Unmoral, nach ethischen Kategorien. Ich betrachte die Frage der Energie und Macht völlig neutral.

Energie und Kraft braucht man, um sich von einer Stelle zur anderen zu bewegen. Nehmen wir an, Sie stehen gerade an der Position A (Ihre gegenwärtige Lage) und Sie wollen nach Position B (Ihr angestrebtes Ziel). Mit der notwendigen Kraft sind Sie fähig, von A nach B fortzuschreiten. Sie befähigt Sie dazu, Ihre Wirklichkeit so zu verändern, daß Sie Ihr Ziel auch tatsächlich *erreichen.*

In den Begriffen ›Macht‹ und ›Energie‹ schwingt eine ganze Reihe unangenehmer Bedeutungen mit. Warum? Weil man zum Beispiel eine Herr-und-Knecht-Beziehung damit assoziiert, wo einer durch seine Kraft den anderen beherrscht. Dieser Blankovorwurf hat aber mit der Realität des Lebens nichts mehr zu tun. Wenn Leute mit einem gewissen Einsichtsvermögen sich über die Macht und ihre Verteilung in unserer Welt beklagen, dann tun sie das aus einem der folgenden Gründe:

1. Sie können sich nicht mit der Art abfinden, wie Macht benutzt wird; weil mit ihr manipuliert, weil Gewalt und Herrschaft ausgeübt werden. Macht wird über etwas angewen-

det, nicht *für* etwas, und das bedeutet Mißbrauch. Solche Kritik hat sehr wohl ihre Gründe.
2. Sie können nicht die Ziele gutheißen, auf die der Einsatz von Macht und Energie gerichtet ist. Fürchtet man, daß am Ende Korruption und Ausbeutung stehen; dann helfen auch die überzeugendsten Argumente und Mittel nichts.

Außer den Faktoren, die ich in diesen zwei Punkten ansprach, kann ich nichts entdecken, das den Einsatz von Energie und Macht verbieten könnte. Macht sollte allerdings nie ein Ziel in sich selbst sein, sondern Mittel, um ein anvisiertes Ziel zu erreichen. Trennen wir die Macht als solche von den vielen möglichen Zielen, die wir anstreben, dann können diese durch und durch ›gut‹ sein oder durch und durch ›schlecht‹ – die Energie selbst, die wir dazu aufwenden, ist und bleibt eine neutrale Größe wie die Elektrizität oder der Wind. Und schließlich wissen Sie genauso gut wie ich, daß die Elektrizität selbst nicht etwa deswegen etwas Schlechtes ist, weil man von ihr einen Schlag erhalten kann. Ebensowenig sind die Luft und der Wind etwas Schlechtes, nur weil daraus bisweilen auch ein Tornado entstehen kann. Zumeist erleben wir die Luft nur dadurch, daß wir sie ein- und ausatmen. Wir brauchen sie. Ohne sie würden wir zusammenbrechen. Genauso brauchen wir Kraft und Energie, um uns zu schützen und dafür zu sorgen, daß wir unser Leben meistern.
Sie verfügen über eine ganze Menge Energie. Setzen Sie sie vernünftig ein, um die Ziele zu erreichen, die Ihnen wichtig sind. Denken Sie dabei daran, daß Sie es sich schuldig sind, nicht nach den Regeln zu leben, die Ihnen irgend jemand vorschreibt, sondern nach Ihren eigenen.
Entdecken Sie irgendwo eine Ungerechtigkeit – Ihnen selbst gegenüber oder gegen sonst jemanden –, dann besitzen Sie auch die Kraft, um zu handeln. Wenden Sie sich aber ab, weil Sie glauben, es gäbe keine Hilfe (»Was kann einer allein schon tun?«), dann werden Sie sich ohne Zweifel frustriert und deprimiert fühlen.
Wenn Menschen in unserer Gesellschaft glauben, sie könnten als Individuen nichts ausrichten, dann ist das eine schlimme

Sache für uns alle. Energielose Menschen werden apathisch und lassen sich hin- und herschubsen; aber die anderen müssen sie dafür auch auf ihren Rücken mittragen. Andererseits werden sie leicht feindselig und versuchen, ein System niederzureißen, dessen Grundlagen sie nicht verstehen und von dem sie glauben, daß sie es nicht kontrollieren könnten. Diese Haltung ist überall in unserer Welt anzutreffen. Zu ihren Symptomen gehören zum Beispiel nachlassende Produktivität und sinnlose Gewalttätigkeit.

Lynette ›Squeaky‹ Fromme war eine von denen, deren Haltung in Haß und Feindseligkeit umschlug. Sie versuchte, den damaligen US-Präsidenten Gerald Ford niederzuschießen. Nach ihrer Festnahme erklärte sie: »Wenn die Menschen einen behandeln wie ein Kind und dem, was man zu sagen hat, überhaupt keine Aufmerksamkeit schenken, dann muß man eben *irgend etwas* tun!«

Dieser ›blinde Aktionismus‹ der Lynette Fromme hat etwas Psychopathisches, er ist selbstzerstörerisch. Das Bild, das sie von sich selbst und ihrer Rolle hatte, war meilenweit von der Wirklichkeit entfernt. Sie begriff nicht, daß es andere Alternativen gab, die legal und von der Gesellschaft zu akzeptieren waren. Sie begriff nicht, daß eine kriminelle Tat, gleichgültig, welchem Ziel sie dient, fast immer einen Mißbrauch von Macht bedeutet.

Ihrem Wesen nach ist Macht neutral. Sie ist ein Mittel zum Zweck, nicht aber der Zweck selbst. Sie ist unentbehrlich, damit wir geistig und physisch überleben — und sie basiert auf unserem Erkennungs- und Wahrnehmungsvermögen.

Lassen Sie mich an einem Beispiel illustrieren, was ich meine, wenn ich sage, daß Sie über Macht und Energie verfügen, wenn Sie *erkennen*, daß Sie sie besitzen. Stellen Sie sich einen Häftling in einer Einzelzelle vor. Die Aufsichtsbeamten haben ihm die Schnürsenkel und den Gürtel weggenommen, damit er sich nichts antun kann. (Sie erhalten sich ihn sozusagen für die spätere Behandlung.) Der arme Kerl schlurft in seiner Zelle auf und ab und hält sich dabei die Hose mit der linken Hand — und dies nicht nur, weil ihm der Gürtel fehlt, sondern weil er inzwischen fünfzehn Pfund abgenommen hat. Das Essen, das sie ihm durch die Tür schieben, ist das reine Spülwasser, und er weigert sich, es auszulöffeln. Aber gerade als er mit seinen Fingern die hervorstehenden Rippen abklopft, gerät ihm der Duft einer Zigarette in die Nase, ausgerechnet auch noch seine Lieblingsmarke.

Durch ein kleines Guckloch in der Tür beobachtet er, wie der Aufseher draußen auf dem Gang gerade einen tiefen Zug nimmt und dann wieder wonnevoll ausatmet. Den Häftling packt ein verzweifeltes Verlangen nach einer Zigarette, und so klopft er — mit dem gehörigen Respekt — gegen die Tür.

Der Aufseher trottet auf seine Zelle zu und fragt mürrisch: »Was willst du?«

Der Häftling antwortet: »Ich hätte auch gern eine Zigarette ... genau die Marke, die Sie rauchen.«

Der Aufseher nimmt fälschlicherweise an, daß der Häftling über keinerlei Macht und Energie verfüge, und so schnaubt er nur einmal verächtlich und dreht ihm den Rücken zu.

Der Häftling betrachtet seine Lage anders. Er weiß, was er will, und er möchte seine Möglichkeiten ausprobieren und etwas riskieren. Also pocht er nochmals gegen seine Tür, diesmal etwas nachdrücklicher.

Der Aufseher, gerade wieder eine Rauchwolke ausstoßend, wendet irritiert seinen Kopf. »Was ist denn noch?«

Der Häftling antwortet: »Bitte, ich hätte gern eine von Ihren Zigaretten, und zwar innerhalb der nächsten dreißig Sekunden. Bekomme ich keine, dann werde ich mit meinem Kopf so lange gegen diese Mauer hier anrennen, bis er eine blutige Masse ist und ich bewußtlos bin. Wenn dann die Sanitäter kommen und mich auf die Krankenstation bringen, werde ich schwören, daß Sie das waren! Gewiß, sie werden mir nie glauben, aber denken Sie einmal an die vielen Verhöre, die Sie über sich ergehen lassen müssen, an die Ausschüsse, vor denen Sie aussagen müssen. Denken Sie an die Berichte, die Sie alle — in dreifacher Ausfertigung natürlich — zu verfassen haben. Denken Sie an diesen ganzen Behördenkram — *und all das im Vergleich zu einer einzigen verkrümelten Zigarette!* Nur eine einzige Zigarette, und ich verspreche Ihnen, Sie nicht wieder zu belästigen.«

Ob ihm der Aufseher eine Zigarette durch das Guckloch hineinschiebt? Jawohl. Und steckt er sie ihm vorher extra an? Auch das. Und warum? Weil der Aufseher ganz schnell in seinem Hinterkopf eine Kosten-Nutzen-Rechnung aufgestellt hat, womit die Situation für ihn klar war.
Und in was für Umstände Sie auch immer geraten, Sie werden sicher zumeist schon von einer weit besseren Position ausgehen können als dieser Häftling, der sich sogar seine Hose festhalten mußte. Aber: Er wollte eine Zigarette, und er bekam sie.
Mit gutem Grund läßt sich daher sagen, daß Sie alles erreichen können, was Sie wollen, wenn Sie sich Ihrer Möglichkeiten bewußt sind, wenn Sie die gegebenen Voraussetzungen prüfen, wenn Ihre scharfkalkulierten Risiken auf soliden Informationen beruhen und wenn Sie glauben, daß Sie die Kraft und Energie dazu besitzen.
Das ist eigentlich eine lächerlich einfache Formel. Glauben Sie nur fest daran, daß Sie die Energie besitzen, und dann werden Sie dieses Selbstvertrauen auch den anderen verdeutlichen. Sie sind es, der bestimmt, wie die anderen Sie sehen, was sie von Ihnen glauben und wie sie reagieren.
Kurzum: Die Macht besteht also darin, daß andere den Eindruck bekommen, daß Sie das, was Sie beabsichtigen, auch erreichen. Obwohl sich, wie Sie sehen, Ihre Macht, genau wie etwa Schönheit, erst in den Augen des Betrachters offenbart, hat sie doch ihren Anfang und Ursprung bei Ihnen!
Ich erinnere mich an einen bezeichnenden Kinderfilm, in dem der Held pausenlos den großen, mächtigen, energiegeladenen Kerl spielt. Zusammen mit seinen Freunden und Freundinnen versucht er, auf abenteuerliche und immer gefährlichere Weise der Hexe ihren Besenstiel zu stehlen. Und seine Gefährten riskieren gehorsam sogar ihr Leben, weil sie denken, ihr Anführer sei auch in Wirklichkeit ein mächtiger Kerl, wie er ihn ihnen vorspielt.
Tatsächlich war er nur ein ganz gewöhnlicher Bursche, der über keinerlei besondere Kräfte verfügte; aber dadurch, daß die anderen von seinen Fähigkeiten so überzeugt waren, hatte er von ihnen nicht schlecht profitiert. Bis sich am Ende her-

ausstellte, wo seine tatsächlichen Grenzen waren, hatten alle anderen einfach das Bild übernommen, das er ständig von sich gezeigt hatte.
Aber anders als dieser Bursche haben Sie es gar nicht nötig, den anderen etwas vorzuspielen.
Sie haben allein in Ihrer Fingerspitze mehr Kraft und Energie, als Sie sich überhaupt vorstellen können!

1. Die Macht des Wettbewerbs

Wann immer Sie in einen Wettbewerb treten und dabei etwas einsetzen, was Ihnen gehört — in unserem Kaufhaus-Beispiel war es das Geld —, steigt dieses in seinem Wert. Und selbstverständlich steigt es um so mehr, je mehr Leute es haben wollen. Das trifft nicht nur auf angebotene Produkte und Leistungen zu, falls Sie etwas zu verkaufen haben, — und auf das Geld, falls Sie der Konsument sind — sondern auch auf so etwas Abstraktes wie eine Idee. Nehmen wir an, ich sei Ihr direkter Vorgesetzter an Ihrem Arbeitsplatz und Sie kämen in mein Büro gerauscht und sagten: »Herb, ich habe eine wunderbare Idee ... ein neues Konzept, das wirklich nach etwas aussieht!«
Wenn ich Sie dann fragte: »Haben Sie das schon mit irgend jemand anderem durchgesprochen?«, und Sie antworteten: »Ja, mit ein paar anderen Vorgesetzten, aber die halten die Idee für nicht so besonders wertvoll«, erhöhte das dann wohl den Wert Ihrer Idee in meinen Augen? Nein. Ihre Idee ist dahin, weil sie keinem Wettbewerb mehr ausgesetzt ist.
Wenn Sie aber auf meine Frage antworteten: »Ja, ich habe mit ein paar Kollegen von Ihrer Etage darüber geredet, und sie sagten, daß sie noch mehr hören wollten, weil es ganz toll klänge!«, dann wäre meine Reaktion folgende: »Machen Sie die Tür zu, setzen Sie sich und erzählen Sie mir davon!« Denn jetzt ist Ihnen gelungen, mich in einen Wettbewerb hineinzuziehen, Sie haben den Wert Ihrer Idee gesteigert.
Das gleiche gilt für die Frage, ob es leichter ist, eine neue Stellung zu bekommen, wenn man bereits eine feste Anstellung

hat oder nicht. Zweifellos lautet die Antwort, daß es leichter ist, aus einer festen Position weiterzukommen.

Lassen Sie sich die Szene einmal durch den Kopf gehen: Sie bewerben sich um eine Stellung. Aus irgendwelchen Gründen waren Sie die letzten zwölf Monate arbeitslos. Ich frage Sie nach Ihren Qualifikationen, und dann frage ich Sie höflich: »Was haben Sie im letzten Jahr getan, um beruflich auf der Höhe zu bleiben?«

Sie müssen sich einmal räuspern, um dann zu gestehen: »Nicht sehr viel.« Und dann erzählen Sie mir, daß Sie auf privater Ebene Aufträge ausgeführt haben ... oder daß Sie als Berater tätig gewesen sind.

Ich antworte: »Danke — Sie werden wieder von mir hören.«

Ihre Nervosität spielt Ihnen nun einen kleinen Streich, und so fragen Sie: »Aber wann? Könnten Sie mir einen Termin nennen, bis zu dem ich ...?«

Ich entdecke, daß Sie im Streß sind, weil es Ihnen an Alternativen fehlt. Ich denke mir: »Wie gut kann dieser Mann, diese Frau sein, wenn niemand sonst ein Angebot gemacht hat?«

Ich lächle unverbindlich und kontere Ihre Frage mit: »Mein Büro wird sich in Kürze mit Ihnen schriftlich in Verbindung setzen.«

Sie lecken sich nervös über die Unterlippe und flüstern: »Aber wann?« Ich versuche nicht ganz so unverbindlich zu lächeln, als ich bei mir denke: »Was macht das für einen Unterschied? Dich nimmt ohnehin keiner!«

Blenden wir zu einer anderen Szene hinüber: Sie brauchen einen Kredit. Sie machen sich einige Sorgen darum, weil Sie, wie jedermann, bei den derzeitigen wirtschaftlichen Verhältnissen wissen, daß Sie nicht der einzige sein dürften, der knapp bei Kasse ist.

Und haben die Banken etwa bei Ihnen angeklopft, um Ihnen ihre Dienste zu offerieren? Nein.

Nachdem Sie auf- und abgehend einen ganzen Fußmarsch durch Ihr Zimmer absolviert haben, geben Sie sich endlich einen Ruck und suchen Ihr Geldinstitut auf. Ist es da wohl eine gute Strategie, sich zögernd und sozusagen auf Knien auf den Kreditsachbearbeiter zuzubewegen und ihm zu sagen: »Helfen Sie mir. Ich bin ziemlich in der Klemme. Bewahren Sie meine Familie vor den schrecklichen Folgen eines Bankrotts. Ich kann Ihnen keine Sicherheiten bieten und wahrscheinlich kann ich Ihnen auch nicht zurückzahlen, was Sie mir leihen, aber in einer anderen Welt wird Ihnen Ihre Großzügigkeit einmal vergolten werden«? Natürlich ist das *nicht* die Methode, nach der die Sache funktioniert.

Die sieht vielmehr so aus: Falls Sie ein Mann sind, ziehen Sie sich einen grauen, gedeckten Anzug mit Weste an. Sind Sie eine Frau, dann ziehen Sie sich ebenfalls betont konservativ an. Tragen Sie eine goldene Uhr am Arm und ein Schmuckstück, dem man die exklusive Werkstatt ansieht (falls Sie die Möglichkeit haben, sich so etwas zu leihen). Nehmen Sie drei ebenso ausgestattete Freunde als Begleitung mit und tauchen Sie zusammen in der Bank auf. Verkünden Sie allein schon durch Ihr Auftreten, was für eine wichtige Figur Sie abgeben, und daß Sie es eigentlich gar nicht nötig hätten, sich um das lausige Geld dieser lausigen Bank zu kümmern. Sie werden sehen, wie Ihnen dann der Kreditsachbearbeiter — bildlich gesprochen — bis auf die Straße nachläuft und Ihnen seine Offerten unterbreitet.

Nebenbei bemerkt: Ich nenne diese gerade beschriebene Methode die ›Bert-Lance-Theorie der Geldbeschaffung‹. Bert Lance war der Budget-Direktor von Präsident Jimmy Carter. Mit seiner Masche ›Bleibt mir mit eurem lausigen Geld von der Pelle‹ holte er 381 Kredite aus 41 Banken heraus, die zusammen mehr als zwanzig Millionen Dollar springen ließen. *Zwanzig Millionen!* Warum die Banken sich direkt darum rangelten, solch hohe Summen an Lance zu verleihen? Das geschah aus drei Gründen:

1. Weil andere Banken ihm auch ihr Geld liehen, bedeutete das nach allgemeiner Erfahrung, daß er als besonders kreditwürdig galt.
2. Weil die Banken glaubten, er brauche das Geld eigentlich gar nicht. Zu dieser Auffassung gelangten sie, nachdem er sich ihnen gegenüber äußerst blasiert verhalten hatte. Er schien auf der ganzen Welt offenbar keinerlei Sorgen zu

haben. Er tat so, als leiste er den Banken geradezu eine Gefälligkeit, indem er ihnen die *willkommene Gelegenheit* bot, ihm ihr Geld anzuvertrauen.

3. Am wichtigsten aber war, daß er offensichtlich Alternativen hatte — und jede wurde nach ihren Möglichkeiten geschröpft. Er konnte sich von jeder Bank leihen, die ihm gefiel. So etwas bringt die einzelnen Banken in eine harte Konkurrenz-Situation, und jede versuchte deswegen, ihm ihr Geld in die Hand zu drücken.

Als die Banken dann erfuhren, daß Lance verzweifelt auf ihr Geld angewiesen war, um damit andere Verpflichtungen abzudecken, vertrockneten seine Quellen abrupt.

Worauf ich hinauswill: Bert Lance hatte erkannt, wo seine Wahlmöglichkeiten lagen und wie er sie in Kapital umsetzen konnte. Er kassierte aus dem Wettbewerb, den er selbst angezettelt hatte. Dasselbe sollten auch Sie tun, wo immer es Ihnen möglich ist. Über alldem dürfen Sie nie vergessen: *Treten Sie niemals in eine Verhandlung ein, ohne Wahlmöglichkeiten zu besitzen!* Tun Sie es doch, so wird man leicht mit Ihnen fertig werden, wie die gerade angeführten Beispiele von der Stellensuche und dem Anbringen einer neuen Idee gezeigt haben.

2. Die Autorität der Rechtmäßigkeit

Eine weitere Machtquelle erschließt sich aus der Berufung auf die Rechtmäßigkeit eines Vorgangs oder Anspruchs.

In unserer Gesellschaft sind die Leute darauf trainiert, geradezu mit Ehrfurcht auf alles zu schauen, was in gedruckter Form erscheint. Gedruckte Dokumente jeder Art haben so etwas wie eine eigene Autorität. Die meisten Menschen neigen dazu, nichts an ihnen in Frage zu stellen.

Ich sage Ihnen aber geradeheraus, daß es durchaus legitim ist, auch diese Art von Rechtmäßigkeit zu hinterfragen und anzuzweifeln. Und ich rate Ihnen ebenso geradeheraus, den Einfluß, den diese Rechtmäßigkeit auszuüben vermag, zu nutzen,

wenn es für Sie von Vorteil ist, und gegen sie anzugehen, wenn es angezeigt ist.
Diese Dinge sind so wichtig, daß sie es wert sind, noch einmal wiederholt zu werden:
Auch Ansprüche, die sich auf irgendeine Form der Rechtmäßigkeit berufen, können hinterfragt und bekämpft werden. Nutzen Sie die Macht der Rechtmäßigkeit, wenn es sich für Sie lohnt, und gehen Sie gegen sie an, wenn es von Vorteil für Sie ist.
Und nun ein Beispiel, wie man gegen diese Autorität der Rechtmäßigkeit angehen kann: Vor drei Jahren wurde ich von meinem Finanzamt aufgefordert, Rechenschaft über meine Steuererstattungen abzulegen. Ich hatte ein Haus gekauft und die dafür fällige Summe bei meinen Steuererklärungen der folgenden Jahre abgeschrieben. Bei einer Überprüfung meiner Steuerrückzahlungen verlangte nun ein Finanzbeamter, daß die Abschreibung auf dreißig Jahre festzulegen sei. Ich stellte den Gegenantrag, daß die Frist auf zwanzig Jahre lauten sollte, weil dies besser in meine gesamten Steuerkalkulationen paßte.
Der Beamte meinte noch einmal: »Dreißigjährige Abschreibung.«
Ich dagegen: »Zwanzig Jahre.«
Mit finsterem Gesicht griff er in eine seiner Schubladen, zog ein Buch heraus, fuhr mit dem Daumen über den Buchblock und knurrte: »Schauen Sie, hier steht: dreißig Jahre!«
Ich stand auf, ging um seinen Schreibtisch herum, studierte die aufgeschlagenen Seite und fragte ganz unschuldig: »Enthält das Buch auch meinen Namen? Führt es die Lage und Adresse meines Hauses auf?«
Er antwortete: »Natürlich nicht!«
Ich konterte: »Dann ist das wohl kein Buch, das mit meinem Problem zu tun hat!«
Um meine Haltung noch etwas zu unterstreichen, zog ich ein paar andere Bücher aus dem Regal hinter ihm heraus. Er protestierte: »Was machen Sie da?«
Ich antwortete: »Ich suche nach einem Buch, das *meinen* Fall betrifft – in dem mein Name steht und mein Haus.«

Der Beamte sagte: »Machen Sie schon und stellen Sie die Bände wieder ins Regal zurück. Sie können doch nicht auf diese Weise argumentieren!«
»Warum nicht?« fragte ich zurück.
Er zog ein Gesicht. »Weil das noch nie jemand getan hat!«
Worauf ich lächelte: »Gut ... lassen Sie mich der erste sein!«
Stellen Sie sich einmal das Buch vor, dessen Inhalt ich soeben in Frage gestellt hatte. Konnte sich der Beamte damit auf ein vom Parlament verabschiedetes Gesetz oder auf eine regierungsamtliche Verordnung berufen? Nein. Es war nichts als ein vom Finanzamt selbst ausgestellter Katalog, ein Produkt aus vorausgegangenen Verhandlungen, niedergeschrieben von Bürokraten; es dokumentierte nichts als eine Handvoll Regeln, die wiederum nur aus Verhandlungen hervorgegangen waren. Und gerade deswegen war das Buch wieder dazu geeignet, Gegenstand von Verhandlungen zu werden.
Und nun ein Beispiel, wie man die Autorität der Rechtmäßigkeit für sich selbst nutzbringend einsetzen kann. Die Fernsehschau *Candid Camera* von Allen Funt war jahrzehntelang sehr populär. Sie arbeitete mit den unglaublichen Wirkungen, die eine Berufung auf höhere Autoritäten bei den meisten Menschen hervorrufen — gleichgültig, worum es sich handelt, von Fragen der Sexualität bis zur Erziehung und den allgemeinen Lebensumständen. In einer seiner TV-Episoden — sie liegt schon ein paar Jahre zurück — schloß Allen Funt einmal kurzerhand für anderthalb Stunden die Grenzen des Staates Delaware. Wie er das machte? Er stellte ein großes Schild an einer der großen Einfallstraßen auf, auf dem schlicht und einfach zu lesen stand:

DELAWARE GESCHLOSSEN

Sofort entstanden lange Autoschlangen davor. Fahrzeuge verließen die Autobahn. Verwirrte Fahrer stiegen aus ihren Wagen und gingen auf Funt zu, der unter dem Schild stand, hinter sich eine verborgene Kamera, die das Ganze aufnahm. Von allen Seiten bekam er zu hören: »He, was ist los da? Was ist mit Delaware?« Funt zeigte nur nach oben und erwiderte: »Lesen Sie das Schild da!«

Die Autofahrer runzelten die Stirn, schüttelten den Kopf und schauten sich hilfesuchend um. Einer fragte: »Wann wird Ihrer Meinung nach wieder geöffnet? Ich lebe dort, und meine Familie wartet auf mich.«
Wie man sieht, besitzt in unserer Gesellschaft der Hinweis auf die Rechtmäßigkeit einer Sache große Wirkung.
Nutzen Sie diese Tatsache. Setzen Sie dabei Ihren Verstand ein und testen Sie die Macht, die im Eingehen von Risiken liegt.

3. Risiken eingehen verleiht Macht

Sie müssen bereit sein, Risiken einzugehen, wenn Sie über etwas verhandeln. Ein Risiko eingehen erfordert den Einsatz von persönlichem Mut und gesundem Menschenverstand. Greifen Sie nicht nach kalkulierbaren Chancen, denn dann wird die Gegenseite Sie leichter manipulieren können. Bevor Sie das große Los ziehen, müssen Sie erst einmal etwas einsetzen.
Ein Mann namens Smith wandte sich einmal bei einem meiner letzten Seminare während der Pause an mich und sagte: »Herb, ich bin froh, daß ich zu dieser Stunde gekommen bin. Ich habe da nämlich ein Problem. Ich bin mit meiner Familie gerade dabei, in ein neues Haus zu ziehen, das wir kürzlich entdeckt haben und auf das wir ganz verrückt sind. Wir nennen es schon unser Traumhaus.«
Ich schaute ihn an und sagte: »Und?«
Er antwortete: »Und ... der Verkäufer will 150 000 Dollar dafür, aber ich habe nur 130 000 zur Verfügung. Wie kann ich das Haus für diesen Preis kriegen, obwohl der Verkäufer 20 000 mehr fordert? Verraten Sie mir doch ein paar taktische Züge.«
Ich fragte ihn: »Was würde passieren, wenn Sie dieses Traumhaus nicht bekommen würden?«
Er erwiderte: »Machen Sie Scherze? Ich glaube, meine Frau würde sich umbringen! Und meine Kinder würden von zu Hause fortrennen!«

Worauf ich mich räusperte: »Hm, hm! Sagen Sie mir ... wie stehen Sie zu Ihrer Frau und Ihren Kindern?«
Seine Antwort war: »Hören Sie auf, Herb ... Ich liebe sie natürlich sehr! Ich tue alles für sie! Und wir *müssen* deswegen einfach den Preis für das Haus drücken.«
Denken Sie nun selbst einmal nach. Was tat der gute Smith? Kaufte er das Traumhaus für 130000 oder für 150000? Ganz recht, er bezahlte die 150000. So, wie er an die Sache heranging, war er froh, nicht 160000 Dollar bezahlen zu müssen. Das Haus bedeutete ihm so viel, daß er keinesfalls das Risiko eingehen wollte, es nicht zu bekommen. Weil er sich zu große Sorgen darum machte (die Moral davon: sorgen schon, aber nicht zu sehr), konnte er sich keinerlei Zögern leisten, konnte er nicht sagen: »Nun ja, vielleicht gibt es irgendwo ein anderes Haus, das uns ebenso zusagen könnte ...« Und gerade dieses Zögern wäre es vielleicht gewesen, das den Verkäufer dazu gebracht hätte, seinerseits mit dem Preis hinunterzugehen. Er hing fest wie an einer elektrischen Leitung, weil er nichts fand, wonach er sonst greifen konnte. Das Resultat war, daß er draufzahlte.
Merken Sie sich daher bitte: Wenn Sie das Gefühl haben, irgend etwas unbedingt haben zu müssen, dann zahlen Sie am Ende sicherlich immer den Höchstpreis. Sie bringen sich dabei nämlich in einer Lage, in der die andere Seite Sie leicht manipulieren kann.
Durchdachte Risiken zeichnen sich dadurch aus, daß man genau über die ›Einsätze‹ Bescheid weiß, einschließlich der dazugehörigen ›Philosophie‹, daß man auch einmal mit einem Schulterzucken einen Verlust verkraftet, ohne gleich in Tränen auszubrechen. Wohin die Kugel rollt, weiß man am Ende nie genau. Und so ist die Möglichkeit eines Rückschlags eben der Preis, den Sie für jedes Fortkommen ab und zu bezahlen müssen.
Wenn ich sage, Sie sollten bereit sein, Risiken einzugehen, dann meine ich damit nicht solch einen Schwachsinn wie etwa den Einsatz Ihrer gesamten Ersparnisse in einer Spielbank. Ich rate Ihnen keineswegs, Ihr Glück am Roulettetisch zu versuchen, denn wenn die Kugel auf der falschen Zahl liegen

bleibt, gerät man nur allzu leicht in Gefahr, vor dem Ruin aus dem Leben zu fliehen. Ich meine vielmehr, Sie sollten zwar Risiken eingehen, aber nur solche, die Ihnen einen kalkulierten Zuwachs versprechen und die demgemäß ›moderater‹ Natur sind: also Risiken, die Sie sich leisten können, ohne daß bei negativem Ausgang gleich Ihre Existenz auf dem Spiel steht.

Lassen Sie mich ein Beispiel anführen, wie man seinen Einsatz kalkulieren kann, und danach einen Vorschlag machen, wie man seine Risiken besser in den Griff bekommt. In einem meiner Seminare zu Fragen des Verhandelns und Durchsetzens von Interessen habe ich einmal folgendes Experiment gemacht: Ich nahm ein Geldstück in die Hand und sagte: »Wir spielen jetzt einmal das ganz gewöhnliche Münzenwerfspiel. Ich werfe diese Münze hier in die Luft, und wenn Sie die Seite, die oben liegt, richtig raten, erhalten Sie von mir eine Million Dollar. Raten Sie falsch, dann müssen Sie mir hunderttausend Dollar zahlen. Ich finde, das ist eine ordentliche Wette, und ich mache keinen Scherz. Wer von Ihnen nimmt die Wette an?«

Keiner hob die Hand, was ja auch nicht ungewöhnlich ist. Also steckte ich die Münze wieder in die Tasche und meinte: »Wir wollen einmal analysieren, was Ihnen durch den Kopf ging, nachdem ich Ihnen diesen Vorschlag gemacht hatte. Sie sagten sich: ›Dieser Kerl bietet bei einer 50:50-Wette eine Quote von zehn zu eins. Mag sein, daß er viel von seinem Fach versteht, über das er uns Vorträge hält, aber mit dem Rechnen scheint er es nicht so zu haben!‹«

Die meisten Seminarteilnehmer nickten zustimmend. Worauf ich fortfuhr: »Haben Sie ans Gewinnen gedacht? Haben Sie sich schon ausgedacht, was Sie mit einer Million Dollar machen? Haben Sie überlegt, wie Sie sich am besten vor dem Zugriff der Steuerbehörden schützen könnten — vielleicht durch Verlegung Ihres Wohnsitzes nach Tahiti? Nein. Sie haben daran gedacht, was ist, wenn Sie verlieren. Sie haben gedacht: ›Wie bekomme ich wohl hunderttausend grüne Scheine zusammengeschnorrt? Schließlich bin ich schon bis zum nächsten Ersten ein wenig knapp bei Kasse!‹«

Viele Teilnehmer fingen an, etwas nervös zu lachen. Ich sagte weiter: »Ich kann mir vorstellen, wie einige von Ihnen nach dem Seminar nun nach Hause kommen. Ihr Mann, bzw. Ihre Frau, begrüßt Sie und fragt Sie vielleicht: ›Na, war irgend etwas Besonderes los?‹ Und sie antworten: ›Also, da war dieser Seminarleiter, der uns eine Wette beim Münzwerfen anbot. Ganz beiläufig gefragt: Wie liquide sind wir gerade? Liegt hier irgendwo ein bißchen Bargeld herum?‹«
Mein Auditorium war klug genug, die angebotene Wette nicht anzunehmen. Das Ausmaß des Risikos, das sie für jeden von ihnen bei ihrer momentanen finanziellen Situation bedeutete, war ja abhängig von der Höhe des Guthabens, das jeder auf der Bank oder in der Tasche hatte. Wäre einer unter den Zuhörern zufällig ein Multimillionär gewesen, dann hätte er meine Herausforderung vielleicht angenommen. J. Paul Getty oder Howard Hughes hätten da gewiß keine Sekunde gezögert, denn die altbekannte Regel ist ja noch immer nicht außer Kraft: »Geld kommt zu Geld.«
Besitzt man einen gewissen Reichtum, dann verschafft einem das die Möglichkeit, bestimmte Chancen zu nützen, weil das vorhandene Risiko dann nicht zu hoch ist. Es tut dann nicht weh. Verliert einer, der es sich leisten kann, dann die Wette, so tut er das eben mit einem Schulterzucken ab: »Was soll's?«
Nehmen wir an, ich ginge bei der Wette in der Höhe der Summe nach unten? Also: statt eine Million gegen hunderttausend nur hundert gegen zehn Dollar? Würde dann einer auf die Wette eingegangen sein? Die Möglichkeit, daß sie es fast alle getan hätten, war sehr groß, denn nun entsprach das Risiko, das in der Sache steckte, schon eher ihren Geldbeuteln.
Behalten Sie dabei im Auge, daß das Verhältnis zwischen den jeweiligen Summen gleichgeblieben wäre, aber die Gefahr, bankrott aus der Wette hervorzugehen, war gebannt. Die meisten von uns nehmen den Verlust von zehn Dollar ohne ein Wimpernzucken hin. Aber nur wenige können das wohl auch bei hunderttausend Dollar noch so halten, ohne gewaltig in die Klemme zu geraten.
Aber selbst wenn ich die Wettsumme nicht reduziert hätte, wäre es dem Auditorium möglich gewesen, das Risiko zu sen-

ken: Sie hätten es nur auf mehrere Schultern verteilen, also eine Wettgemeinschaft gegen mich bilden müssen. Hätte jeder von den ungefähr tausend Zuhörern im Saal hundert Dollar in einen Korb geworfen und hätte ein von ihnen gewählter Kandidat dann richtig geraten, dann wäre die eine Million Dollar unter den tausend verteilt worden. Das ließe die Höhe der Wette in einem ganz anderen Licht erscheinen, denn nun kostete der Einsatz nur hundert Dollar, und das bei einer 50:50-Chance, tausend zu gewinnen. Gewiß ist der Verlust von hundert Dollar nicht mehr so leicht zu verkraften wie der von zehn, aber die Sache bleibt überblickbar und sie hat jedenfalls kein Desaster zur Folge.

Wenn also viel auf dem Spiel steht, sollten Sie sich immer fragen, ob man das darin steckende Risiko nicht verteilen, ob man nicht ein Bündnis schließen kann. Wenn Sie ein Risiko so verteilen, daß es nicht allein auf Ihren Schultern lastet, dann entschärfen und verkleinern Sie es. Und damit versetzen Sie sich selbst in die beneidenswerte Lage, die Einsätze zu Ihren Gunsten zu bestimmen.

Dadurch, daß Sie andere mit einbeziehen, erweitern Sie Ihre eigene Handlungsebene und ihre »Standfestigkeit« wächst. Denn ob Sie nun am Pokertisch sitzen oder an der Börse sind, Sie befinden sich immer in einer stärkeren Position, wenn Ihr Kapital deutlich größer ist als das Ihrer Mitspieler.

Wenn ich Sie zum Eingehen von Risiken ermuntere, dann denke ich dabei nur an die optimalen, an die vernünftigen Risiken. Ich will Sie nicht zu einem leichtsinnigen Spieler machen, der sozusagen ›das Schicksal herausfordert‹. Bevor Sie etwas wagen, müssen Sie die Einsätze genau kalkulieren, um sich sicher zu sein, daß der mögliche Gewinn und der mögliche Verlust in einem vernünftigen Verhältnis zueinander stehen. Gehen Sie rational vor und nicht impulsiv. Lassen Sie sich niemals von einem Anfall von Stolz oder Ungeduld und auch nicht vom Wunschdenken zu einem Risiko verleiten.

4. Machtzuwachs durch Bündnisse

Wie gerade gezeigt, kann man eine große Anzahl von Menschen dazu bringen, sich zu verbünden und einander zu verpflichten. Die Verteilung des Risikos auf die ganze Gruppe von Seminarteilnehmern hat die Einsätze zu Ihren Gunsten verändert. So kommen Sie in die angenehme Lage, eine Chance überhaupt nutzen zu können, da das Risiko für Sie nun tragbar ist. Diese Methode, andere mit in Ihre Interessen einzuspannen, sollten Sie bei risikoreichen Unternehmungen anwenden, deren Ausgang noch unsicher ist.

Wenn Sie sich zum Beispiel auf irgendein besonders großes und riskantes Abenteuer einlassen, dann marschieren Sie nicht zu Ihrem Chef, dann bauen Sie sich nicht vor Ihrer Familie oder Ihren Freunden auf und tönen: »Das ist eine riesige Sache! Das ist allein *meine* Idee, *mein* Vorschlag! Wenn dabei irgend etwas schiefgeht, dann gehe ich damit unter!« Nein, das wäre verrückt. Besser ist es, in Ihr Büro zu gehen, zu Ihren Familienangehörigen oder Freunden, um jeden daran zu erinnern, daß ›wir alle in einem Boot sitzen‹.

Kurzum, klettern Sie nicht allein auf einen Ast hinaus, der vielleicht angesägt ist, nur um morgen eventuell als Held dazustehen, eventuell aber auch als absolute Null. Überzeugen Sie andere davon, daß es zu ihrem Besten ist, wenn sie Ihnen helfen. Ziehen Sie sie in Ihre Pläne und Entscheidungen mit herein und sie werden einen Teil der Last auf ihre Schultern nehmen.

Diese Miteinbeziehung anderer ist in dreifacher Hinsicht von Vorteil für Sie:

1. Durch Streuung des Gesamtrisikos können Sie aus den somit günstiger gewordenen Umständen Ihren Vorteil ziehen.
2. Da die Leute, die mit Ihnen ein Bündnis eingegangen sind, auch alle Ängste und Sorgen mit Ihnen teilen, reduziert sich Ihre persönliche Belastung.
3. Das ›Einigkeit-macht-stark‹-Auftreten Ihrer Gruppe signalisiert der Gegenseite Ihre Macht und Stärke.

Sie sehen, wie Ihre Fähigkeit, andere für sich zu gewinnen, die Wirkung dessen erhöht, was Sie sagen, und Ihnen mehr Macht verleiht. Andersherum wird Ihre Position untergraben, wenn die Gegenseite bemerkt, daß Ihr Team, Ihre Gruppe ›auf jeweils verschiedenen Instrumenten‹ spielt — wie das zum Beispiel der Fall war, als Sie und Ihre Familienangehörigen beim Kühlschrankkauf dem Verkäufer verschiedene Signale gaben.

Zur weiteren Illustration wollen wir einmal annehmen, daß Sie zusammen mit vier anderen als Gruppe mit den Vertretern einer anderen Firma zu verhandeln haben. Als Sie sich nun an den Konferenztisch setzen, gehen Sie von der Annahme aus, daß jeder in Ihrem Team die Dinge so sieht wie Sie. Doch als das Gespräch beginnt, macht einer von Ihren Leuten eine unerwartete Konzession, die die andere Seite dankend annimmt.

Dieses Entgegenkommen oder vorzeitige Enthüllen Ihrer Verhandlungsposition unterminiert Ihre Stellung. Sie sind geschockt und neigen fast zu der Annahme, die Gegenseite habe einen Spion in Ihre Reihen geschmuggelt. Sie sind so aufgebracht, daß Sie den ›Verräter‹ bei der erstbesten Gelegenheit fragen, für wen er denn eigentlich arbeite.

Was hier passiert ist? Sie haben nicht genügend dafür gesorgt, daß jedes Mitglied Ihres Teams genau auf den Kurs verpflichtet wurde, den Sie in der Verhandlung zu verfolgen gedachten.

Die Moral davon: Verpflichten Sie Ihre Mitunterhändler stets auf ein gemeinsames Vorgehen. Lassen Sie sie von Anfang an an Ihren Aktionen teilnehmen, so daß Ihr Vorgehen einheitlich wirkt. Jemanden einbeziehen heißt, ihn sich verpflichten. Und daraus wachsen Energie und Macht.

Auf einer breiteren Ebene wissen Sie gewiß aus Erfahrung, daß ohne Unterstützung der Polizei durch die Gemeinschaft die Aufrechterhaltung von Recht und Ordnung schwieriger wird. Banken brechen zusammen, wenn das Vertrauen in ihre Stabilität schwindet. Armeen sind nutzlos, wenn die Soldaten nicht an das glauben, wofür sie kämpfen. Vietnam ging nicht verloren, weil strategische Fehler gemacht wurden, sondern weil die eingegangene Verpflichtung an der Front wie zu Hau-

se nachließ und dementsprechend änderte sich auch die Politik der USA. Tatsächlich entsprach Richard Nixons Rückzug nur jener Entscheidung, die bereits von der Mehrheit der Amerikaner getroffen worden war und die die Beendigung des Krieges als aktuelle Verpflichtung verlangte.
Kehren wir nun noch einmal zu dem Faktor zurück, daß Sie es niemals nötig haben, Kraft und Energie vorzutäuschen, da Sie in Wirklichkeit mehr Kraft davon besitzen, als Sie selbst glauben. Lassen Sie mich in diesem Sinne noch ein paar zusätzliche Quellen aufzählen.

5. Macht durch Fachkenntnisse

Haben Sie schon einmal beobachtet, daß dann, wenn andere bemerken — oder glauben —, Sie verfügten über mehr technisches Spezialwissen oder mehr Erfahrungen als sie, Ihnen in einer Art begegnet wird, die von Respekt bis zur Bewunderung reicht? Ich möchte Ihnen hierfür ein tatsächliches und zwei hypothetische Beispiele nennen.
Das tatsächliche Beispiel: Im Zweiten Weltkrieg war General George S. Patton der Oberbefehlshaber der ersten alliierten Invasion in Nordafrika. Patton war einer der geltungssüchtigsten Männer aller Zeiten. Er glaubte, alles und jedes über alles und jedes zu wissen, von der Dichtkunst bis zu Fragen der Ballistik. Aber geradezu unterwürfig akzeptierte er jeden Rat, den ihm der Navigationsoffizier seines Flaggschiffs gab. Warum? Der Offizier verfügte über Fachkenntnisse, die Patton zugestandenermaßen fehlten.
Das erste hypothetische Beispiel: Sie wollen Ihr Haus oder Ihre Wohnung renovieren. Sie haben eine bestimmte Vorstellung davon, wie die Tapete aussehen sollte, aber Sie sind nicht ganz sicher, ob die Farbe zu Ihren Möbeln paßt. Also engagieren Sie sich eine teure Innenarchitektin, die Ihnen raten soll. Sie hat bereits Arbeiten in einem exklusiven Magazin veröffentlicht. Sie sagt Ihnen, daß Sie ein völlig anderes Tapetenmuster wählen sollen, weil das von Ihnen ins Auge gefaßte einfach passé sei. Ohne zu zögern folgen Sie ihrem Rat. Warum? Weil Sie annehmen, daß sie für das gesalzene Honorar,

das sie verlangt, auch einen besonderen Experten-Geschmack haben müsse, über den Sie nicht verfügen.
Das zweite hypothetische Beispiel: Sie spüren plötzlich heftige Schmerzen in Ihrem Unterleib. Ihr Hausarzt überweist Sie nach einer ersten Untersuchung an einen Internisten. Nachdem Sie die Symptome Ihres Falles geschildert haben, fällt Ihnen auf, daß es haargenau dieselben sind wie vor drei Jahren, als Ihre Gallenblase entzündet war. Die Sprechstundenhilfe nimmt das alles in Ihre Kartei auf; daraufhin werden Sie in einen Raum geführt, dessen Wände mit Diplomen und Zertifikaten tapeziert sind (vierzehn Stück zählen Sie, während Sie warten). Schließlich tritt der Arzt ein und teilt Ihnen nach kurzer Untersuchung seine Diagnose mit: Divertikulitis.
Dann drückt er Ihnen ein hektographiertes Blatt in die Hand und fragt: »Haben Sie noch irgendwelche Fragen?« Sie verneinen, und das nächste, was Sie zu tun haben, ist mit der Dame am Empfang einen neuen Termin zu vereinbaren. Obwohl Sie gar nicht aussprechen oder gar buchstabieren können, was für eine Krankheit Ihnen man da zuschreibt, glauben Sie dennoch, daß es genau die ist. Warum? Wer würde schon wagen, angesichts des Aufwands an medizinischen Geräten und professionellen Qualifikationsnachweisen eine Diagnose in Frage zu stellen?
Lassen Sie mich daher erklären, wie Sie diese Haltung, das heißt, das respekt- und ehrfurchtsvolle Hinnehmen einer Diagnose, die ja wohl auch noch von einer Aura aus Mystik und Magie umgeben ist — wie sie den Ärzten aus primitiveren Zeiten anhängt —, für sich selbst nutzbringend anwenden können. Sie können hier deshalb partizipieren, weil diese Art von Respekt vor allen möglichen Arten von Spezialwissen heutzutage ohnehin überhandnimmt.
Bekanntlich stellen die wenigsten von uns in Frage, was auch immer die Steuerbehörden, Ärzte, Automechaniker, Anwälte, Computer-Spezialisten, Börsenfachleute, Forscher, Professoren, die Generäle im Pentagon ebenso wie die Klempner verlauten lassen. Warum stellen wir ihnen keine Gegenfragen? Weil wir irgendwie davon überzeugt sind, daß sie über bestimmte Spezialgebiete mehr als wir wissen.

Und so präsentieren Sie sich dann am besten selbst als jemand, der Fachkenntnisse besitzt: Sie führen vor, auf was für Grundlagen Sie stehen und über welche Empfehlungen Sie verfügen, und dies gleich zu Anfang einer Begegnung. Wenn Sie so vorgehen, wird es wahrscheinlich keinen Widerspruch geben. Mit anderen Worten: Machen Sie sich die Tatsache zunutze, daß es den Teilnehmern von etwas komplizierteren Verhandlungen häufig an entsprechenden Spezialkenntnissen fehlt.

Setzen Sie also, wann immer Sie die Möglichkeit sehen, auch tatsächlich den Grips ein, den Ihnen die anderen unterstellen. Bereiten Sie sich vorher entsprechend vor. Ist die Sache wichtig genug für Sie, daß Sie als Sieger daraus hervorgehen wollen, dann sollte es Ihnen auch einigen Zeitaufwand wert sein, sich zu präparieren. Büffeln Sie, bevor Sie ans Aushandeln gehen! Und sollten Sie im einen oder anderen Fall das nötige Wissen einmal nicht haben, geben Sie nicht gleich auf. Lassen Sie ein paar prägnante Bemerkungen fallen, ein paar Fachbegriffe im Expertenjargon, und dann halten Sie sich zurück.

Aber vor allem: Seien Sie nicht anmaßend. In der Welt von heute, wo das Wissen sich explosionsartig verbreitet und in immer kürzeren Abständen umgewälzt wird, ist es unmöglich, in allen denkbaren Bereichen ein Experte zu sein. Im Grunde genommen muß man in Verhandlungen zumeist nur in einem Experte sein: nämlich darin, die richtigen und vernünftigen Fragen zu stellen und zu wissen, ob man auch die genauen Antworten darauf erhält.

Was ist, wenn Sie das Gefühl haben, die Gegenseite ist Ihnen überlegen, weil sie einen Experten präsentiert, der zwei Aufsätze und ein ganzes Buch über das Thema geschrieben hat, das gerade zur Diskussion steht? Kein Problem. Greifen Sie auf Ihre Ressourcen zurück — Ihre Umgebung, Ihre Freunde, Ihre Firma — und bringen Sie im Gegenzug Ihren eigenen Experten mit, der eben *drei* Aufsätze und *zwei* Bücher zu dem betreffenden geschrieben hat. Das wird ganz sicher die andere Seite mehr als neutralisieren.

Lassen Sie sich also nicht übermäßig beeindrucken, wenn die Gegenseite Sie mit einem ›Experten‹, mit *dem* Experten konfrontiert. Behalten Sie immer im Hinterkopf, daß sie, wenn sie *Sie* nicht brauchten oder das, was Sie anzubieten haben, dann ja gar nicht mit Ihnen an einem Tisch säßen. Trainieren Sie sich selbst darauf, fallweise auch zu sagen: »Das verstehe ich nicht. Ich habe den Faden verloren.« Oder: »Können Sie das einmal so erklären, daß es auch ein Laie versteht?« Eine Dosis Geringschätzigkeit, gekoppelt mit einer Portion Unschuldigkeit, dazu eine Art höflicher Hartnäckigkeit und ständiges Nachfragen führen oft dazu, daß die sogenannten Experten ihr Verhalten und ihre Haltung Ihnen gegenüber deutlich ändern.

6. Macht durch Kenntnis der ›Bedürfnisse‹

In allen Verhandlungen geht es um zwei Dinge:

1. um die speziellen Fragen und Forderungen, die offen vorgetragen werden, und
2. um die dahintersteckenden *wirklichen Bedürfnisse,* die selten direkte Erwähnung finden.

Lassen Sie mich diesen Unterschied mit einem Rückgriff auf unser Beispiel des Kühlschrank-Kaufs illustrieren. Angenommen, Sie betreten die Abteilung für Elektrogeräte und sagen zu dem Verkäufer: »Also ... wenn Sie mir dieses Modell für 489,50 Dollar zum Preis von 450 Dollar verkaufen, bezahle ich Ihnen das jetzt gleich bar auf die Hand!«
Glauben Sie, daß Sie mit diesem Versuch durchkommen? Nein. Ihr Vorschlag geht daneben, weil er nicht auf die wirklichen Bedürfnisse des Kaufhauses zielt. Warum? Ein Kaufhaus ist ein Unternehmen mit einem solchen finanziellen Rückgrat, daß es auf Barzahlungen nicht angewiesen ist.
Anderswo mag dieses Barangebot allerdings durchaus seine Wirkung tun, zum Beispiel im kleinen Laden um die Ecke, dessen Besitzer gerade in einem finanziellen Engpaß steckt und der deswegen ganz gern und umgehend auf Ihren Vorschlag eingeht. Denn *er* hat einen echten Bedarf nach einer Summe Bargeld — und wer weiß, ob er es dann auch noch, wie es bei einem Scheck unumgänglich wäre, ordnungsgemäß

verbucht, oder ob er sich nicht noch darüber hinaus die Einkommensteuer spart …

Die Bedürfnisse liegen bei jedem und in jedem Fall anders. Während das Großkaufhaus Ihr Geld nicht in bar braucht, ist der kleine Einzelhändler dagegen in vielen Fällen dankbar dafür. *Wenn es Ihnen also möglich ist, die wirklichen Bedürfnisse eines Verhandlungspartners herauszubekommen, dann können Sie mit ziemlicher Sicherheit voraussagen, wie der ganze Handel ausgehen wird.*

Vergessen Sie nie, daß hinter jeder sich unbarmherzig und skrupellos gebenden Firma oder Institution ganz gewöhnliche Leute stecken, die verzweifelt darauf aus sind, ihre einzigartigen Bedürfnisse zu befriedigen. Um erfolgreich mit anderen Menschen umzugehen, müssen Sie also nur herausbekommen, wo deren Bedürfnisse stecken, und diese dann erfüllen. Wenn Ihnen also bei einer Verhandlung jemand sagt: »Dies ist die Grenze, unter die ich nicht mehr zu gehen gedenke« — ist die Grenze dann *wirklich* schon erreicht?

Das ist ein ganz wesentlicher Punkt: Die Leute drücken oft etwas aus, das ihren tatsächlichen Bedürfnissen gar nicht entspricht. Sagen wir zum Beispiel, ich habe vor, mir ein neues Auto zu kaufen. Ich habe dabei ein ganz bestimmtes Modell und einen ganz bestimmten Handel im Kopf. Dabei gehe ich nun zweigleisig vor:

1. Ich sammle so viele Daten über das Auto selbst, wie mir nur möglich ist. Dies ist nicht allzu schwierig, da es ja zum Beispiel die Ergebnisse der Tester gibt. Dann spreche ich mit Käufern des Modells. Ich erkundige mich bei einschlägig informierten Kraftfahrzeugmechanikern. Ich notiere mir Angaben zur Verarbeitung, zu den Kosten und zu möglicherweise anfallenden Service-Problemen.
2. Als nächstes versuche ich, soviel wie möglich über die Situation im Autohandel herauszubekommen. Auch diese Informationen sind nicht schwer zu bekommen, wenn man nur die richtigen Leute fragt — nämlich die, die bereits direkte Erfahrungen mit dem einen oder anderen Händler gemacht haben. Ich versuche, etwas über ihren Ruf zu er-

fahren, über den gegenwärtigen Stand ihres jeweiligen Geschäfts, wie es belastet ist und wie seine Zahlungsmoral ist. Und schließlich vergleiche ich auch die angegebenen Preise.

Dann mache ich mich schließlich mit den Eigenheiten jedes Händlers vertraut, mit seinen Vorlieben, Vorurteilen, mit dem, was er ablehnt, kurz: mit seinem persönlichen Wertsystem: Ich erfahre, ob er ein Mann von schnellen Entschlüssen ist oder ob er stets wohl überlegt. Und ich entdecke, ob er gern Risiken eingeht oder ob er zu den Anhängern des Sprichworts vom Spatzen in der Hand und der Taube auf dem Dach zu zählen ist.

Wenn Ihnen dies alles etwas unrealistisch in den Ohren klingt und wenn Sie meinen, so könnten Sie die Dinge nicht anpakken, dann bedenken Sie, daß Sie schließlich vorhaben, ein paar tausend Dollar in ein Auto zu investieren, das Ihnen, so hoffen Sie jedenfalls, für ein paar Jahre entsprechend gute Dienste leisten soll. Wie ich vorhin schon sagte: Wenn Ihnen der Handel die Zeit und das Geld wert ist, dann sollten Sie sich auch selbst darauf vorbereiten, einen guten Handel dabei zu machen.

Wenn ich dann dem Händler oder seinem Top-Verkäufer gegenüberstehe, prüfe ich, beobachte, stelle Fragen und höre noch mehr zu als ich selbst spreche. Daraus ziehe ich wertvolle Informationen, die mich befähigen, eine Verhandlungsstrategie aufzubauen. Und dann setze ich meine Methode ein, die *wirklichen Bedürfnisse meines Verhandlungspartners zu befriedigen.* Mag sein, daß seine wirklichen Bedürfnisse darin bestehen, zu handeln und zu feilschen wie ein Teppichhändler in einem orientalischen Bazar. Vielleicht reißt er dabei gern seine Witze. Ich versuche, dieses Spiel mit der nötigen Schlagfertigkeit mitzuspielen, weil ich es selbst auch liebe, mit meinem Gegenüber zu handeln — zumindest in Größenordnungen, in denen es sich lohnt. Ganz sicher geht es mir dabei nicht nur ums Feilschen um den Preis, den der Händler fordert, sondern eben vor allem um seine wirklichen, gar nicht in Worten ausgedrückten Bedürfnisse.

Der Handelsabschluß wird dann am Ende zur Zufriedenheit aller ausfallen.

7. Die Investition als Machtfaktor

Wir haben bereits darüber diskutiert, wie wichtig es ist, den Verhandlungspartner zum Investieren von Zeit, Geld oder Energie zu bewegen. Es ist der Schlüssel, um ein Ultimatum durchzusetzen. Denken Sie an das Beispiel mit der Krawatte, die plötzlich als kostenlose Zugabe gefordert wurde. Entscheidende Bedeutung hatte es bei dem Beispiel der drei Japaner im Clinch mit den neunmalklugen Vertretern einer amerikanischen Firma (»Könnten Sie das noch einmal wiederholen?«). Das ist auch der Grund, warum Sie am Beginn jeder Begegnung den anderen stets entgegenkommen, sich kooperativ geben sollten. Wenn Sie später auf Konkurrenz schalten, wenn Sie ein Ultimatum stellen wollen, dann können Sie das tun … aber erst am Ende, erst nachdem die andere Seite etwas investiert hat.

Es gibt eine direkte Beziehung zwischen dem Ausmaß einer Investition und der Bereitschaft, einen Kompromiß einzugehen. Warum fiel es den Vereinigten Staaten so schwer, sich aus dem Vietnam-Krieg zurückzuziehen? Weil wir zu der Zeit, als wir uns aus der Sache herauszuwinden begannen, bereits fünfundvierzigtausend Mann verloren hatten. Von solch einem hohen Einsatz an Menschenleben wendet man sich nicht mit einem bloßen Achselzucken ab.

Wenn Sie zwei Aktienpakete kaufen oder zwei Immobilien, und eine davon geht im Wert hoch, während die andere verliert — welche von beiden werden Sie als erste verkaufen? Natürlich die, die im Wert steigt. Und was ist mit der anderen? An der hängen Sie für eine Zeitlang fest. Vielleicht kaufen Sie sogar noch etwas hinzu, denn wenn es seinerzeit einen ordentlichen Preis hatte, dann ist es jetzt sicher sogar ein Geschäft. Machen Sie sich diesen Grundzug im menschlichen Wesen bewußt und lassen ihn für sich arbeiten, nicht gegen sich.

Es gibt noch eine andere Möglichkeit, diesen Faktor zu beobachten: Nehmen wir an, mein Chef beauftragt mich, mit einem Mann namens Copperfield zu verhandeln. Er sagt: »Ich möchte, daß Sie diesen Preis akzeptieren. Wir können uns vielleicht in dieser oder jener Angelegenheit ein wenig entgegenkommen, aber nicht beim Preis. Der Preis steht nicht zur Disposition.«

Dann fange ich an, mit Copperfield zu verhandeln. Wir beginnen auf einer angenommenen Stufe eins. Ich beschreibe meine Position, Copperfield umreißt seine. Wir entdecken, daß es Schwierigkeiten gibt, bewältigen sie aber. Darauf gehen wir über zu Stufe zwei, auf der der Preis zur Debatte steht. Wieder erkläre ich meine Position, Copperfield seine. Wir bemühen uns, zu einer Einigung zu kommen, was aber nicht geht.

Ich sage: »Lassen Sie uns das später behandeln, Mr. Copperfield.« Er ist einverstanden.

Mit anderen Worten: Nach langem Hin und Her und einiger Verwirrung verschieben wir diesen Punkt, der uns in eine Sackgasse zu führen drohte.

Wir erreichen Stufe drei. Wenn es auch Zeit kostet, so kommen wir doch zu einer Einigung, so daß wir zu Stufe vier übergehen können. Auch da gibt es einiges Gerangel, aber wir bringen es hinter uns. Schließlich kommt noch Stufe fünf, auf der ich nach langer Diskussion schließlich Copperfields kreativen Vorschlägen zustimme. Damit wären wir in der Endrunde angelangt, haben in vier von fünf zur Diskussion stehenden Punkten Einigkeit erzielt. Copperfield lächelt zufrieden. Er riecht den Braten, hat das Geschäft sozusagen in der Tasche jedenfalls denkt er das. Worauf ich sage: »Wollen wir nun wieder zu Punkt zwei zurückkehren, Mr. Copperfield?«

Er sagt: »Gewiß. Vielleicht finden wir auch beim Preis einen Kompromiß.«

Ich sage: »Tut mir leid, lieber Mr. Copperfield, ich bedaure sehr, aber beim Preis kann ich Ihnen nicht entgegenkommen da sind wir nicht mehr flexibel.«

Ich habe also den Spieß umgedreht. Nun bedenken Sie einmal, wie Copperfield *jetzt* dasteht. Bricht er an diesem Punkt die Verhandlungen mit mir noch ab, dann muß er seine ganze Investition an Zeit und Anstrengung in den Kamin schreiben

und er muß mit irgend jemand anderem wieder ganz von vorn anfangen. Zudem weiß er, daß dieser andere Jemand wahrscheinlich ein noch viel schwierigerer Verhandlungspartner ist als ich. Und so wird er am Ende weich. Ich bekomme den Preis, den ich gefordert habe.
Wenn Sie also, und darum geht es mir in diesem Beispiel, in einer schwierigen Verhandlung stehen — sei es, daß es um irgendwelche Gefühle geht, sei es, daß etwas zur Diskussion steht, das man in Namen und Daten ausdrücken kann, wie etwa Preise, Kosten oder Besoldung —, *versuchen Sie, den strittigen Punkt am Ende der Verhandlung in den Griff zu bekommen, nachdem die andere Seite sich heftig engagiert hat, zeitlich und kräftemäßig.*
Was ist, wenn der strittige Punkt gleich am Beginn einer Verhandlung auftaucht? Nehmen Sie ihn zur Kenntnis, reden Sie ein wenig darüber, aber verschieben Sie ihn dann auf später und kommen Sie erst wieder darauf zurück, wenn Ihr Gegenüber schon eine Menge Zeit auf Sie verwendet hat. Sie werden überrascht sein, wie der Aufwand, den die andere Seite betrieben hat, sie nun dazu animiert, sich am Ende der Verhandlung flexibler zu geben.

8. Belohnung oder Sanktion als Machtfaktoren

Wenn Sie die Empfindung haben, daß ich Ihnen helfen, daß ich Sie aber auch verletzen könnte — physisch, psychisch oder finanziell —, verleiht mir das quasi ›Macht‹ in unserer gegenseitigen Beziehung, gleichgültig, wie die Dinge in Wirklichkeit liegen. Wenn Sie nur *glauben*, ich sei fähig, etwas zu tun, was Sie direkt betrifft (auch wenn ich das gar nicht könnte oder wollte), so verfüge ich schon über eine bestimmte Macht im Umgang mit Ihnen. Es ist diese Empfindung, die heutzutage zum Beispiel einer Chefsekretärin einen großen Einfluß sichert, ebenso wie in früheren Zeiten der Mätresse des Königs: Der etwas kurzsichtige Einkäufer, der die Sekretärin als ein unwichtiges Mitglied des Teams ansieht, mit dem er zu tun hat, wird sich plötzlich wundern, wie oft solch eine Person dazu fähig ist, einem die Wege zu ebnen oder aber Glasscherben darauf zu streuen …

Weil jeder Mensch anders ist als der andere, mag den einen erschrecken, was dem anderen harmlos erscheint. Was der eine als Auszeichnung ansieht, sagt dem anderen nur wenig. Belohnungen und Zwänge … positive und negative Schicksalsschläge … treten in ebenso vielen verschiedenen Formen auf wie es verschiedene individuelle Ansichten und Bedürfnisse gibt.

Wenn ich mir Ihrer Ansichten und Ihrer Bedürfnisse bewußt bin, wenn ich weiß, daß Sie glauben, ich hätte Macht über Sie, dann kann ich auch über Ihr Verhalten Kontrolle ausüben.

Nehmen wir an, Sie glauben, ich hätte Einfluß darauf, ob Sie befördert werden oder eine Gehaltserhöhung bekommen, ob Sie gefeuert werden, wann Sie zum Mittagessen gehen dürfen, ob Sie vor versammelter Mannschaft eine Rüge erteilt bekommen, wo Ihr Schreibtisch oder Ihr Büro ist, ob Sie einen Werkswagen gestellt bekommen, ob Sie einen Parkplatz für Ihren Privatwagen erhalten, wann Sie Ihren Urlaub nehmen können oder ob Ihr Budget bzw. Ihr Spesenkonto aufgestockt wird oder nicht. Wenn Ihnen dies alles wichtig ist, sollten Sie mich dann so behandeln, als wäre ich nicht wichtig? Besser nicht. Besser, Sie glauben an meinen Einfluß.

Betrachten wir es noch trivialer: Angenommen, ich weiß, wie wichtig es Ihnen ist, daß ich an Ihrem Schreibtisch jeden Morgen haltmache und Ihnen Guten Morgen wünsche oder daß ich Ihnen zu Weihnachten und zum Geburtstag einen Kartengruß schicke. Kann ich es mir trotzdem leisten, dieses Bedürfnis zu mißachten? Wiederum: besser, Sie glauben es.

Falls jemandem das alles ziemlich kleinkariert erscheint, dann möchte ich erwidern: So geht es aber zu auf der Welt. Ich sage nicht, Sie sollten Ihren Vorteil aus der Macht schlagen, von der andere glauben, Sie hätten sie. Ich sage nur, daß Sie auf die Realitäten achten sollen, wie Sie sie nun einmal vorfinden. Zwei Punkte wären hierbei zu merken:

1. Niemand wird jemals mit Ihnen irgendwelche wichtigen Beziehungen aufnehmen, wenn er nicht davon überzeugt ist,

daß Sie ihm helfen könnten und würden — oder auch Schaden zufügen.
2. In einer solchen Beziehung, in der Sie annehmen, daß ich Ihnen helfen oder Sie empfindlich treffen könnte, würde ich niemals Ihre Ansichten über meinen Einfluß zu revidieren versuchen, es sei denn, ich erhalte von Ihnen eine Gegenleistung, Sie machen mir eine Konzession, die mir zugutekommt und gleichzeitig auch unserer gegenseitigen Beziehung.

Was ich mit dem Nichtrevidieren Ihrer Ansichten über meinen Einfluß meine (gleichgültig, ob diese Ansichten nun richtig oder falsch sind): Als Jimmy Carter sein Präsidentenamt antrat, sprach er als erstes über die Menschenrechte in der Außenpolitik. Daran gab es nichts auszusetzen. Unglücklicherweise sagte er aber auch gleich noch in allen Einzelheiten, was wir in dieser Frage zu tun gedächten und was nicht. In den Augen mancher unserer Gegner wurden wir damit prompt zu Papiertigern, erregten weniger Schrecken als das Kätzchen in Nachbars Garten. Carter machte den unglückseligen Fehler, öffentlich auf diese und jene Eingriffsmöglichkeiten zu verzichten, ohne daß er dafür etwas bekommen hätte.

Als moralische Instanz für die Welt hatte Präsident Carter zum Beispiel angekündigt, daß die Vereinigten Staaten niemals Truppen nach Afrika oder in den Mittleren Osten senden würden. Fidel Castro kaute dazu nur erfreut an seiner Zigarre und meinte: »Na gut. Die Amerikaner werden also keine Truppen nach Afrika schicken! Wie rücksichtsvoll von ihnen! In dem Falle wird Kuba bewaffnete Kräfte nach Afrika senden!« Und Kuba tat das tatsächlich: Es schickte Truppen nach Angola und ans Kap der Guten Hoffnung.

Der Präsident hätte Castros Strategie kontern müssen. Er hätte die Option offenhalten müssen, ob er Aggressionen mit diplomatischem Druck begegnen wolle oder auch mit militärischem Engagement. Er hätte sagen müssen: »Wir sind eine moralische Instanz in der Welt, aber wir wissen nicht genau, wie wir im Einzelfall handeln werden, um unseren Anspruch einzulösen. Denken Sie daran, daß wir auch dazu fähig waren, unsere B-52-Bomber am Weihnachtsabend zum Angriff auf Hanoi zu schicken! Wer weiß, was unsere Streitkräfte im Schilde führen, wenn das Wetter frostiger wird!«

Hätte er sich so ausgedrückt, dann hätte Castro seine Zigarre vielleicht ausgespuckt, und wenn die kubanischen Söldner dann nach Afrika gegangen wären, dann hätten sie wahrscheinlich Tag und Nacht zum Himmel hinaufgestarrt und darauf gewartet, daß jeden Augenblick ein Flugzeug durch die Wolken auf sie herabstoßen würde.

Die Moral davon: Machen Sie sich nicht selbst zum Papiertiger. In einer Wettbewerbssituation sollten Sie sich nicht von vornherein Ihrer Wahlmöglichkeiten beschneiden. Sie mindern damit nur den Druck auf der Gegenseite, ohne dafür eine Gegenleistung zu erhalten. Lassen Sie die Dinge offen, bis Sie geschafft haben, worum Sie sich bemühten. Auf das weltpolitische Beispiel bezogen: Die Annahme, daß Sie zu Risiken bereit sind und Ihre Macht auch einsetzen werden, kann einen potentiellen Aggressor durchaus abschrecken.

9. Der Machtfaktor der Identifikation

Ihre Fähigkeit, Verhandlungen erfolgreich zu bestreiten, wächst mit der Fähigkeit, andere dazu zu bringen, sich mit Ihnen zu identifizieren.

Lassen Sie mich das erklären. Warum ziehen Sie beispielsweise in einem Einkaufszentrum ein ganz bestimmtes Geschäft einem anderen vor? Warum lassen Sie Ihr Auto möglichst immer in derselben Service-Station pflegen? Warum haben Sie Ihr Scheckkonto auf dieser oder jener bestimmten Bank? Warum machen Sie lieber mit der Firma X Ihre Geschäfte und nicht mit deren Konkurrenten?

Es geht dabei eben nicht nur um Qualität, Gewohnheit, Preise oder Kostenfaktoren. Wem Sie den Vorzug geben und wem nicht, hängt nicht zuletzt von dem Ausmaß der Identifikation mit den Menschen ab, zu denen Sie in einen Kontakt treten oder denen Sie auf irgendeine Weise ausgesetzt sind. Wenn der Verkäufer X im Kaufhaus Y Sie so behandelt, daß Sie sich wohl fühlen, wenn er Sie wichtig nimmt und Ihre Bedürfnisse versteht, dann werden Sie sich zugunsten seines Hauses mit ihm identifizieren, selbst wenn die Konkurrenz nebenan ein besser erscheinendes Angebot offeriert. Und aus diesem Grunde ist es eben auch wichtig, daß Sie andere Menschen dazu bringen, sich mit Ihnen zu identifizieren, mit wem auch immer Sie gerade zu tun haben und aus was für Gründen. Nehmen wir das Beispiel einer großen Computer-Firma. Ihr Erfolg geht zu einem großen Teil auf die besondere Professionalität ihrer Angestellten zurück, vor allem, was den Umgang mit ihren Kunden angeht. Vor ein paar Jahren fragte ich einmal einen meiner Klienten, warum seine Gesellschaft ausgerechnet von dieser Computer-Firma ein System angekauft habe, das um vieles teurer war als das der Konkurrenz. Der Mann antwortete: »Wir hätten es tatsächlich anderswo billiger bekommen können und technisch ist es nicht einmal auf dem besten Stand. Aber es handelt sich dabei um ein sehr komplexes System, und wir wissen, daß sie, wenn wir Schwierigkeiten bekommen, ihre Leute schicken, die uns helfen.« Das ist es, was ich mit Identifikation meine!

Wie bekommt man andere dazu, sich mit einem selbst zu identifizieren? Wenn Sie bei Ihren Geschäften mit anderen als Profi und mit der notwendigen Vernunft ausgestatteter Mensch auftreten, werden Sie bei Ihrem Gegenüber den Willen zur Zusammenarbeit, zu Loyalität und Respekt ernten. Behandeln Sie ihn nicht von oben herab, überziehen Sie Ihre Autorität aber nicht. Besser bemühen Sie sich um Verständnis und Einfühlungsvermögen. Sprechen Sie über die Bedürfnisse Ihres Partners, über seine Hoffnungen, Träume, Vorstellungen. Nähern Sie sich jedermann auf einer ganz menschlichen Ebene und vermitteln Sie ihm die Hoffnung, daß Sie es sind, der ihm beim Lösen seines Problems helfen kann. Von solch einer Haltung geht eine subtile, sehr überzeugende Art von Macht aus, die geradezu etwas Magisches hat.

Wenn wir von Führungskraft und Charisma reden, dann meinen wir oft Personen, von denen eine Ausstrahlung ausgeht, die zum Nacheifern reizt. Menschen, die einem Anführer fol-

gen — und dies oft unter großen Opfern —, identifizieren sich mit ihm so sehr, daß sie seine Siege und Triumphe als die ihrigen empfinden!
Die Geschichte ist voll von solchen Männern und Frauen von Buddha und Christus bis hin zu General Eisenhower und Mutter Theresa. Wenn auch auf einer anderen Ebene, so beziehen auch unsere Film- und Fernsehstars ihre Popularität aus der weitgestreuten Identifikation, die sie hervorrufen. Johnny Carter, Gastgeber der erfolgreichen ›Tonight‹-Fernseh-Show, wird bald einen Lastwagen mit Anhänger benötigen, um das viele Geld abzutransportieren, das er verdient, aber er kommt eben dafür vom Fernsehschirm zu seinem Publikum auf eine Weise herüber, die ihn freundschaftlich, zurückhaltend, offen und ehrlich erscheinen läßt. Sein selbstkritischer Witz macht ihn menschlich und überträgt die richtigen Vibrationen in die Wohn- und Schlafzimmer in ganz Nordamerika. Wir mögen ihn einfach.
Die aus der Identifikation entstehenden Kräfte gibt es praktisch innerhalb jeder zwischenmenschlichen Beziehung; auch im Geschäftsleben und in der Politik. Ich bin persönlich zum Beispiel manchmal in einer Situation, in der ich auf eine Reihe von Experten treffe, die ein Problem von den verschiedensten Seiten her und in einer Vielzahl von Aspekten diskutieren. Normalerweise verhalte ich mich dann so — zusätzlich zum Einsatz meiner eigenen Kenntnisse —, daß ich den Ausführungen jener Person mehr Glauben schenke, die ich kenne und respektiere und von der ich weiß, daß sie ihre Erfahrungen hat. Ich passe mich, wenn das möglich ist, ihren Gefühlen und Einsichten an, weil ich ihr traue und mich mit ihr *identifiziere.* Wir geben diese Identifikationsvorgänge selten zu und sprechen überhaupt selten darüber, doch sie machen einen gewichtigen Faktor in unseren Entscheidungen aus, vom Kauf eines Stereogeräts bis zur Wahl eines Kandidaten, den wir politisch unterstützen. Wo die Daten und Fakten in allem immer mehr zunehmen und die Fragen immer komplexer werden, da lassen wir uns gern von Menschen beeinflussen, mit denen wir uns identifizieren können. So kann es dann etwa passieren, daß Menschen sogar gegen ihre eigenen Interessen verstoßen,

aber dafür können sie sich stark mit einem Politiker identifizieren.

Natürlich geht so etwas auch umgekehrt. Da mag einer zum Beispiel die richtigen politischen Lösungsvorschläge parat haben, aber gleichzeitig ist er so fanatisch und hat eine so unangenehme Ausstrahlung, daß er einen regelrecht gegen sich aufbringt. Und so kommt es dann, daß viele Leute den Kandidaten A nicht wählen, weil sie ihm besonders nahestehen, sondern weil ihnen der Kandidat B auf den Magen schlägt.

Und dies gilt für alles, was wir tun und worüber wir Entscheidungen zu fällen haben.

Lassen Sie mich ein Beispiel aus meiner eigenen Erfahrung mit diesem Prinzip erzählen.

Es ist schon ein paar Jahrzehnte her, daß ich die Anwaltsschule abschloß, zu einer Zeit, in der die amerikanische Wirtschaft in einer Rezession steckte. Doch niemand erzählte mir von dieser Rezession, und deshalb bezog ich es auf meine eigene Person, als ich nicht gleich eine Stelle fand. Zehn Jahre später erfuhr ich dann, daß es diese Rezession gegeben hatte, und da fühlte ich mich wieder um einiges besser.

Jedenfalls war ich zuerst einmal eine kurze Zeit arbeitslos; daraufhin begann ich für eine Gesellschaft zu arbeiten, die Rechtshilfe vermittelte und bedürftige Menschen, die wegen kleinerer Vergehen angeklagt waren, verteidigte.

Einem der ersten Angeklagten, für den ich das Mandat vor Gericht übernahm, wurde ein Einbruch vorgeworfen. Rückblickend muß ich sagen, daß ich ihn wohl für schuldig hielt. Warum ich das tat? Er hatte erstens zwei verschiedene Geständnisse bei zwei verschiedenen Verhören abgelegt. Er hatte überall am Tatort seine Fingerabdrücke hinterlassen. Und als man ihn schließlich festnahm, war er im Besitz des gestohlenen Fernsehers.

Das war nicht gerade ein Fall, in dem sich viel verteidigen ließ. Doch ungeachtet dessen: Ich war jung und gewissenhaft und sehr darauf aus, daß mein Mandant alle seine Rechte vor dem Gesetz ausschöpfte. Um eine Verteidigungsstrategie aufzubauen, besuchte ich ihn in der Haftanstalt. Nach mehreren Gesprächen, in denen er mir ständig neue Versionen der Geschichte auftischte und immer andere Alibis, war es mir endgültig klar, daß mein Mandant erstens ziemlich beschränkt und zweitens ein Lügner war. Ich zögerte daher, ihn selbst als Zeuge in eigener Sache in den Zeugenstand zu rufen, weil ich wußte, daß es ein leichtes sein würde, ihm die Widersprüche in seinen Aussagen vorzuhalten.

Aber weil ich schließlich *irgendwen* brauchte, der für ihn in den Zeugenstand ging und zu seinen Gunsten aussagte, wählte ich mir seine Mutter. Mütter sagen immer zugunsten ihrer Kinder aus, was auch immer passiert sein mag. Die Mutter meines Mandanten eignete sich vortrefflich: eine grauhaarige Dame mit dicker Brille und Stock, genau der Typ einer armen Frau, der man ganz automatisch über die Straße hilft.

Nachdem sie auf dem Zeugenstuhl Platz genommen hatte, fing ich an, sie zu befragen. Es dauerte keine zwei Minuten, bis sich herausstellte, daß das Problem meines Mandanten, wenigstens zum Teil, ein ver- bzw. ererbtes war. Die Mutter war ebenso beschränkt und ebenso eine Lügnerin. Sie widersprach sich in den 120 Sekunden bereits viermal. Ich bekam einen ganz trockenen Mund, setzte mich nieder und wußte innerlich, daß der Fall verloren war.

Aus irgendeinem merkwürdigen Grund ließ der Staatsanwalt die Sache aber nicht auf sich beruhen. Vielmehr nahm er die alte Dame in ein scharfes Kreuzverhör. Offenbar wollte er nicht nur darstellen, daß ihr Sohn, der Angeklagte, schuldig war, sondern er wollte herausstellen, wie sehr, wie überaus schuldig er war, einer der schuldbeladensten Angeklagten, die ihm je unter die Augen gekommen seien.

Mit seinem Versuch, die Mutter nun als Entlastungszeugin zu diskreditieren, überzog er die Sache einfach. Er trieb die alte Dame in die Enge, setzte sie herab, schrie sie an und beschimpfte sie. Sie brach zusammen und wimmerte nur noch. Dann begann sie zu schluchzen, und als sie sich die Tränen von den Augen wischte, fiel ihre Brille zu Boden. In dem Augenblick machte der Staatsanwalt einen Schritt zurück und trat auf die Brille, die in tausend Stücke zerborst.

Der Richter unterbrach hastig die Sitzung und bat mich mit einer Geste, die nun ganz und gar hysterisch gewordene alte

Dame vom Zeugenstand hinabzubegleiten. Während ich das tat, konnte ich zufällig einen Blick auf die Jury hinüberwerfen. Und plötzlich merkte ich, daß die Sache eine erfreuliche Wendung genommen hatte. Die Jury hatte sich gegen den Staatsanwalt gewendet, und ich war sicher, daß sie dachte: »Es ist schon schlimm genug, daß diese arme Mutter mit einem Sohn gestraft ist, der ein Verbrecher ist. Darf dieses Monstrum von einem Ankläger sie derart zu seinen Zwecken mißbrauchen?«
Nach einer recht kurzen Beratung kamen die Mitglieder der Jury wieder in den Verhandlungsraum zurück und verkündeten das Urteil — »nicht schuldig«. Es war einer der wenigen Siege, die ich in dieser Phase meines Lebens verbuchen konnte.

Machen Sie mich bitte für diesen Justizirrtum nicht verantwortlich. Ich habe diesen Prozeß nicht *gewonnen*, sondern die andere Seite hat ihn *verloren*. Der Grund war, daß der Staatsanwalt mit seinem Verhalten die Sache insgesamt so überzogen hat, daß die Jury sich mit ihm nicht identifizieren konnte und auch nicht mit den Begründungen, die er anführte. Der Spruch der Jury wandte sich sogar gegen die präsentierten Beweise.

Viel häufiger, als man zugeben möchte, spielt der angesprochene Identifikationsmechanismus eine wichtige Rolle in jeder Art von Verhandlung. Das ist der Grund, warum eine gewisse Zurückhaltung und der Versuch, anderen zu helfen, so ungeheuer nützlich sein können.

10. Die Macht der moralischen Grundsätze

Die meisten von uns, die in der westlichen Welt großgeworden sind, haben ähnliche ethische und moralische Grundsätze verinnerlicht. Wir lernen sie in den Schulen oder Kirchen, zu denen wir gehören, wir übernehmen sie aus der Tradition unserer Familien und wir entnehmen sie den Vorbildern, die das Geschäftsleben oder der ganz gewöhnliche Alltag bereithalten. Die Vorstellungen von Fairneß, die wir beispielsweise haben, sind bei den meisten von uns recht ähnlich ausgeprägt.

Nur wenige von uns können durch ihr Leben gehen, ohne davon überzeugt zu sein, daß das, was sie tun, auch wirklich gut für die Menschheit ist.
Wenn Sie sich selbst der Barmherzigkeit der anderen anvertrauen, ohne Verteidigungsmöglichkeiten und ohne Ansprüche, dann werden sie sich nachgiebig zeigen. Warum? Weil sie zu Ihnen in eine Beziehung treten können und weil sie zögern, sich einen Vorteil auf Kosten von jemand zu verschaffen, der sich nicht verteidigen kann.
Selbst wenn einer das Recht auf seiner Seite hat und Sie theoretisch fertigmachen kann, hat Ihr Appell an das Mitleid eine echte Chance, wenn Sie etwa sagen: »Sie können natürlich mit mir jetzt machen, was Sie wollen ... aber wäre das auch die richtige Art?« Das gilt auch für unser Justizsystem. Angeklagte schaffen es oft, vor Gericht Mitleid zu erwecken, und das hat fallweise durchaus seinen Effekt.
Ein Beispiel: Ein Angeklagter steht vor Gericht und bittet: »Hohes Gericht, glauben Sie, es wäre richtig, mich für eine lange Zeit hinter Gitter zu bringen? Bedenken Sie, ich habe drei kleine Kinder zu Hause. Ich habe eine Frau. Wenn Sie mich ins Gefängnis stecken, dann sind allein *sie* die Bestraften. Hohes Gericht, ich meine nicht, daß ich meine Strafe nicht verdient hätte. Aber bedenken Sie, was eine lange Haft für meine Familie bedeutet. Ich weiß, ich hätte es verdient, für dieses Verbrechen für immer hinter Gitter gesteckt zu werden. Aber wäre das auch das richtige für meine unschuldige Familie?« Eine Chance hat er damit jedenfalls gewahrt: das Gericht wird lange und intensiv nachdenken, bevor es sein Urteil fällt.
Ob diese Art zu appellieren auch in anderen Kulturen, die andere Werte vertreten, wirksam ist? Nein. Wird sie bei solchen Menschen einen Eindruck hervorrufen, die ganz anders geprägt sind? Nein. Menschen, die von grundsätzlich anderen Werten und Voraussetzungen ausgehen, wie etwa die Muslims, können unsere Art zu vergeben, die andere Backe auch noch hinzuhalten und den Ölzweig des Friedens zu schwingen, nicht verstehen. Was sie verstehen, das sind Macht, Gelegenheit und Revanche. Lassen Sie sich von solchen Leuten

nicht einwickeln. Sie sollten stets mit den Menschen nach deren eigenen Richtlinien umzugehen versuchen.
Aber die meisten Menschen, mit denen Sie in Kontakt kommen werden, haben den gleichen Hintergrund wie Sie. Wenn daher irgend jemand, der Ihnen nahesteht — Ihr Gatte bzw. Ihre Gattin, Ihr Chef, Ihr Untergebener zum Beispiel —, Ihnen irgendwelche Schwierigkeiten macht, nicht tut, was er bzw. sie versprochen hat, dann fragen Sie nach, ob das richtig und fair ist. Diese Frage vermag selbst die abgebrühtesten Zeitgenossen aufzurütteln.

11. Die Macht des Faktischen

Hierüber habe ich schon gesprochen, als ich das Kühlschrankbeispiel durchspielte und erwähnte, daß die meisten Leute von der Meinung ausgehen, mit einem Kaufhaus könne man nicht handeln. Auf die Frage, warum sie das glaubten, erhielt ich dann immer die Antwort: »Weshalb sonst sollten sie ihre Waren so genau mit Preisen auszeichnen?«
Ich sagte auch bereits: Verhalten Sie sich niemals so, als repräsentiere Ihre begrenzte Erfahrung universale Wahrheiten. Zwingen Sie sich dazu, über Ihre eigenen Erfahrungen hinauszugehen, indem Sie Ihre Annahmen überprüfen. Machen Sie sich nicht selbst manövrierunfähig, indem Sie die Dinge immer nur nach Ihren alten Gewohnheiten angehen.
Es kann leicht passieren, daß Sie sich Ihre Möglichkeiten beschneiden oder von anderen darin beschnitten werden, mit dem Verweis auf die Tradition, bzw. die Macht des Vorangegangenen, die auf Regeln beruht wie ›Mach keinen Wirbel‹, ›So haben wir das schon immer gemacht‹, ›So läßt sich das nicht sagen‹. Dieser Aspekt rührt von dem Druck her, den die Gewohnheit auszuüben pflegt. Geläufige und altverwurzelte Bräuche, Strategien und Praktiken werden mit der Zeit von selbst sakrosankt. Sie treten mit dem Anspruch auf, die *einzig richtige* Art darzustellen, mit der Dinge angepackt werden dürfen. ›Wandel‹ ist in dem Zusammenhang ein geradezu gefährliches Wort.
Es gehört zum Beispiel zu den dornigsten Aufgaben, denen

sich ein neuer Präsident in Washington, ein neuer Vorstand in einer Gesellschaft oder ein neuer Leiter irgendeiner alteingesessenen Organisation gegenübersieht, alte, tiefverwurzelte Praktiken in seinem Haus zu verändern. Nach seiner Wahl im Jahre 1968 verkündete der neue Präsident Richard Nixon: »Es ist Zeit, daß die Regierung von eurem Buckel heruntersteigt und ihre Finger aus euren Taschen zieht!« Ein paar Wochen später schlug derselbe Präsident dem Abgeordnetenhaus das größte Budget in der Geschichte des amerikanischen Staates vor.

Aber es gibt noch einen anderen Aspekt bei der Macht des Faktischen: Man kann sie auch benutzen, um einen Wandel zu *entschuldigen* bzw. seine Notwendigkeit zu *begründen*. Als die Gewerkschaft der Autofabrikarbeiter in den Vereinigten Staaten einmal eine siebenprozentige Erhöhung ihres Lohnes in ihren Tarifvertrag schreiben konnte, verlangten die kanadischen Kollegen unter Hinweis auf das Beispiel aus den USA in ihren Verhandlungen den gleichen Satz und bekamen ihn schließlich auch zugestanden. Die darin steckende Logik ist sehr einfach: »So sieht unser Vorschlag aus. Die anderen haben ihn durchgebracht. Wir verlangen das gleiche.«

Der Bürgermeister von Memphis in Tennessee kündigte einmal öffentlich an, alle Polizisten und Feuerwehrleute, die es wagten, in den Streik zu treten, würden entlassen. Sie traten in den Streik und verloren ihre Stellungen. Ein paar Tage später kam doch noch eine Einigung zustande und der Bürgermeister stellte sie wieder ein. Nach diesem Vorbild begannen nun auch die Feuerwehrleute in Chicago einen Streik, und zwar in der Erwartung, daß sie auch entlassen, dann aber nach einer Einigung wieder an ihre alten Arbeitsplätze zurückkehren könnten. Die folgenden Ereignisse gaben ihnen auch tatsächlich recht.

Mit anderen Worten: Wenn Leute am Punkt A etwas tun und Leute am Punkt B erfahren davon, dann beeinflußt das ihre weitere Handlungsweise. Informationen verbreiten sich aber bekanntlich schnell. Die verschiedenen Medien sorgen schon dafür. Wenn Sie also die Kontrolle über eine Situation behalten und verhindern wollen, daß das, was in A passiert, auch

nach B hinüberschwappt, dann müssen Sie darauf vorbereitet sein, den Leuten zu zeigen, was alles sich in B von den Verhältnissen in A unterscheidet.
Wenn Sie vermeiden wollen, daß Sie von der Macht des Faktischen ›vereinnahmt‹ werden, dann benutzen Sie diese Macht selbst zu Ihrem Vorteil. Um zu rechtfertigen, was Sie tun oder wonach Sie streben, sollten Sie sich immer auf Situationen beziehen, die ganz der ähneln, in der Sie sich gerade befinden und in der Sie dies und das taten; letztendlich wird dabei herauskommen, was Sie anstreben.
Wenn Sie zum Beispiel in einem kleinen Laden den Preis für eine Ware herunterzuhandeln versuchen und der Verkäufer zu Ihnen sagt: »Tut mir leid — Sie wissen, wir lassen über Preisnachlässe nicht mit uns handeln!«, was sollten Sie dann tun? Sie sollten sagen: »Einen Augenblick — Sie tun das sehr wohl! Ich habe vor ungefähr zwei Wochen in Ihrer Werkzeugabteilung einen Hammer gekauft. Er war an einer Stelle etwas angeschlagen und Ihr Kollege hat mir zwei Dollar nachgelassen!«
Benutzen Sie die ›Logik‹ solcher tradierten Verhaltensweisen, auch wenn die Verhaltensweise selbst unlogisch erscheinen mag. Wenn Sie irgendein Gerät oder etwa ein Auto kaufen, dann sagen Sie: »Ich möchte das Modell vom *letzten* Jahr, nicht von diesem.«
Warum Sie das sagen sollen? Weil jedermann weiß, daß die Modelle vom vorigen Jahr billiger sind als die neuesten, auch wenn das alte Modell hervorragend funktioniert. Wer kennt und erkennt denn schon den Unterschied zwischen dem 1981er und dem 1982er Modell eines Kühlschranks? Vielleicht hat man nur eine winzige Kleinigkeit an den Kühlrippen geändert. In Dollars und Cents dürfte sich das aber eigentlich nicht ausdrücken, denn der Wert und Erfolg eines Modells hängt wohl von anderen Kriterien ab. Achten Sie auf die, und Sie werden Ihren Nutzen daraus ziehen.

Ausdauer, das ist die Kraft, die, der Glut vergleichbar, auch den Stahl zum Schmelzen bringt. Auch eine Ratte kann, wenn sie nur lang genug am schützenden Deich nagt, eine Hochwasserkatastrophe auslösen.

Die meisten Menschen sind nicht hartnäckig und ausdauernd genug, wenn sie über etwas verhandeln. Sie machen der anderen Seite ein Angebot, und wenn diese nicht gleich darauf ›einsteigt‹, dann zucken sie einmal mit den Achseln und wenden sich anderen Dingen zu. Wenn Sie auch zu den Menschen gehören, die so reagieren, rate ich Ihnen, sich zu ändern. Lernen Sie, auf etwas zu beharren. Sie müssen zäh sein. Präsident Carter besaß diese bewunderungswürdige Eigenschaft. Er war zäh und standfest. Er war bemerkenswert ausdauernd.

Aber gleichzeitig war Carter auch einer der langweiligsten politischen Führer, die Amerika je hatte. Länger als fünfzehn Minuten mit ihm zusammen zu sein, wirkte, als hätte man eine kräftige Dosis Beruhigungspillen zu sich genommen. Ich hörte aus seiner Umgebung einmal den Kommentar: »Wenn Carter zum Gespräch am Kamin einlädt, geht gewöhnlich das Feuer aus.«

Aber diese Art umgekehrten Charismas nützte er wirkungsvoll gegenüber Anwar el Sadat und Menachem Begin aus, als er mit ihnen in den Bergen von Maryland über einen gemeinsamen Frieden verhandelte.

Camp David ist eben *nicht* das Sodom und Gomorrha der westlichen Welt. Es ist kein Platz, wo aufgetrumpft und Lärm gemacht wird, sondern wo ein schlichter Spaziergang schon zu den aufregendsten Aktivitäten gehört.

Carter wußte das, und er war sich klar darüber, daß er die Konferenzen mit Sadat und Begin wenigstens mit Minimalresultaten beenden wollte, und aus diesem Grunde achtete er darauf, daß es möglichst wenige Ablenkungsmöglichkeiten gab. Für vierzehn Leute hielt man dort oben beispielsweise nur zwei Fahrräder bereit und an den Abenden standen den Delegationen zur Erholung genau drei verschiedene, aber allesamt gleich fade Kinofilme zur Verfügung. Nach sechs Tagen hatte jeder jeden Film bereits zweimal gesehen und entsprechend groß war die Langeweile.

Aber jeden Morgen um punkt acht Uhr hörten Sadat und Begin das gewöhnte Klopfen an ihren Türen, gefolgt von dem ebenso monotonen »Hallo, hier ist Jimmy Carter, bereit, mit Ihnen die nächsten zehn langweiligen Stunden über unser langweiliges Thema zu reden.« Wären Sie an Sadats und Begins Stelle gewesen, hätten *Sie* gewiß *alles* unterschrieben, was Ihnen vorgelegt worden wäre — nach dreizehn solchen Tagen! Das Friedensabkommen von Camp David hat sich inzwischen bewährt, und sein Zustandekommen ist vor allem der Geduld und Hartnäckigkeit Jimmy Carters zuzuschreiben.

Nun haben Sie persönlich nichts mit den Friedensverhandlungen von Camp David zu tun, aber auch Sie stecken häufig in Verhandlungen und Situationen, die von Ihnen vielleicht eine ähnliche Strategie verlangen. Nehmen wir an, Sie müssen sich mit Ihrer Versicherungsgesellschaft auseinandersetzen. Ihr sechs Jahre altes Auto, noch in bester Verfassung, erlitt bei einem Unfall Totalschaden. In der Vergleichsliste hat es nur noch einen Wert von 500 Dollar. Es aber reparieren zu lassen, würde 800 Dollar kosten. Also kümmern Sie sich nicht darum, was in der Liste steht. Sie ist nichts weiter als ein Fetzen Papier mit ein paar unverbindlichen Zahlenreihen.

Wie gehen Sie jetzt weiter vor?

Sie sollten die Versicherungsgesellschaft nachdrücklich wissen lassen, daß Sie keineswegs unter 800 Dollar gehen können. Sie unterstreichen das noch, indem Sie sagen: »Ich bin festen Willens, mit meiner Forderung auch vor Gericht zu gehen ... mit allen anfallenden Kosten und der dabei entstehenden Publizität!«

Wird Ihre Bemerkung über die anfallenden Kosten und die öffentliche Aufmerksamkeit bei der Gegenseite ihre Wirkung tun? Sie können darauf eine Flasche Ihres besten Bourbon wetten. Ihr Verhandlungspartner weiß, was ein Rechtsstreit bedeutet: Verzögerungen, Unsicherheit, unangenehme Fragen von Kammern und Aufsichtsbehörden und dazu ein geschädigter Ruf in der Öffentlichkeit, was den Umgang der Gesellschaft mit ihren Kunden angeht. Und er weiß auch, daß ein

Gerichtsverfahren Kosten verursacht und man somit Finanzreserven einbehalten muß, die anderswo vielleicht gewinnbringend angelegt werden könnten.
Außerdem mag es ganz praktische Überlegungen geben, die Ihre Versicherungsgesellschaft davon abhalten, Ihnen vor Gericht entgegenzutreten ... Überlegungen, die davon ausgehen, daß ihr die notwendigen Zeugen und Gutachter fehlen, bis zu dem Wunsch, der eigenen Rechtsabteilung im Augenblick nicht noch mehr Arbeit aufzubürden.
Und werden Sie letztendlich Ihre 800 Dollar bekommen? Ja — wenn Sie weiterhin Gespräche mit Ihrer Versicherungsgesellschaft führen, Briefe schreiben und zusätzliches Material (Rechnungen, Belege etc.) beschaffen, das Ihre Behauptung beweist, Ihr Auto sei ein einmaliges Fahrzeug gewesen, das nicht zum Listenpreis gehandelt werden kann. Zähigkeit und Ausdauer machen sich bezahlt.

13. Überreden und überzeugen

In unserer zivilisierten Welt glauben zu viele von uns an die Vernunft und den Verstand als die Größen, die die Dinge lenken. Wir werden in dem Bewußtsein aufgezogen, daß das Denken und die Logik in allen Fällen maßgebend sind. Aber die Logik an und für sich dürfte nur selten Einfluß auf die Menschen haben. Meistens funktioniert sie gar nicht.
Wenn Sie mich überreden wollen, irgend etwas zu glauben, irgend etwas zu tun, irgend etwas zu kaufen, dann müssen Sie dabei auf drei Punkte achten:

1. Ich muß verstehen können, was Sie sagen. Es ist einfach unumgänglich, daß die von Ihnen angeführten Gründe mit meinen Erfahrungen, mit meiner eigenen Prägung zusammentreffen. Um das zu erreichen, müssen Sie sich sozusagen in meine Welt hineinbegeben. (Das ist auch der Grund, warum es Ihnen so schwerfällt, mit jemandem zu verhandeln, der beschränkt ist, oder von dem Sie glauben, er sei nicht richtig im Kopf.)

2. Ihre Beweise müssen so überwältigend sein, daß ich gar nicht darüber zu diskutieren wage.
3. Was ich von Ihnen annehmen soll, muß meinen vorhandenen Wünschen und Bedürfnissen entgegenkommen.

Von diesen drei Faktoren ist der dritte bei weitestem der wichtigste. Warum ich das so betone? Weil auch dann, wenn Ihre Argumente von mir verstanden werden und sie mich geradezu überwältigen, die Folgerungen daraus eine bedrückende Wirkung auf mich haben können — und dann bin ich am Ende doch nicht überzeugt. Die Fakten, die Sie aufzählen, und die Logik, mit der Sie an die Sache herangehen, mögen unangreifbar sein, wenn sie jedoch nicht mit meinen vorhandenen Wünschen und Bedürfnissen zu tun haben, dann akzeptiere ich sie nicht. Eltern von heranwachsenden Kindern verstehen dieses Phänomen besser als alle anderen; wenn man es nicht beachtet, ist es die Ursache für viele fehlgeschlagene Überredungsversuche.

Die Werbeindustrie, deren Geschäft es ja ist, bestimmte Verhaltensweisen zu motivieren, bedient sich dieses Konzepts, um die avisierten Konsumenten zu beeinflussen. Sie haben sicher alle schon eine bestimmte Deodorant-Reklame im Fernsehen gesehen: einmal rechts und einmal links unter den Arm gesprüht, und schon ist für die nächsten vierundzwanzig Stunden der gesamte Körpergeruch wie durch einen unsichtbaren Schutzschirm gebannt. Die Werbeagentur, die für diesen Spot verantwortlich ist, konnte sich gar nicht darum kümmern, ob Sie oder ich diese Botschaft tatsächlich *verstehen* oder ob es noch etwas gibt, was ihre Absicht unterstützen würde. Sie wollte gar nichts anderes als demonstrieren, wie dieses Spray *Ihren* Wünschen und Bedürfnissen entspricht, gesellschaftlich nicht gemieden zu werden.

Ich will ehrlich zu Ihnen sein: *Ich* verstehe diesen Werbespot nicht. Ich kenne keinen Beweis, der diese Theorie vom Schutzschirm irgendwie unterstützt. Ich habe so einen unsichtbaren Schirm noch nie gesehen und ich kenne auch niemanden, dem das schon einmal gelungen wäre, und nicht nur, weil er eben unsichtbar ist! Aber ich *glaube* gern an einen sol-

chen Schirm, der mich umgibt. Er gibt mir ein Gefühl der Sicherheit in jeder möglichen Situation.
Nehmen wir an, wir treffen uns bei irgendeinem gesellschaftlichen Anlaß und ich beuge mich zu Ihnen herüber, um Ihnen etwas Vertrauliches zu erzählen. Sie weichen im gleichen Augenblick ein wenig zurück. Hätte ich mir nicht gerade vor zwei Stunden ein Deodorant unter die Achseln gesprüht, dann könnte ich Ihre Bewegung so interpretieren, daß ich Probleme mit meiner Hygiene habe und Ihre Nase davon Wind bekommen hat. Aber weil ich ja schließlich diesen Schutzschirm habe, der mich vierundzwanzig Stunden lang umgibt, komme ich zu dem Schluß, daß es wohl Ihr Tischnachbar ist.
Nehmen wir ein solches Problem aus der Geschichte. Jahrhundertelang glaubten alle Menschen, daß die Sonne sich um die Erde drehe. Die Menschen glaubten in Ihrem Innersten zu wissen, daß die Erde das Zentrum des Universums sei. Und dann kam ein brillanter Wissenschaftler namens Kopernikus daher und versuchte, das alles über den Haufen zu werfen, indem er eine neue Theorie über das Sonnensystem aufstellte. Er stellte kurz und bündig fest, daß die Erde sich um die Sonne drehe.
Einflußreiche Zeitgenossen nahmen es zustimmend zur Kenntnis. Sie verstanden Kopernikus auf einer abstrakten Ebene. Schließlich war seine logische Beweisführung überwältigend. Nur ein Dummkopf konnte an diesen Beweisen noch Zweifel anmelden. Aber niemand akzeptierte seine Theorie tatsächlich auf dieser inneren Ebene, die ich ansprach, denn Kopernikus' Entdeckung änderte am Leben des einzelnen überhaupt nichts. Sie betraf einen nicht. Die Tatsache, daß die Erde sich um die Sonne dreht, schien nicht wichtiger zu sein als die Tatsache, daß Katzen Mäuse fressen.
Aber eines Tages rief dann irgend jemand aus: »Halt, einen Augenblick mal! Wir können alle diese Erkenntnisse gut in einer neuen Wissenschaft verwerten, die wir Astronomie nennen! Wozu? Wir können uns an den Sternen orientieren, wenn wir übers Meer fahren! Wir können die Menschen in entfernte Länder schicken und so unsere Bevölkerungsprobleme regeln. Wir können erobern, unterwerfen und ausbeu-

ten. Wir können eine Menge Gold und Silber zusammenraffen und es zu uns herüberschaffen. *Das* ist es, was unseren Wünschen und Bedürfnissen entspricht!«
Damit hatte die ganze Angelegenheit die abstrakte Ebene verlassen. Plötzlich hieß es: »Was soll das Theoretisieren? Wir machen etwas aus dem, was dieser polnische Bursche namens Kopernikus uns da erzählt hat!« Und wieder schritt die Wissenschaft ein Stück weiter voran.
Moral: Wenn Sie die Menschen von etwas überzeugen wollen, zeigen Sie die direkte Bedeutung und den Wert dessen, was Sie vortragen, indem Sie *die Bedürfnisse und die Wünsche* Ihrer Hörer ansprechen.

14. Die richtige Einstellung

Für wen können Sie am schlechtesten etwas heraushandeln? Für sich selbst.
Wenn Sie dagegen für jemand anderen verhandeln, klappt das viel besser.
Warum?
Weil Sie sich einer Sache mit viel zu großem Ernst widmen, sobald es um Sie selbst geht, Sie machen sich viel zu viele Sorgen. Das führt zu Druck und Streß. Wenn Sie dagegen für jemand anderen in die Bresche springen, sind Sie viel entspannter. Sie sind objektiver. Sie machen sich nicht so große Sorgen, weil Sie die Situation als einen Spaß oder ein Spiel betrachten — *und das ist es ja auch.*
Dieses übertriebene Sorgenmachen, wenn man selbst betroffen ist, ist ein Charakteristikum, das praktisch auf jeden von uns zutrifft. Kürzlich wurde ich gebeten, für eine Bank in Übersee eine größere finanzielle Transaktion zu übernehmen. Es ging dabei um einige Millionen Dollar und alle, die damit zu tun hatten, waren ziemlich aufgeregt … außer mir. Ich war ganz entspannt, freute mich auf die bevorstehende Reise und behielt einen klaren Kopf. Wissen Sie, warum ich trotz des hohen Risikos so ruhig war? Weil es die Bankleute waren, die den Einsatz aufbrachten — und nicht ich. Falls alles schiefgehen sollte, würden sie unter Umständen Millionen verlieren,

ich an ihrer Stelle hätte mich daher auch gesorgt. Aber ich selbst bekam meine Provision Tag für Tag, und so lautete meine Einstellung: »Ein neuer Tag, ein paar neue Dollars.« Ich betrachtete ihr großes Finanzgeschäft als ein Spiel — einen Spaß. Natürlich machte ich mir einige Sorgen, aber eben längst nicht in dem Ausmaß wie sie. Aber als mir meine Tochter dann schrieb, ich sollte mich wieder einmal um die Familie kümmern, da waren Spiel und Spaß vorbei. Die Runde um den Familientisch war eine ernstere Sache, und da ich mich entsprechend sorgte, bin ich nicht so ganz sicher, ob meine Transaktionen ebenso erfolgreich verlaufen sind, wie die in Übersee.

Versuchen Sie jede Erfahrung, jede Situation, einschließlich Ihren Beruf, irgendwie spielerisch zu nehmen, als eine Welt der Illusion. Lehnen Sie sich, bildlich gesprochen, ein wenig zurück und erfreuen Sie sich daran. Bringen Sie Ihr Bestes, aber brechen Sie nicht gleich zusammen, wenn einmal etwas nicht so läuft, wie Sie es sich vorgestellt haben. Bedenken Sie, daß die Dinge selten so sind, wie sie erscheinen. Wie schon Oscar Levant einmal sagte: »Zieh das falsche Flitterwerk herunter, und was findest du dann? Das richtige Flitterwerk.«

Üben Sie sich darin, in jeder Situation die Frage zu stellen: »Wenn jetzt alles schiefgeht, wird dann mein Leben enden?« Wenn die Antwort Nein lautet, dann machen Sie sich zur Gewohnheit, zu sagen: »Was soll's«, »wen kümmert's«. Engagieren Sie sich zwar — aber nicht auf eine verbissene, kummervolle Art.

Um Eugene O'Neill zu paraphrasieren: »Diese Episode ist auch nicht mehr als ein eigentümliches Zwischenspiel in dem elektrisierenden Schauspiel, das uns der Gottvater bietet.«

Wenn Sie es schaffen, diese heilsame, leicht amüsierte Einstellung zu entwickeln, nach der alles ›nur ein Spiel‹ ist, und wenn Sie dies innerhalb wie außerhalb Ihres Berufes zur Grundlage Ihrer Art, mit den anderen umzugehen, machen, dann werden Ihnen daraus drei Vorteile erwachsen.

1. Sie werden über deutlich mehr Energie verfügen, weil man einfach mehr Energie besitzt, wenn man Dinge tut, die ei-

nem Freude machen. (Sie haben zweifellos schon einmal die Erfahrung gemacht, wie nach einem zermürbenden Tag Ihre Müdigkeit wie weggeblasen war, als Ihnen jemand einen Vorschlag machte, der ein Spaß zu werden versprach.)

2. Sie werden unter geringerem Streß stehen. Es wird sich weniger Harnsäure in Ihrem Blut befinden und die Neigung zu zu hohem Blutdruck wird schwinden. Sie brauchen nicht einmal mehr soviel Jogging zu machen, weil sich Ihre gesamte körperliche Verfassung bessert. (Und wenn Ihr Beruf anfängt, Ihnen Spaß zu bereiten, dann werden Ihre Ängste denen vergleichbar werden, die Sie bei einem Tischtennismatch empfinden.)

3. Sie werden bessere Ergebnisse erzielen, weil sich in Ihrer äußeren Haltung Ihr Gefühl, Macht zu besitzen und das Leben meistern zu können, spiegelt. (Sie strahlen, was Ihre Möglichkeiten angeht, eine Zuversicht aus, so daß Ihnen die Leute gern folgen werden.)

Die Ironie will es, daß einer von denen, die diese Einstellung erfolgreich praktizieren, ein Geistlicher ist. Und er bedient sich dabei der Medien. Reverend Ike, ein Star im Fernsehen wie im Radio, zieht mit seiner Botschaft und seinem unorthodoxen Stil eine große Anhängerschar an. Er predigt die ›grüne Macht‹. Eines Tages ging er unter den Mitgliedern seiner Gemeinde umher und wiederholte immer und immer wieder: »Macht euch keine Sorgen. Es gibt nichts, worum ihr euch sorgen müßtet.«
Einer seiner Jünger hob die Hand und sagte: »Reverend Ike … Sie verstehen das nicht. Ich habe ein ernstes Problem. Ich mache mir tatsächlich Sorgen.«
Der Reverend antwortete kühl: »Vergiß es einfach.«
»Nein, nein! Das kann ich nicht … es ist ernst, und ich bin besorgt.«
»Also erzähl es mir«, sagte der Reverend. »Was ist es, das dich so verwirren kann?«
»Es ist meine Bank«, erklärte der Ike-Jünger. »Ich schulde meiner Bank sechstausend Dollar. Die Summe ist morgen fäl-

lig. Aber ich habe nicht einmal einen Teil davon, und das macht mir tatsächlich Sorgen.«
Reverend Ike brauchte nicht eine Sekunde, um zu antworten: »Mein Gott, Mann, wieso machst *Du* Dir Sorgen? Es ist doch die Bank, die ein ernstes Problem zu lösen hat!«
Wenn ich auch den Verdacht nicht loswerde, daß der Reverend nur einen alten Witz von sich gab, so stimmt doch eine ganze Menge an dieser Einstellung.
Wir haben also das, was wir Macht, Kraft und Energie genannt haben, unter den verschiedensten Aspekten behandelt.
Es ist eine der entscheidenden Variablen, die jede Art von Verhandlung bestimmen. Die anderen beiden lauten — dies zu Ihrer Erinnerung —: Information und Zeit.
Es ist an der Zeit, sich mit dem Zeit-Komplex auseinanderzusetzen.

Solange du ankommst, bevor es vorbei ist,
bist du nie zu spät dran.

JAMES J. WALKER

5. Zeit

Kein Zweifel: Die Zeit vergeht. Und sie vergeht für uns alle in der gleichen Geschwindigkeit – gleichgültig, was wir tun. Da wir nun aber die Uhr nicht beliebig nach unseren Wünschen steuern können, ist es unsere Aufgabe, herauszubekommen, wie die Zeit und ihr Verlauf einen Verhandlungsprozeß beeinflussen können.

Die meisten Menschen sprechen von Verhandlungen, als seien sie so etwas wie ein Ereignis – irgend etwas, das einen bestimmten Anfang und ein genaues Ende hat. Wäre das so, gäbe es dafür auch je einen fixen Zeitraum. Nehmen wir an, Sie haben für einen bestimmten Tag um 9 Uhr ein Gespräch mit Ihrem Chef über eine längst fällige Gehaltserhöhung verabredet. Nachdem seine Sekretärin Ihnen eröffnet hat, daß der Chef für die nächste Stunde eine weitere Verabredung hat, achten Sie darauf, daß Sie Ihre Zeit nicht überschreiten. Auch glauben Sie, daß Ihr Treffen um 10 Uhr beendet sein wird.

Im folgenden Beispiel wird nun der Zeitpunkt, zu dem Ihre Verhandlung beginnt, mit G bezeichnet (wenn Sie das Büro betreten), und der Punkt, an dem Schluß ist, mit K (wenn Sie aufstehen und zur Tür gehen).

Angenommen, dies ist eine realistische Ausgangslage – zu welchem Zeitpunkt wird dann die Bereitschaft, Konzessionen zu machen, am größten sein? An den Punkten, G, H, I oder J?

In praktisch jeder Verhandlung werden Zugeständnisse zwischen den Punkten J und K am häufigsten gemacht, also möglichst nahe dem absoluten Endpunkt. Mehr noch, in fast allen Verhandlungen werden Übereinkünfte und Verträge nicht geschlossen, bevor nicht Punkt K erreicht oder gar bereits überschritten ist.

Mit anderen Worten: Wenn Ihr Chef Ihre besonderen Verdienste anerkennt und schließlich einer Gehaltserhöhung zustimmt, dann wird das wahrscheinlich um 9.55 Uhr passieren. Diese Tatsache, daß praktisch alles wirkliche Handeln um fünf Minuten vor zwölf vor sich geht, stimmt in jedem denkbaren einzelnen Fall:

Wann reichen die meisten Menschen ihre Einkommensteuererklärungen ein?

Wenn man einer Sekretärin sieben Tage Zeit gegeben hat, einen Bericht zu tippen, wann wird sie ihn vorlegen?

Wann wird ein Student bei einer gesetzten Frist von zwei Monaten seine Seminararbeit abliefern?

Sogar eine so hochdisziplinierte und verantwortungsvolle Körperschaft wie der amerikanische Kongreß verabschiedet die meisten seiner Gesetze kurz vor Beginn der Parlamentsferien. Gehen Sie daher davon aus, daß bei jeder Art von Verhandlung die größte Bereitschaft zu einer Einigung bei gleichzeitigem Entgegenkommen dann herrscht, wenn die Zeit drängt. Angenommen, ich kenne nun Ihren absoluten Schlußpunkt — Ihre ›Deadline‹ —, Sie aber kennen meine ›Deadline‹ nicht: Wer ist dann wohl im Vorteil? Falls Sie andererseits zu denen gehören, die einen verabredeten Termin auch wörtlich nehmen (er stand so zum Beispiel in Ihrer Einladung, also halten Sie sich auch streng daran), ich mich aber weiterhin flexibel verhalte (»Nun ja, neben der ausgesprochenen gibt es auch noch eine *wirkliche* Deadline«): Wessen Chancen stehen da besser? Natürlich in beiden Fällen meine, weil ja, je näher wir an den Punkt kommen, den Sie als Deadline ansehen, der Druck bei Ihnen zunimmt — und aus diesem Grunde werden Sie Konzessionen machen.

Beobachte ich dabei, wie Sie sich winden, dann kann ich mir leisten, meinerseits jedes Entgegenkommen zu verweigern, auch wenn ich kaum mehr Spielraum habe als Sie. Das folgende Beispiel soll Ihnen illustrieren, wie ich diese Methode auf eine ganz harte Weise am eigenen Leib gelernt habe:

Vor zwanzig Jahren war ich Angestellter einer internationalen Gesellschaft. Ich hatte eine Art ›Schlüsselposition‹ im Management, die sich am besten so beschreiben läßt: Mädchen für alles, aber von niemandem respektiert.

Während ich also den Kaffee für die großen Bosse holen durfte, erzählten sie mir von ihren exotischen Abenteuern in der weiten Welt. Beim Frühstück fragte ich den einen: »Na, wo waren Sie denn gerade?«
Seine Antwort: »Ich komme gerade aus Singapur, wo ich dieses Neun-Millionen-Dollar-Geschäft auf die Beine gestellt habe.«
Und dann wandte ich mich an den anderen: »Und Sie?«
»Aus Abu Dhabi.« Und ich wußte nicht einmal, wo das lag.
Weil sie höfliche Leute waren, fragten sie auch mich: »Und wo kommen Sie gerade her?«
Was sollte ich sagen? Daß ich gestern im Zoo war und das Aquarium inspiziert habe … und daß als nächstes schon der Botanische Garten auf dem Programm steht? Ich wußte nichts, worüber ich von mir erzählen konnte. Weil aber gerade junge Leute sozusagen ›an die Front‹ wollen, suchte ich für gewöhnlich jeden Freitag meinen Chef heim und bat ihn immer und immer wieder: »Geben Sie mir eine Chance. Schikken Sie mich auch los. Lassen Sie mich mal an ein Geschäft heran.« Ich löcherte ihn damit so lange, bis er endlich grunzte: »Okay, Cohen — ich werde Sie mal nach Tokio schicken und dort können Sie mit den Japanern verhandeln.«
Ich war überglücklich. Völlig aufgekratzt sagte ich zu mir selber: »Das ist der so lange herbeigesehnte Augenblick! Der Ruf des Schicksals! Ich werde den Japanern eins auswischen, und dann kommt die übrige Gesellschaft in der ganzen Welt dran!«
Eine Woche später saß ich im Flugzeug auf dem Weg nach Tokio. Vierzehn Tage sollten die Verhandlungen dauern. Ich hatte mir all diese Bücher über die Mentalität der Japaner und über ihre Psychologie vorgenommen. Und ich sagte mir immer wieder: »Es wird mir schon gelingen.«
Als die Maschine in Tokio landete, war ich sogar, welch seltene Gelegenheit, der erste Passagier, der die Gangway hinuntersteigen durfte. Unten standen zwei Japaner und erwarteten mich mit höflichen Verbeugungen. Mir gefiel das.
Die beiden halfen mir durch den Zoll, begleiteten mich zu einer großen Limousine. Ich ließ mich gemächlich in die Polster

des Rücksitzes fallen, machte es mir gemütlich, während die Japaner sich steif auf den beiden gegenüberliegenden Klappsitzen niederließen. Worauf ich Ihnen großzügig anbot: »Warum setzen Sie sich nicht zu mir, meine Herren? Es ist Platz genug hier hinten.«

Sie erwiderten: »O nein — Sie sind ein wichtiger Mann. Sie brauchen Ihre Ruhe.« Auch das gefiel mir.

Als die Limousine die Straßen entlangrollte, fragte mich einer meiner Gastgeber: »Übrigens, beherrschen Sie die Sprache?«

Ich fragte zurück: »Sie meinen Japanisch?«

Er sagte: »Ja, unsere Sprache.«

Ich antwortete: »Das nicht, aber ich hoffe, hier ein paar Sätze zu lernen. Außerdem habe ich ein Wörterbuch bei mir.« Sein Begleiter fragte: »Haben Sie sich schon darum gekümmert, daß Sie Ihre Maschine für den Rückflug pünktlich bekommen?« (Bis zu diesem Augenblick hatte ich das noch nicht getan.) »Wir können diese Limousine für Sie bereitstellen. Sie wird Sie zum Flughafen fahren.«

Ich dachte bei mir: »Wie aufmerksam.«

Ich griff in meine Tasche, reichte ihnen mein Flugticket, so daß sie dem Fahrer sagen konnten, wann ich den Wagen wieder brauchte. Ich habe damals nicht bemerkt, was sie damit gleichzeitig erfuhren: wo meine ›Deadline‹ lag — während ich ihre eigene nicht kannte.

Anstatt nun gleich mit den Verhandlungen zu beginnen, ließen sie mich erst einmal erfahren, was japanische Kultur und Gastfreundschaft bedeuten. Über eine Woche lang fuhr ich kreuz und quer durchs Land, vom Kaiserpalast bis zu den Heiligtümern von Kyoto. Und dann schrieben sie mich sogar für einen englischsprachigen Kurs in Zen-Buddhismus ein, damit ich auch etwas von ihrer Religion erfuhr.

Jeden Abend mußte ich viereinhalb Stunden lang auf einem Polster auf dem Fußboden hocken und das traditionelle Abendessen nebst Unterhaltung genießen. Können Sie sich vorstellen, was es bedeutet, diese vielen Stunden am Boden zu hocken? Und immer, wenn ich nachfragte, wann wir denn endlich mit den Verhandlungen beginnen würden, murmelten sie: »Viel Zeit! Viel Zeit!«

Am zwölften Tag meines Aufenthaltes fingen wir endlich an, über die Geschäfte zu reden, machten aber noch früh genug Schluß, um eine Partie Golf spielen zu können. Am nächsten Tag ging es weiter, aber auch da beendeten wir die Gespräche schon bald, weil das Abschiedsessen anstand. Am Morgen des vierzehnten Tages resümierten wir endlich ernsthaft, wie weit wir gekommen waren. Gerade als wir am entscheidenden Punkt angekommen waren, fuhr die Limousine vor, um mich zum Flughafen zu transportieren. Wir sprangen hinein und beredeten den Rest während der Fahrt. Gerade als der Wagen vor dem Abfluggebäude stoppte, waren wir soweit, den Handel abzuschließen.

Wie gut bin ich Ihrer Meinung nach aus den Verhandlungen herausgekommen? Noch Jahre später pflegten meine Vorgesetzten zu spotten: »Der erste große japanische Sieg seit Pearl Harbor.«

Wie kam das Debakel zustande? Meine Gastgeber kannten meine ›Deadline‹, während ich ihre nicht kannte. Sie hielten sich zurück beim Anbieten von Konzessionen, weil sie richtig voraussetzten, daß ich es mir nicht leisten konnte, mit ganz leeren Händen nach Hause zu kommen. Außerdem schadete mir auch noch meine offen zur Schau gestellte Ungeduld, als der Abreisetermin näherrückte. So, als sei dieser Termin eine unumstößliche Sache oder als handle es sich um das letzte Flugzeug in meinem Leben, das mich wieder aus Tokio herausflöge.

Aber sogar die erfahrensten Unterhändler fallen bisweilen auf eine ähnliche Masche herein. Erinnern Sie sich zum Beispiel, wie die Situation aussah, als die Vereinigten Staaten damit begannen, sich aus dem Vietnam-Krieg zurückzuziehen?

Die Amerikaner hatten monatelang damit zu tun, die Nord-Vietnamesen überhaupt an den Verhandlungstisch zu bekommen. Monatelang direkte Appelle und Vermittlungsversuche, aber alle ohne Erfolg.

Und tatsächlich war es ja so, daß sie sagten: »Wir sind seit nunmehr genau 627 Jahren im Kriegszustand. Was macht es schon aus, wenn wir noch 128 Jahre kämpfen? In der Tat: ein 32 Jahre währender Krieg wie dieser hier, das ist für uns nur

eine Episode!« Das konnten die Amerikaner nicht glauben — 32 Jahre Krieg als Episode!
Meinten die Nord-Vietnamesen dies aber auch wörtlich? Natürlich nicht. Hatten sie auch eine ›Deadline‹? Gewiß; wie sie auch die Japaner hatten, mit denen ich in Tokio zu verhandeln hatte. Standen sie auch unter dem Druck, in dieser Phase den Konflikt schließlich zu beenden? Gewiß. Aber sie blufften weiter, weil sie wußten, daß die Amerikaner nicht zu einem endlosen Kampf in Südostasien bereit waren.
Nach Monaten weiterer Feindseligkeiten ließen sich die Nord-Vietnamesen schließlich erweichen. Gerade zum Beginn der Wahl eines neuen Präsidenten in Amerika erklärten sie sich zu Friedensgesprächen in Paris bereit. Die Vereinigten Staaten entsandten umgehend Averell Harriman als ihren Chefdelegierten in die französische Hauptstadt, und dieser mietete sich — von Woche zu Woche neu — im Hotel Ritz am Place Vendôme im Zentrum der Stadt ein.
Erinnern Sie sich noch, was die Nord-Vietnamesen taten? Sie mieteten nach einigen Tagen eine Villa vor den Toren von Paris, und zwar für zweieinhalb Jahre. Sind Sie der Meinung, daß diese Einstellung der Nord-Vietnamesen zum Problem der Zeit, später etwa noch erweitert durch die endlosen Dispute über die Form des Tisches, an dem die Verhandlungsdelegationen sitzen sollten, einen Einfluß auf das Ergebnis der Verhandlungen gehabt hat? Ich meine nachdrücklich: Ja. Im Rückblick können wir uns nun erklären, warum die Pariser Friedensverträge den Krieg niemals wirklich erfolgreich beenden konnten — wenigstens, was die amerikanischen Intentionen anging.
Trotzdem die Nord-Vietnamesen den Anschein erweckten, als würden sie sich nicht im geringsten um die Zeit scheren, hatten auch sie ihre ›Deadline‹. Nehmen Sie es mir einfach im besten Vertrauen ab: Die andere Seite — *jede* andere Seite — hat ihre ›Deadline‹, und zwar *ausnahmslos.* Stünden Ihre Gegenspieler nie unter dem Druck, über etwas verhandeln zu müssen, dann würden Sie Ihnen ja nie begegnen. Doch hin und wieder werden Sie bemerken, wie die Gegenseite anfängt, sich betont nonchalant zu geben — und das ist eine sehr wir-

kungsvolle Methode. Jedenfalls ist sie dann wirkungsvoll, wenn Sie selbst unter zeitlichen Druck geraten, der Ihnen stets größer zu sein scheint als der der Gegenseite. Das gilt für jede Art von Begegnungen, in denen etwas verhandelt wird.

Erinnern Sie sich an den Kühlschrank-Verkäufer in unserem Kaufhaus-Beispiel, der immer mal wieder vorbeikam und Sie freundlich fragte: »Nun, sind Sie schon zu einer Entscheidung gekommen?« Dabei mag es sein, daß sich hinter dieser ruhig-höflichen Fassade ein durchaus ängstlicher Mann verbirgt, dem sein Chef noch am Morgen gedroht hat: »Wenn Sie heute keinen Kühlschrank an den Mann bringen; sitzen Sie morgen vor der Tür und schnappen nach Luft!«

Es gibt noch einen weiteren Glaubenssatz, den Sie sich hinter den Spiegel stecken können: ›Deadlines‹ — ob Ihre eigenen oder die der anderen — sind flexibler als Sie glauben. Wer setzt Ihnen die Grenzen? Wer drückt sie Ihnen auf? Im Grunde tun Sie das nur selbst, und zwar in einem Vorgang, den man Selbstdiziplin, Zeiteinteilung oder Terminierung nennt. Ihr Chef, die Regierung, ein Kunde oder eines Ihrer Familienmitglieder mögen zwar damit zu tun haben, *aber in erster Linie machen Sie sich Ihre ›Deadlines‹ selbst.*

Weil dies der Fall ist, sollten Sie niemals blind dem Diktat einer ›Deadline‹ folgen. Ich meine damit natürlich nicht, daß Sie sie völlig ignorieren sollten. Aber Sie sollten sie analysieren. Da sie ein Produkt von Verhandlungen sind, sind sie auch aushandelbar.

Fragen Sie sich stets: »Was könnte passieren, wenn ich die Deadline überschreite? Wie sicher ist es dann, daß mir daraus ein Schaden entsteht? Wie groß wird die ›Strafe‹ sein, die ich dafür kassiere? Kurz: Welches Ausmaß hat das Risiko, auf das ich mich einlasse?«

Zum Beispiel ist es in den Vereinigten Staaten allgemein bekannt, daß die Deadline für die Abgabe der Einkommensteuererklärung der 15. April ist. Aber was passiert, wenn Sie sich verspäten? Wird dann jemand, mit einem Gewehr bewaffnet, an Ihre Tür klopfen und Sie in den Schuldturm werfen? Wohl kaum. Beim Analysieren der Deadline wäre wohl eher die Frage maßgebend, ob das Finanzamt nun Ihnen Geld schuldet oder umgekehrt Sie mit dem Nachzahlen an der Reihe sind. Sollten Sie auf der Schuldnerliste stehen und dies mit einem auch noch ansehnlichen Betrag, dann wird die Finanzbehörde Ihre Säumigkeit bald ahnden, und zwar durch einen Säumniszuschlag, der sich nach der geschuldeten Summe richtet. Aber bei einem Vergleich zwischen der Höhe des Säumniszuschlages und der Höhe der Zinsen, die Sie einer Bank für den Kredit zahlen müßten, den Sie aufnehmen würden, um Ihre Steuerschulden begleichen zu können, stellt sich vielleicht unter dem Strich heraus, daß die Bedingungen der Finanzbehörde günstiger sind.

Die Frage müßte also demnach lauten: »Wen lassen Sie jetzt ein Geschäft mit sich machen — die Bank zu einem hohen Zinssatz oder das Finanzamt zu einem günstigeren?« Ich für meine Person sage da nur: »Das Finanzamt.«

Was passiert indessen, wenn das Finanzamt Ihnen eigentlich eine Steuersumme erstatten müßte, Sie aber Ihre Erklärung zu spät abgeben? Sie müssen in dem Fall wahrscheinlich ein wenig länger auf die Erstattung warten, aber, eine Strafe gibt es nicht dafür. Im Gegenteil, das Finanzamt ist glücklich, daß Sie ihm ein wenig Luft lassen. Aber es gibt natürlich Leute, die eine Rückerstattung zu erwarten haben und sich selbst aufs Kreuz legen, indem sie alles daran setzen, den magischen Poststempel vom 15. April zu ergattern. Manche von ihnen verpatzen dabei ihre gesamten Berechnungen, nur um den Termin zu schaffen, und die Folge dieser Hast ist dann oft eine kostenintensive und zeitraubende Nachprüfung.

Fragen Sie sich also selbst: »Wenn der Staat mir sowieso Geld schuldet, warum soll ich dann noch rennen?« Und sagen Sie sich: »Ich werde in aller Ruhe meine Erklärung aufstellen, alle Zahlen doppelt und dreifach kontrollieren und das ganze dann auf die Post geben, wenn es mir paßt.«

Wie wir gesehen haben, kann die Art, wie wir die Zeitfrage betrachten und einsetzen, entscheidenden Einfluß auf den angestrebten Erfolg haben. Termine können sogar eine Geschäftsbeziehung direkt beeinflussen. Die verspätete Ankunft bei einem Treffen kann als Vertrauensbeweis, aber auch als eine Form von Feindseligkeit angesehen werden, während eine zu frühe Ankunft als eine gewisse Angst oder ein Mangel an Selbstvertrauen bei den anderen gelten kann. Der Zeitfaktor kann also sowohl die eine als auch die andere Seite begünstigen, je nach den Umständen. Ungeachtet dieser zusätzlichen Interpretationsmöglichkeiten, die das Klima von Verhandlungen beeinflussen können, gibt es in diesem Zusammenhang ein paar Beobachtungen, die es wert sind, noch einmal zusammenfassend wiederholt zu werden:

1. Da die meisten Konzessionen im Verhalten als auch in den Abmachungen direkt an oder bereits jenseits der Deadline gemacht werden, sollten Sie sich in Geduld fassen. Will man Stärke beweisen, muß man oft über die Fähigkeit verfügen, die Spannung ohne Kampf oder Flucht zu ertragen. Lernen Sie auch, Ihre ganz automatischen spontanen Verteidigungs- und Abwehrmechanismen unter Kontrolle zu halten. Bleiben Sie ruhig, aber seien Sie bereit, zuzupakken, wenn der richtige Augenblick zum Handeln gekommen ist. Als Grundregel kann gelten: Geduld zahlt sich aus. Es kann wirklich sein, daß das einzige, was zu tun ist, wenn Sie nicht wissen, was Sie tun sollen, eben die Tatsache ist, daß Sie nichts tun.
2. In einer Verhandlung, wo es um deutliche Gegensätze geht, besteht die beste Strategie darin, der anderen Seite nicht zu verraten, wo Ihre Deadline ist. Behalten Sie stets im Gedächtnis, daß die Deadlines selbst Produkt einer Verhandlung sind und damit weit flexibler zu handhaben, als die meisten Leute wissen. Unterwerfen Sie sich niemals blind einer Deadline, sondern arbeiten Sie die Vorzüge und Nachteile heraus, die sich ergeben, wenn Sie an der Deadline haltmachen oder sie überschreiten.
3. Die andere Seite hat auch, so kühl und überlegen sie sich geben mag, ihre Grenze. Meistens verbirgt sich hinter den nach außen getragenen Mienen von Ruhe und Gelassenheit ein gutes Stück Streß.
4. Ganz plötzlich handeln sollten Sie nur dann, wenn Sie völlig sicher sind, daß das für Sie von Vorteil ist. Im allgemeinen können Sie auf die schnelle nicht unbedingt das beste

Ergebnis erzielen. Meistens braucht man dazu Zeit und Beharrlichkeit. Sehr oft geschieht es, daß Sie bei der Annäherung an die Deadline plötzlich ein Stück zusätzlicher Energie freimachen, das zu einer schöpferischen Lösung führt oder sogar zu einer Wendung im Verhalten Ihres Gegenübers. Die Leute dürften sich im Laufe einer Verhandlung und im Laufe der Zeit nicht unbedingt verändern, wohl aber die Umstände.

Und nun zum dritten Faktor, ohne den eine erfolgreiche Verhandlung nicht denkbar ist: die *Information.*

Einige spüren den Regen;
andere werden nur naß.

ROGER MILLER

6. Information

Informiert zu sein, ist der Kern der Sache. Es kann einem die Tür zum Erfolg öffnen. Es hat Einfluß auf unsere Einschätzung der Wirklichkeit und auf die Entscheidungen, die wir treffen. Wie aber kann es uns passieren, daß wir nicht entsprechend informiert sind? Weil wir dazu neigen, unsere Begegnungen mit anderen Leuten und unsere Verhandlungen mit ihnen als ein vorübergehendes Ereignis anzusehen. Wir setzen selten voraus, daß wir Information brauchen, bevor wir in eine Krise geraten, bevor es sozusagen ›brennt‹, woraus wiederum ein ganzer Sturzbach von verwirrenden Konsequenzen entstehen kann.

Erst im Notfall und unter dem Druck einer ›Deadline‹ lassen wir uns gewöhnlich aufs Handeln und Verhandeln ein. Plötzlich stehen wir dann im Büro des Chefs, schreiten zum Kauf eines Autos oder eines Kühlschranks. Daß man in solchen Fällen dann über ein gewisses Maß an Information verfügt, ist gar nicht selbstverständlich, und Informationen zu bekommen, ist äußerst schwierig.

Als wir die *Zeit*-Frage diskutierten, konnten wir sehen, daß das Ende einer Verhandlung flexibler angesetzt werden kann als die meisten Leute wissen. Ähnlich sieht es mit dem Punkt aus, an dem ein Handel im engeren Sinne tatsächlich beginnt. Ihm gehen zumeist Wochen oder sogar Monate des gegenseitigen ›Beschnüffelns‹ voraus. Während Sie dieses Buch lesen, befinden Sie sich sozusagen schon auf der Vorbereitungsstufe für viele Verhandlungen, die in allernächster Zeit noch gar nicht stattfinden werden.

Daraus folgt aber, daß jegliche Verhandlung — oder auch jede sinnvolle Interaktion — keineswegs ein *Ereignis* darstellt, sondern einen *Prozeß*. Wenn Sie diesen Vergleich erlauben: Eine

Verhandlung gleicht in ihrem Verlauf einer geistigen Erkrankung — hier wie dort gibt es keine präzisen Zeitverläufe. Wenn ein Psychiater zum Beispiel erklärt, daß er einen Patienten am Freitag, 6. Juni, um 16 Uhr krank angetroffen hat, bedeutet das ja nicht, daß er vorher oder nachher etwa gesund war. Vielmehr entwickeln sich bei einem Patienten die Symptome ganz allmählich und über eine lange Zeit, womit man bei einer geistigen Erkrankung für gewöhnlich von einem langen und ausgedehnten Prozeß reden kann.

Während der tatsächlich stattfindenden Verhandlung im engeren Sinne trifft man dann sehr häufig auf der einen oder gar auf beiden Seiten auf die verbreitete Strategie, daß die Beteiligten ihre wahren Interessen, Bedürfnisse und Vorlieben zu verheimlichen suchen. Sie gehen dabei von der Einsicht aus, daß informiert zu sein soviel bedeutet, wie Macht zu haben — ›Wissen ist Macht‹ —, vor allem dann, wenn man der Gegenseite unter Umständen nicht ganz trauen kann. Gewiefte Pferdehändler lassen einen Verkäufer zum Beispiel niemals wissen, für welche Rösser sie sich wirklich interessieren, weil sie wissen, daß dann deren Preis steigen würde. Natürlich wäre es für Sie andersherum nur von Vorteil, wenn Sie erführen, was die Gegenseite wirklich will, wo ihre Grenzen sind, wann sie ihre ›Deadline‹ erreichen wird. Aber Ihre Chancen, von einem erfahrenen Verhandlungspartner während der Verhandlung selbst — und wenn es um einiges geht — derartige Informationen zu erhalten, sind denkbar gering.

Wie kommt man indessen grundsätzlich an diese Informationen heran? Indem man zunächst einmal so früh anfängt, sie zu sammeln, wie nur möglich. Denn je früher man anfängt, desto leichter sind die Informationen zu bekommen. Sie sind leichter verfügbar, solange es noch nicht zu formellen Kontakten gekommen ist; während die Leute sozusagen den Vorhang gern herunterlassen, sobald sie sehen, daß das rote Lämpchen der auf sie gerichteten TV-Kamera aufleuchtet. Dann verändert sich ihre Haltung, sie gehen quasi in die Defensive, und ihre Bereitschaft, aus dem Nähkästchen zu plaudern, ist dahin.

Während der Periode des Informationen-Sammelns, bevor

die eigentlichen Verhandlungen beginnen, sollten Sie ganz ruhig und konsequent Ihre Nachforschungen anstellen. Treten Sie nicht auf wie der Großinquisitor persönlich, sondern recht bescheiden.

Es stimmt nicht, wie manche glauben, daß einem um so mehr Informationen zuteil werden, je forscher und unerschrockener man sich gibt. Das Gegenteil ist richtig: Je *konfuser* und *wehrloser* Sie erscheinen, desto eher ist man bereit, ihnen mit Informationen und Ratschlägen unter die Arme zu greifen: Lassen Sie also Ihren besten Anzug besser zu Hause bzw. vergessen Sie Ihr Make-up — ein oder zwei kleine Pickel im Gesicht können ganz hilfreich sein. Wenn Sie auf diese Art auftreten, werden Sie leichter in die Lage kommen, eher zuhören zu können als selbst reden zu müssen. Stellen Sie lieber, wenn Sie gefragt werden, Gegenfragen, statt zu antworten. Selbst dann, wenn Sie meinen, die Antwort zu wissen, sollten Sie weiter Gegenfragen stellen: Auf diese Weise können Sie die Glaubwürdigkeit der Gegenseite überprüfen.

Aus wessen Mund erfahren und sammeln Sie die Informationen, die Sie brauchen? Von jedem, der mit oder für die Person arbeitet, auf die Sie während der künftig anstehenden Verhandlungen treffen werden, oder der mit ihr in der Vergangenheit zusammengearbeitet hat. Dazu gehören Sekretärinnen, Sachbearbeiter, Ingenieure, Pförtner, Ehegatten, Techniker und frühere Kunden. Und die werden Ihnen entgegenkommen, wenn Sie sich ihnen auf eine Weise nähern, die sie nicht abschreckt.

In den vielen Jahren, in denen ich Verhandlungen zu führen hatte, haben mir die Leute immer wieder lohnende Dinge erzählt. Einen Sommer lang hatte ich einmal einen Job als Verkäufer, und da hörte ich zum Beispiel bei einem ganz informellen Gespräch von einem Werkmeister meines potentiellen Kunden die Bemerkung: »Ihr Produkt ist das einzige, das unsere Tests bestanden hat, und es entspricht genau unseren Ansprüchen.« Und dann sagte er noch: »Also, Mr. Cohen, wann werden wir die Verhandlungen abschließen? Wir haben bald nichts mehr am Lager!« Natürlich registrierte ich all diese Informationen sehr genau und kramte sie sofort wieder hervor,

als die endgültigen Gespräche mit dem offiziellen Einkäufer der Firma begannen.
In der alltäglichen Wirklichkeit werden Sie nicht immer solche Kontakte zu den Angestellten der anderen Seite knüpfen können. In solchen Fällen müssen Sie um so mehr telefonieren und mit Leuten reden, die bereits Erfahrungen mit dem avisierten Verhandlungspartner gemacht haben. Jeder wird sich ein paar davon gemerkt haben, und Sie können davon nur profitieren.
Eine andere Quelle, die Sie anzapfen können, ist natürlich auch Ihr Gegenspieler selbst. Vielleicht erfahren Sie von ihm etwas über Kosten- und Kalkulationsfragen. Wenn Sie — vor allem als Käufer — etwas über die Kostengestaltung des Verkäufers erfahren können, dann ist das ein für Sie kaum zu überschätzender Vorteil. Und diese Information ist nicht so schwer zu erhalten, wie Sie vielleicht meinen, denn vieles wird sogar offiziell veröffentlicht — in der einschlägigen Presse zum Beispiel. Auch Daten aus den Wirtschaftsministerien und Handelskammern etc. bieten hierzu durchaus wertvolle Unterlagen.
Und merken Sie sich: Was Sie wissen sollten, wenn Sie in eine Verhandlungsrunde gehen, sind die wirklichen Grenzen, die der anderen Seite gesetzt sind und die sie nicht zu überschreiten gedenkt. Je mehr Informationen Sie also über deren finanzielle Situation, Prioritäten, Kosten, wirkliche Bedürfnisse, Deadlines und sonstige geschäftliche Zwänge gesammelt bekommen, desto besser stehen Sie in der Verhandlung da. Und je früher Sie diese Daten zu sammeln beginnen, desto leichter werden Sie sie erhalten.
In den meisten Fällen gibt es natürlich mehr Methoden als die, den Bescheidenen zu spielen und um Hilfe zu bitten, wenn Sie Informationen bekommen wollen. Ein Grundsatz heißt: Sie müssen selbst auch Informationen liefern, wenn Sie welche erhalten wollen. Aus drei Gründen sollten Sie ausgewählte Informationen auch herausrücken:

1. Schon in der Bibel steht, daß Geben seliger sei als Nehmen.

2. Gescheite Leute werden kaum mit Ihnen reden, wenn sie nicht das Gefühl haben, daß die Risiken auf beiden Seiten etwa gleich verteilt sind. Sie werden Ihnen nichts Wesentliches mitteilen, wenn sie dafür nicht ein Äquivalent zurückerwarten können. Wenn Sie jemanden dazu überreden wollen, einen Schritt weiterzugehen, dann sollten Sie sich selbst ebenfalls bereit dafür zeigen. Das ist die Art, wie man die Risiken auf gleicher Ebene verteilt und damit gegenseitiges Vertrauen entwickelt.
3. Wenn Sie im schon fortgeschrittenen Stadium sorgfältig überlegte und überprüfte Informationen herausrücken, dann sollte das in der Hoffnung geschehen, daß die Gegenseite dadurch ihre Erwartungen zurückschraubt.

Der dritte Punkt ist besonders wichtig, und gemeint ist damit: Wenn Sie plötzlich während der Verhandlung einen ganz neuen Aspekt ins Spiel bringen, werden Sie als Reaktion die Bemerkung hören: »Auf keinen Fall — davon habe ich noch nie etwas gehört.«
Können Sie diesen ›Überraschungsangriff‹ nahe der Deadline Ihres Gegenübers placieren, dann haben Sie eine große Chance, die gesamte Verhandlung günstig zu beschließen. Wenn Sie den neuen Aspekt dagegen schon früh in der Anfangsphase erwähnen müssen, dann wiederholen Sie ihn zu verschiedenen Zeitpunkten noch einmal, so daß sich Ihr Gegenüber damit vertraut macht. »Ach ja, davon sprachen wir schon ...« Es braucht nämlich einige Zeit, bis sich eine neue Idee in den Köpfen ausbreiten kann. Wenn sie einem aber erst einmal vertraut ist, dann wird sie auch leichter akzeptiert.
Seien Sie also nicht überrascht, wenn Ihre neue Idee zunächst einmal auf Ablehnung stößt. »Nein« ist nur eine Reaktion, keine Position. Die Leute, die auf Ihren Vorschlag zunächst einmal negativ reagieren, brauchen einfach nur etwas Zeit, um ihn zu verarbeiten und auszuwerten, sich sozusagen an ihn zu gewöhnen. Wenn Sie nur genug Zeit vergehen lassen und ihn immer einmal wiederholen, dann läßt sich fast immer ein zuerst geäußertes »Nein« in ein »Vielleicht« und schließlich in ein »Ja« verwandeln. Planen Sie also genügend Zeit ein, um

Ihr Gegenüber mit weiteren passenden Informationen versehen zu können, die er bei seinem »Nein« noch nicht kannte, und Sie werden ihn dazu bringen, zu akzeptieren.
Ein Beispiel für diesen Vorgang bietet die erste Reaktion in der amerikanischen Öffentlichkeit auf die Anschuldigungen gegen Präsident Richard Nixon. Als sie zum erstenmal auftauchten, unternahm man eine Umfrage unter sechshundert US-Bürgern, die in etwa die Bandbreite der Wählerschaft widerspiegelten. 92 Prozent sprachen sich gegen die geäußerten Vermutungen aus: »Ich habe davon noch nie zuvor etwas gehört«, »Was soll das, es würde dem Amt des Präsidenten schaden«, und »Es wäre eine schlimme Hypothek für die künftigen Generationen«.
Drei Monate später wurde derselbe Personenkreis noch einmal befragt, und nun sprachen sich nurmehr 80 Prozent gegen die Behauptungen aus. Nach ein paar weiteren Monaten sank die Rate derer, die gegen die Anschuldigungen waren, auf 68 Prozent. Nach knapp einem Jahr hatte sich das Blatt gewendet: Nun standen 60 Prozent *hinter* den Vorwürfen.
Wie kam es dazu, daß die Befragten in so großer Zahl ihre Meinungen änderten? Offensichtlich gab es zwei Gründe:

1. Sie hatten weitere Informationen bekommen.
2. Sie hatten sich an etwas gewöhnt, was ihnen zunächst sehr neu und unglaubwürdig vorgekommen war.

Merken Sie sich also, daß Veränderungen und neue Ideen erst dann akzeptabel werden, wenn sie einem in mundgerechten Bissen serviert werden. Das sollten Sie immer im Auge behalten, wenn Sie versuchen, den Blickwinkel eines Gesprächspartners zu verändern, sein Denken, sein Verständnis von einer Sache und seine Erwartungen zu beeinflussen. Die meisten Menschen finden es eben leichter und bequemer, in den gewohnten Geleisen zu fahren. Aus dem einen ausgefahrenen Geleise in ein neues zu springen, darf nicht als Belästigung empfunden werden, das ist der einzige Unterschied. Nur mit Hilfe von Ausdauer wird sich Ihnen die Hoffnung erfüllen, Ihre Partner an Veränderungen zu gewöhnen und sie Ihren Zielen zugänglich zu machen.

Sind Sie dann in die endgültigen Verhandlungen eingetreten, müssen Sie selbst sehr diszipliniert auftreten, und zwar vor allem, was die erfolgreiche Technik des Zuhörens angeht. Wenn Sie sich genau auf das konzentrieren, was vor sich geht, dann können Sie eine ganze Menge über die Gefühle der anderen Seite erfahren, über ihre Motive und ihre wirklichen Bedürfnisse. Natürlich ist mit dem aufmerksamen Zuhören und Beobachten nicht nur das direkt Gesagte gemeint, sondern auch das, was sonst passiert. Die Leute zögern zum Beispiel, ganz offen und direkt zu lügen, aber vielen macht es nichts aus, die Dinge etwas zu ›frisieren‹, Ausflüchte zu machen und zu mogeln. Wenn Sie merken, daß sich einer auf Allgemeinplätze begibt, dann haken Sie nach und fragen Sie nach Einzelheiten, um sich Klarheit darüber zu verschaffen, was gemeint ist.
Solche Fingerzeige zu erhalten und zu interpretieren, ist in den letzten Jahren sehr populär geworden. Sie werden ja sozusagen unfreiwillig und indirekt gegeben und lassen darauf schließen, daß einer Zweideutiges sagt und seine Worte daher der Interpretation bedürfen. Im wesentlichen lassen sie sich drei Grundkategorien zuordnen:

1. *Unbeabsichtigte Hinweise.* Durch Verhalten oder Worte überträgt sich unbeabsichtigt eine Botschaft auf den Gesprächspartner (denken Sie zum Beispiel an den Freudschen Versprecher).
2. *Verbale Anhaltspunkte.* Die Stimmlage oder der Nachdruck, den jemand auf ein Wort legt, können manchmal das, was wirklich gesagt wird, Lügen strafen.
3. *Fingerzeige aus dem Gesamtverhalten.* Es gibt so etwas wie eine ›Körpersprache‹, die sich ausdrückt in der Haltung, im Mienenspiel, in den Blicken, in den Gesten sowie darin, wo sich jemand an einem Konferenztisch niedersetzt, wer wen heimlich mal in die Rippen stößt, wer wen mit Schulterklopfen begrüßt (wobei, jedenfalls in unserem Kulturraum, derjenige, der klopft, wahrscheinlich stärker ist als der Geklopfte).

Um Ihnen noch ein wenig genauer zu erklären, was wir unter interpretierbaren Verhaltensmerkmalen oder ›nicht-verbalen

Ausstrahlungen‹ verstehen, lassen Sie mich folgende Szene schildern. Ein Ehemann hat sich für längere Zeit auf einer Geschäftsreise befunden. Er hat unterwegs ein asketisches Leben geführt und sich in seinem Inneren um so mehr wieder nach Hause gesehnt. Als er nun endlich auf sein Haus zugeht, den Koffer in der Hand, fällt ihm auf, daß drinnen nur gedämpftes Licht herrscht. Er kommt näher und hört gedämpfte Musik. Voll ängstlicher Neugier beschleunigt er seine Schritte. Dann sieht er eine Frau, und er erkennt, daß es seine Frau ist, die da im durchsichtigen Kleid im Flur steht, in jeder Hand einen Martini.

Er ruft zu ihr hinüber: »Wo sind die Kinder?«

Sie antwortet: »Die werden erst in ein paar Stunden zu Hause sein.« Nun frage ich Sie: Ist das ein Fingerzeig oder ist das keiner? Manche werden vielleicht sogar auf die Idee kommen, daß der Mann vor dem falschen Haus steht!

Der springende Punkt ist, daß wir alle in einer Welt leben, in der nicht-verbale Signale gesendet und empfangen werden. Wie zeigt eine Frau ihrem Mann, daß dies heute *der* Abend ist, obwohl es normalerweise ein anderer ist? Schreibt sie ihm das vorher ins Notizbuch? (Umgekehrt kommt es aber wohl häufiger vor: wie zeigt eine Frau ihrem Mann, daß es heute nicht *der* Abend ist, obwohl es normalerweise *der* ist?) Von Kindheit an haben wir gelernt, unsere Bedürfnisse, Vorlieben und Abneigungen anderen gegenüber auch ohne Worte auszudrücken. Diese Fähigkeit sitzt tief in uns, und sie nimmt die verschiedensten Formen an — sei es in einer hochgezogenen Augenbraue, sei es in einem Lächeln, einer Berührung, einem finsteren Blick, einem Wink oder in einem kurzen Zögern und dem Herstellen eines Blickkontaktes während eines Gesprächs. All dies sind Ausdrucksweisen unseres Verhaltens, eine Art Körpersprache. Von dieser Kunst des Sendens und Entschlüsselns nicht-verbaler Signale und Botschaften zeigen sich immer mehr Leute fasziniert — was sich schon an der wachsenden Zahl von Artikeln und Büchern zu diesem Thema zeigt. Aber wenn auch die Interpretation der Körpersprache großenteils auf der Hand liegt, so besteht doch die Gefahr, aus einer bestimmten Geste vorschnell allzuviel heraus-

zulesen. Man muß also immer die gesamten Umstände mitberücksichtigen.
Für die ganz augenfällige Interpretation einer Situation folgendes Beispiel: Weil Sie plötzlich einen unerwarteten Auftrag in der Frühe zu erledigen hatten, kommen Sie zu spät zur Arbeit. Atemlos stürzen Sie in Ihr Büro und sehen Ihren Chef an Ihrem Schreibtisch sitzen. Als Sie vor ihm stehen, lehnt er sich im Stuhl zurück, verschränkt die Hände hinter dem Kopf und spreizt die Ellbogen zur Seite. Die Augen auf die Uhr an der Wand gerichtet, läßt er die Bemerkung fallen: »Wissen Sie, wie spät es ist?« Da wir annehmen können, daß Ihr Chef die Uhrzeit selbst richtig abzulesen weiß, brauchen Sie wohl kein Experte zu sein, um zu wissen, wie seine Frage gemeint ist.
Um jede Körpergeste einzuordnen und ihr eine Bedeutung geben zu können, mag folgendes Beispiel hilfreich sein: Nehmen wir an, Sie wollen mir eine Dienstleistung oder ein Produkt verkaufen, und mitten im Gespräch fange ich an, mit Daumen und Zeigefinger an meinem Kinn entlangzustreichen. Was bedeutet das? Bin ich nun entschlossen, zu kaufen oder nicht? Ich glaube nicht, daß irgend jemand weiß, was damit gemeint ist. Nicht einmal Sigmund Freud hätte es definitiv sagen können. Denn es kann ja bedeuten, daß ich dort einen Pickel habe, daß ich mich beim Rasieren geschnitten habe, daß ich mein Doppelkinn zu verbergen versuche oder daß es sich nur um eine nervöse Bewegung handelt, derer ich mir gar nicht bewußt bin.
Wenn ich damit auch sagen will, daß der Versuch, eine einzelne Geste für sich zu interpretieren, reine Zeitverschwendung ist, so ist es doch wichtig, ein Gefühl dafür zu entwickeln, was in der nicht-verbalen Kommunikation wirklich vor sich geht. Es gibt Leute, die das Beachten nicht-verbaler Ausstrahlungen ganz verrückt macht, und wieder andere, die es sich darin zu einfach machen. Sie glauben nur, was sie tatsächlich sehen und hören können. Sie wollen immer alles aufgeschrieben haben, und nur, was Schwarz auf Weiß dasteht, gilt. Wenn solche Menschen quasi die ›Schriftzeichen an der Wand‹ sehen, dann lesen sie keineswegs die Botschaft, sondern wollen wissen, wer es geschrieben hat. Um ein Aperçu von H. L. Mencken

abzuwandeln: Ein Mensch, der alles ganz wörtlich nimmt, ist einer, der merkt, daß eine Rose besser riecht als ein Kohlkopf, und deshalb auch meint, sie gebe eine bessere Suppe ab. Wenn Sie verhandeln, müssen Sie sehr aufmerksam die nichtverbalen Faktoren in einem Gespräch beobachten. Wie schon der hl. Paulus sagte: »Ein Buchstabe kann töten, nur der Geist gibt Leben.« Zwingen Sie sich also während einer Verhandlung dazu, sozusagen einen Schritt zurückzutreten, damit Sie mit Ihrem ›dritten Ohr‹ hinhören und mit Ihrem ›dritten Auge‹ hinsehen können. Diese Loslösung vom Objekt versetzt Sie in die Lage, die Worte in ihrem besseren, nichtverbalen Kontext zu hören. Sie können das Muster erkennen, auf dem Ihr Gegenüber aufbaut. Diese Fingerzeige aus dem Verhalten Ihres Verhandlungspartners sind deswegen für Sie bedeutend, weil sie mit seiner Strategie insgesamt gesehen etwas zu tun haben. Sie zeigen ihnen die Richtung an, in die sich die Verhandlung bewegt.

Um Ihnen vorzuführen, wie wichtig Fingerzeige sein können, wenn man sie als Teil eines Gesamtmusters sieht, möchte ich Ihnen einen Fall schildern. Nehmen wir an, Sie wollen Ihrem Chef eine Idee verkaufen. Als Sie mit Ihren Erklärungen beginnen, beobachten Sie, wie Ihr Chef aus dem Fenster auf ein Telefonhäuschen starrt. Daraus allein läßt sich an und für sich noch nichts schließen, denn es kann vielerlei bedeuten — wie bei meinem Beispiel vom Kinnreiben. Sie fahren in Ihrem Vortrag unbeirrt fort. Jetzt lehnt sich der Chef in seinem Sessel zurück, hält die Fingerspitzen beider Hände gegeneinander und schaut durch sie zu Ihnen hindurch. Das ist ein weiterer Hinweis. Zusammen mit dem ersten kann er nun aber schon von Bedeutung sein. Sie machen trotzdem weiter. Der Chef fängt nun an, mit dem linken Zeigefinger auf seine Schreibtischplatte zu trommeln. Das wäre Hinweis Nummer drei, mit dessen Hilfe Sie nun schon ein Muster entwerfen können. Meint das Fingerklopfen: »Weiter so! Mir gefällt, was Sie da erzählen!«? Wohl kaum. Aber ganz wörtlich dürfen Sie es auch nicht nehmen, denn dann würden Sie vielleicht feststellen, daß Ihr Chef nichts anderes tut, als einen lateinamerikanischen Rhythmus auf die Platte zu trommeln.

Schließlich steht Ihr Chef auf, legt seinen Arm um Ihre Schultern und geleitet Sie langsam zur Tür. Das wäre noch ein Hinweis, und wenn Sie nur halbwegs auf das achten, was um Sie herum vor sich geht, dann ist sonnenklar, wie die Sache läuft. (Einer, der's wieder nur wörtlich nähme, würde sich wahrscheinlich fragen: »Was ist los? Warum dieser plötzliche Aufbruch? Was hat dieser Mensch mit mir vor?«) Aber ich kann nur hoffen, daß Sie zu dieser Spezies nicht gehören. Jedenfalls ist Ihr Chef inzwischen mit Ihnen an der Tür angelangt, sein Gesicht zeigt eine undurchdringliche Miene und er nickt kurz zum Abschied. – Ich übertreibe hier natürlich deutlich, aber ich möchte damit nur hervorheben, was für ein großer Vorteil es für Sie ist, wenn Sie einzelne Fingerzeige aufnehmen und deuten können, denn Sie gehören zu einem ganzen Bündel von Hinweisen, die es Ihnen erlauben, Ihre Fortschritte genau zu kontrollieren. Entwickelt sich die Sache dann nicht nach Ihren Vorstellungen, so können Sie die restliche Zeit (bevor Sie zur Tür hinausgehen) dazu nutzen, die noch notwendigen Vorkehrungen zu treffen.

Wie können wir all diese Erkenntnisse nun auf die konkrete Verhandlungssituation anwenden? Die Schlüsselinformation, die jeder Verhandlungspartner über den anderen haben möchte, liegt in der Frage, wo die jeweiligen Grenzen der Gegenseite liegen oder wieviel sie zu opfern bereit ist, um den Handel abzuschließen. Mit anderen Worten: Wie hoch liegt der niedrigste Preis, zu dem der Verkäufer seine Ware abzugeben bereit ist, bzw. was ist der höchste Preis, den der Käufer im äußersten Fall zahlen wird? Häufig kann man das dadurch herausfinden, daß man genau die Art verfolgt, nach der die Gegenseite Zug um Zug ihre Konzessionen macht und wie sie sich dabei verhält.

Nehmen wir zum Beispiel an, ich verhandle mit Ihnen über den Kauf einer teuren Stereoanlage, die auf dem neuesten Stand der Technologie ist. Ich habe nun 1500 Dollar in der Tasche. Weil das Produkt so neu ist, möchten Sie als Verkäufer natürlich gern so viel wie möglich dafür herausholen, um zu testen, wie hoch der Bedarf der Kunden für dieses ausgeklügelte Spitzenmodell ist.

Wenn nun mein erstes Angebot bei 1000 Dollar liegt und mein zweites bei 1400, wieviel habe ich Ihrer Einschätzung nach dann wirklich in der Tasche? Falls unsere Beziehung zueinander nicht gerade von großem Vertrauen geprägt ist, dann werden Sie annehmen, daß ich 1600, 1800 oder sogar 2000 Dollar in meinem Budget eingeplant habe. Warum? Weil der Sprung von 1000 auf 1400 Dollar so groß war und so schnell vor sich ging, daß Sie wahrscheinlich erwarten, daß ich mehr als nur 1500 Dollar zur Verfügung habe. Selbst wenn ich schwören sollte, daß ich nur 1500 Dollar habe, wären Sie nur ungern bereit, das tatsächlich zu akzeptieren. Und das hat seinen Grund, denn wir alle neigen dazu, die Proteste und Beteuerungen der anderen Seite zu ignorieren. Unsere Erfahrung lehrt uns, daß die jeweiligen Schritte, die man in seinem Entgegenkommen zeigt, der genaueste Maßstab für die wahren Grenzen sind, denen sich einer ausgesetzt sieht.

Entsprechend betrachten Sie mich, wenn die Verhandlungen eine Art Wettbewerb sind, als einen Widersacher, und wenn ich zu einem Ergebnis kommen will, dann muß ich dieses Spiel mitspielen.

In solch einem Verhandlungsklima würde ich Sie folgendermaßen wissen lassen, daß 1500 Dollar meine Obergrenze sind: Ich biete zuerst einmal 900 Dollar, was Sie natürlich ablehnen. Mein nächstes Angebot geht auf 1200 Dollar. Dann lasse ich mich auf 1350 Dollar hinaufdrücken und schließlich, nach einigem Zögern, auf 1425 Dollar. Der nächste Schritt kommt noch zögernder: 1433,62 Dollar. Auf diese Weise ist es leichter, Sie glauben zu lassen, daß ich nicht mehr als 1500 Dollar zur Verfügung habe, und zwar, weil ich in immer kleineren Schritten nach oben gegangen bin, statt mit einem Satz. Dieses Spiel müssen Sie spielen können.

Es mag natürlich auch der eine oder andere unter Ihnen sein, der sich weigert, in solchen Dingen wie ein Spieler aufzutreten, und statt dessen sagt: »Warum sollte ich nicht gerade heraus sagen, wie es ist?« Das ist gewiß Ihr gutes Recht, aber bedenken Sie: *Wenn Sie in einer Wettbewerbssituation zu einem von beiden Seiten akzeptierten Ergebnis kommen wollen, dann müssen Sie das Spiel mitspielen.* Wollen Sie das nicht tun,

dann haben Sie nur die eine Alternative: Verändern Sie grundsätzlich das Klima in den Beziehungen der Menschen untereinander, bauen Sie Vertrauen zwischen uns auf. In dem Maße, wie Sie hierbei Erfolg haben, können Sie Wettbewerb und Spiel zurückdrängen. Mir geht es lediglich darum, daß Sie Ihre Realität so nehmen, wie Sie sie derzeit tatsächlich vorfinden, und erkennen, daß Sie in Übereinstimmung mit dieser Wirklichkeit handeln müssen. Ich muß daher den Satz noch einmal wiederholen: Wenn Sie in einer Wettbewerbssituation zu einem von beiden Seiten akzeptierten Ergebnis kommen wollen, dann müssen Sie das Spiel mitspielen.
Ich habe einmal eine amüsante Erfahrung mit jemandem gemacht, der sich dem Spiel ums Geld verweigerte. Es handelt sich um einen Nachbarn von mir, einen Arzt, der in jeder Hinsicht etwas von seinem Beruf verstand. (Und dazu gehörte auch die Eigenschaft, nicht schlecht zu verdienen, ohne daß man ein Wort darüber verliert.) Als nun sein Haus bei einem Sturm beschädigt wurde, kam er zu mir herüber: »Herb, können Sie mir einen Gefallen tun? Da kommt jetzt ein Experte, um mit mir über die Regulierung des Schadens, also über Geld zu verhandeln. Sie haben doch täglich mit solchen Dingen zu tun. Könnten Sie nicht stellvertretend für mich mit ihm reden?«
Ich sagte: »Sicher, das mache ich gern. Wieviel soll ich denn für Sie herausholen!«
Er antwortete: »Sehen Sie zu, ob die Versicherungsgesellschaft 300 Dollar lockermacht.«
Ich nickte, und dann fragte ich ihn: »Wieviel hat der Sturm Sie denn wirklich gekostet?«
»Ich habe mehr als 300 Dollar verloren — ganz sicher!«
»Also gut, was halten Sie davon, wenn ich 350 Dollar heraushole?«
»Oh, das wäre fantastisch!«
Damit hatte ich ihn erst einmal auf die Absicht festgelegt, sich von seinen Ansprüchen nicht von vornherein etwas herunterhandeln zu lassen.
Eine halbe Stunde später kam der Sachverständige von der Versicherung und läutete an meiner Tür. Nachdem ich ihn in

mein Wohnzimmer gebeten hatte, öffnete er sein Diplomatenköfferchen und sagte: »Mr. Cohen, ich weiß, daß ein Mann wie Sie es gewohnt ist, über große Beträge zu verhandeln. Aber ich fürchte, mir steht in diesem Fall nicht viel zur Verfügung. Was würden Sie zu einem *ersten Angebot* von *nur* 100 Dollar sagen?«

Ich schwieg für einen Moment, gleichzeitig wurde ich auch sichtlich blaß. Denn ich bin, wenn es um ein erstes Angebot geht, grundsätzlich darauf programmiert und eingestellt, zunächst etwa so zu reagieren: »Sagen Sie, ist das Ihr Ernst? Das wollen Sie mir tatsächlich anbieten? Das ist unakzeptabel!« Denn schließlich habe ich von Kindesbeinen an gelernt, daß einem ersten Angebot stets ein zweites und vielleicht noch ein drittes folgt. Aber diesmal war der Einstieg anders: Er selbst benutzte zur Einschätzung seines Angebots das Wort ›nur‹, und das bedeutete doch, daß er selbst verlegen war, solch eine mickrige Summe nennen zu müssen. Wie sollte ich mich daher angesichts einer solchen Offerte verhalten?

Nachdem ich nur ungläubig geschnaubt hatte, murmelte der Versicherungsmann: »In Ordnung, tut mir leid. Vergessen Sie, was ich gesagt habe. Wie wäre es mit ein bißchen mehr, sagen wir 200 Dollar?«

Ich antwortete: »Ein bißchen mehr? Das ist längst nicht genug.«

Darauf er: »Also dann, was sagen Sie zu 300?«

Ich machte eine kleine Pause, und dann sagte ich: »300? Nun ja … ich weiß nicht.«

Er schluckte. »Okay, sagen wir 400.«

»400? Nun ja … ich weiß nicht.«

»Also gut, 500.«

»500? Nun ja … ich weiß nicht.«

»In Ordnung, sagen wir 600.«

Und jetzt frage ich Sie, was ich als nächstes geantwortet habe? Ganz richtig, Sie haben es erfaßt: »600? Nun ja … ich weiß nicht.« Warum ich immer dabei blieb, »nun ja … ich weiß nicht« zu sagen? Nun ja … ich weiß nicht, aber es lief doch ganz hervorragend. Ich fürchtete mich, etwas anderes zu sagen.

Wir einigten uns am Ende auf die erkleckliche Summe von 950 Dollar, und ich ging hinüber zu meinem Nachbarn, damit er das Papier unterzeichnete. Er begrüßte mich mit der Frage: »Wie ist es gelaufen?« Worauf mir nur einfiel: »Nun ja … ich weiß nicht.«
Ich weiß bis heute nicht sicher, ob ich mich bei diesem Verhandlungsgespräch richtig verhalten habe, weil mich das unerwartete Signal, das mir der Versicherungsvertreter gleich zu Anfang gegeben hatte, ziemlich verwirrt hatte. Aber die Moral der Geschichte stimmt: Achten Sie auf die Stufen, in denen sich die Konzessionsbereitschaft Ihres Gegenübers ausdrückt, weil sie verläßlich Auskunft darüber geben, wo seine wirklichen Grenzen gezogen sind.

Dritter Teil: Verhandlungsstile

Niemals zornig werden. Niemals drohen.
Vernünftig mit den Leuten reden.

Don Corleone, ›Der Pate‹

Vor ein paar Jahren fragte mich während einer Flugreise mein Platznachbar: »Wovon leben Sie?«
Ich antwortete: »Vom Verhandeln.«
Mein Nachbar bekam ein Glitzern in den Augen und versuchte, ein wissendes Lächeln zu unterdrücken. Ich konnte ahnen, was er wohl bei sich dachte: »Na ja, was wird er schon sein ... Wahrscheinlich verkauft er Wärmedämmungsmaterial an Reihenhausbesitzer.«
Unglücklicherweise teilen viele Leute diese negative Einstellung, wenn sie etwas vom Handeln und Verhandeln hören. Ganz automatisch haben sie dann das Bild von einem raffinierten Burschen vor Augen, der zu manipulieren versteht und dementsprechend versucht, arme, unschuldige Opfer übers Ohr zu hauen. Gewiß gibt es Leute, die so etwas tun. Aber es ist nur *eine* Methode, durch die Sie erreichen können, was Sie sich vorgenommen haben. In Wirklichkeit gibt es ein weitgefächertes Arsenal von Methoden, nach denen verhandelt werden kann, und sie reichen vom ›Überfahren‹ der einen durch die andere Seite (ich gewinne, du verlierst) bis zu auf gemeinsamer Basis erarbeiteten Ergebnissen (beide von uns können einen Gewinn einstecken).
Wir wollen uns nun auf diese beiden typischen Verhaltensweisen konzentrieren, die gewöhnlich angewendet werden, wenn es darum geht, Konfliktsituationen zu meistern: In Kapitel 7 ›Gewinnen um jeden Preis ...‹ schildere ich die Art, nach der ein Unterhändler versucht, auf Kosten der Gegenseite seinen

Gewinn zu machen. Auch wenn Sie solch eine Strategie selbst niemals anwenden würden, sollten Sie doch wissen, wie sie funktioniert — andernfalls wären Sie zu schnell eines ihrer Opfer.
In den Kapiteln 8 und 9 (›Verhandeln zur beiderseitigen Zufriedenheit‹ und ›Noch mehr über Gewinntechniken‹) steht nicht mehr so sehr die Technik, den Gegner zu besiegen, im Vordergrund als vielmehr die Frage, wie Probleme so anzugehen und zu lösen sind, daß sie von beiden Seiten akzeptiert werden können. Hierbei ist der Faktor der Zusammenarbeit wichtig, mit deren Hilfe Lösungen geschaffen werden, die den Bedürfnissen beider Seiten entsprechen.

Den Sanftmütigen soll die Erde gehören —
aber nicht die Schürfrechte in ihr.

J. PAUL GETTY

7. Gewinnen um jeden Preis

Alfred P. Doolittle singt in *My Fair Lady* die Verse:

Der Herrgott spricht, sei hilfreich deinem Nachbarn,
Zu Land, zu Wasser und tagein, tagaus.
Doch mit 'nem kleinen Stück vom Glück
Bist du, wenn er anklopft, nicht zu Haus.

Der Text und die gesamte Vorlage zu dem Stück kommen aus dem britischen Kulturraum, aber die Musik von Alan Jay Lerner trifft gewiß den Geschmack der gesamten westlichen Kultur. Diese westliche Welt ist für viele vor allem durch Wettbewerb und Konkurrenzdenken geprägt, und ein Erfolg wird nicht daran gemessen, ob jemand seinen Möglichkeiten entsprechend sein Bestes gegeben hat, sondern daran, wie viele Mitbewerber er ausgestochen hat. Wir leben alle in einer Gesellschaft, in der wir permanent in der Situation eines Gewinners oder Verlierers sind — und in der der Wettkampf darum, in ein ›gutes College‹ aufgenommen zu werden, die gleichen Formen annehmen kann wie das Konkurrenzgerangel zwischen McDonald's und Burger King.

Manche Menschen interpretieren das nun so, als sei das Leben von vornherein ein Schlachtfeld, auf dem es immer nur Gewinner und Verlierer gebe. Sie sehen eine Welt voller Rivalen und Konkurrenten, voller Menschen, die einem den Job nehmen wollen, den Lebensstandard, das Geld, den Parkplatz, den Platz in der Warteschlange, den Ehemann bzw. die Ehefrau und die einen am Fortkommen hindern wollen.

Wer auf dieser Wettbewerbsebene mit anderen verhandelt, sieht fast alles als ständiges Gerangel zwischen Gewinnern und Verlierern an. Er ist ein harter Kämpfer, der, koste es, was es wolle, seine eigenen Ziele verfolgt, ohne Rücksicht auf die Bedürfnisse anderer zu nehmen oder wenigstens darauf, ob sie, was er ihnen zumutet, auch akzeptieren können. Für ihn gibt es keinen Zweifel, daß seine Überzeugung die richtige ist und daß er rechtmäßig vorgeht. Für solch einen Menschen bedeutet jeder errungene Sieg auch ein Stück Spaß und Freude.

Obwohl solch eine Haltung und Strategie nur in begrenztem Maße anwendbar sind, gibt es doch Leute, die sich dieser Methode ununterbrochen bedienen und dabei nicht einmal einen Unterschied machen zwischen Bundesgenossen und wirklichen Gegnern. Obwohl es ihnen dabei nur um ihren eigenen Sieg geht, ist das Ergebnis doch auch immer die Niederlage des anderen. Bleibt es danach weiter bei einer Beziehung zwischen den beiden Verhandlungspartnern, dann ist das Ergebnis dieser einen Verhandlung natürlich eine Hypothek, die auf der Zukunft beider Parteien lasten wird.

Eine Wettkampf-Situation entsteht beispielsweise dann, wenn ein einzelner oder eine Gruppe den Versuch macht, ein Ziel auf Kosten eines Gegners zu erreichen. Diese Versuche, über einen Gegenspieler zu triumphieren, umfassen oft eine ganze Skala, die von der direkten Einschüchterungstaktik bis zu subtilen Formen der Manipulation reicht. Meiner Meinung nach spielt uns beispielsweise die Sowjetunion die Strategie besser als alle anderen Länder vor, wie man stets auf Kosten anderer Länder oder Gruppen Gewinne zu machen trachtet.

Aber verstehen Sie mich jetzt nicht falsch. Ich habe nicht vor, nun auf den Umgang von Staaten und Völkern miteinander einzugehen. Ich bleibe bei den Möglichkeiten, die mit geographischen Problemen nichts zu tun haben. Der Stil, den die Sowjetunion auf Weltebene verfolgt, ist auch unter ganz normalen Menschen, denen wir täglich begegnen, sehr verbreitet.

Wie erkennt man nun diese Menschen, die nur in den Kategorien von Gewinnen und Verlieren denken und handeln? Ganz gewiß lassen sie sich nicht gleich in die Karten schauen. Sie sind viel zu schlau, um sich selbst als Vertreter dieser Anschauung zu offenbaren. Anscheinend rücksichtsvoll und bescheiden, tun sie so, als lägen ihnen Ihre Bedürfnisse am Herzen. Sie begegnen Ihnen mit einem Lächeln auf den Lippen

und einem Zwinkern in den Augen. Sie tragen, bildlich gesprochen, stets eine Bibel unter dem Arm und in der anderen Hand eine Flasche mit Weihwasser. Sie wünschen Ihnen Gottes Segen, aber wenn sie sich umgedreht haben, dann spüren Sie plötzlich ein Stilett in Ihrem Rücken …
Nachdem sie fort sind und Sie der Verletzungen gewahr geworden sind, die man Ihnen zugefügt hat, ist es schwierig, noch groß etwas zu unternehmen. Und darum ist die Frage noch einmal zu stellen: Wie erkennt man jemanden, der nach der »Sowjet-Methode« vorgeht? Man lernt, es herauszubekommen, indem man das spezifische Verhalten der anderen Seite genau studiert. Diese Typen, gleichgültig, ob sie aus Moskau kommen oder aus Memphis, bedienen sich der gleichen sechs Schritte bei ihrem Verhandlungstanz:

1. *Extreme Positionen zu Beginn.* Sie fangen stets mit harten Forderungen oder lächerlichen Angeboten an, um den Erwartungshorizont der anderen Seite zu beeinträchtigen.
2. *Begrenzter Handlungsspielraum.* Die Unterhändler selbst sind nur wenig oder gar nicht autorisiert, Konzessionen zu machen.
3. *Taktiken auf der Gefühlsebene.* Sie lassen ihre Gesichter rot anlaufen, werden laut, geben sich gereizt — es ist ihnen ein schrecklicher Gedanke, einen Vorteil zu verlieren. Es kann dann sogar passieren, daß sie ärgerlich ein Treffen verlassen.
4. *Konzessionen der Gegenseite werden als Schwäche gewertet.* Sollten Sie also einmal nachgeben und irgendein Zugeständnis machen, dann zeigen sie sich entsprechend unwillig, dafür eine Gegenleistung zu bringen.
5. *Kleinlich im Entgegenkommen.* Sie lehnen es zunächst ab, überhaupt irgendwelche Konzessionen zu machen; tun sie es am Ende doch, dann bedeutet dies nur einen unerheblichen Schritt weg von ihrer eingenommenen Grundposition.
6. *›Deadlines‹ werden ignoriert.* Sie neigen dazu, viel Geduld zu haben und so zu handeln, als spiele Zeit für sie überhaupt keine Rolle.

Lassen Sie mich zu diesen sechs Schritten jeweils spezifische Beispiele und Analogien anführen:

1. Extreme Positionen zu Beginn

Immer wenn es um ein großes Geschäft geht, werden sie zunächst einmal ein recht armseliges erstes Angebot machen. Das geschieht gewöhnlich im geheimen, hinter verschlossenen Türen, um sich davor zu schützen, daß andere Kaufinteressenten mitbieten. Mit dieser Taktik will man erreichen, daß der Verkäufer glaubt, keine andere greifbare Wahl zu haben. Ein Beispiel: Wann erfuhr die Öffentlichkeit davon, ob die Sowjetunion amerikanischen oder kanadischen Weizen gekauft hatte? Normalerweise erst dann, als die Schiffe bereits beladen waren.
Ein weiteres Beispiel, wie sich die Sowjets verhalten, wenn sie als Einkäufer auftreten: Es ist fast dreißig Jahre her, daß sie an einem größeren Stück Land am nördlichen Strand von Long Island Interesse hatten. Sie wollten dort ein Erholungszentrum für ihr Botschaftspersonal bauen. Damals kostete das Areal, das sie kaufen wollten, zwischen 360000 und 500000 Dollar, wenn man Flächen gleicher Lage und Größe zum Vergleich heranzog. Eine Schätzung ergab dann, daß das Grundstück einen Wert von 420000 Dollar hatte.
Boten die gerissenen Russen nun diese Summe als Kaufofferte an, oder wenigstens 360000 Dollar für den Anfang? Beileibe nicht. Sie waren immer schon Meister im Tiefstapeln, und deswegen lautete ihr erstes Angebot ganze 125000 Dollar — ein geradezu lächerlicher Preis. Aber niemand lachte. Wie die Russen nun trotzdem weiterkamen und nicht gleich steckenblieben? Sie taten, was sie immer tun, wenn sie kaufen: Sie verhandelten vertraulich weiter, sie schlossen die Möglichkeit aus, daß ein Mitbewerber auf den Plan trat.
In diesem Fall zahlten sie eine geringe Summe für eine exklusive, auf ein Jahr lautende Option für den Kauf unter der Bedingung, daß die Angelegenheit geheim blieb. Die Besitzer des Grundstücks wußten, daß die offerierten 125000 Dollar eine Unverschämtheit waren. Aber auf Grund der Geheim-

haltungsklausel war es ihnen nicht möglich, andere Angebote einzuholen. Nach drei Monaten scheinheiligen Schacherns und frustrierender Auseinandersetzungen waren sie so weit, daß sie sich selbst einredeten: »Wir wissen, es ist lächerlich, aber vielleicht lagen wir doch *ein wenig* zu hoch.« Und so senkten sie ihre Forderung von 420000 auf 360000 Dollar. Es war wie in einem Schachspiel, und die Sowjets hatten sie psychologisch mattgesetzt.

Treten die Sowjets als Verkäufer von Werten auf, dann tun sie genau das Gegenteil. Sie verlangen enorme Preise, und dazu öffnen sie alle Türen, um Wettbewerber anzulocken. Indem sie dann die verschiedenen Anbieter gegeneinander ausspielen und sie dazu anstacheln, sich gegenseitig zu überbieten, gelingt es ihnen, den Preis noch weiter die Skala hinauf in astronomische Höhen zu treiben.

Illustrieren läßt sich dieses Verfahren an der Art, wie die Fernsehübertragungsrechte der Olympischen Spiele 1980, die in Moskau stattfanden, gehandelt wurden (bevor die Vereinigten Staaten sich entschlossen, die Spiele zu boykottieren und das Ganze damit zu einer akademischen Frage machten). Wenn man einmal betrachtet, was die Fernsehgesellschaft CBS 1960 für die Übertragungen aus Rom oder die ABC für die Senderechte aus Montreal 1976 bezahlen mußten, dann steht den dort vorgenommenen Steigerungen in Moskau ein beträchtlicher Sprung gegenüber. Die Steigerungen sahen so aus:

1960 anderthalb Millionen Dollar
1964 drei Millionen Dollar
1968 fünf Millionen Dollar
1972 dreizehn Millionen Dollar
1976 zweiundzwanzig Millionen Dollar

Die Sowjets durchbrachen auf ihre typisch listige Weise aber nun die voraussehbare Steigerungsrate um ein Vielfaches. Während der Sommerspiele in Montreal wurden die Spitzenvertreter der drei großen Fernsehgesellschaften zu einer verschwenderischen Party auf die *Alexander Puschkin* eingeladen, die im St. Lawrence River vor Anker lag. Mit jeder Gesellschaft wurde bei dieser Gelegenheit dann einzeln Kontakt aufgenommen, und man teilte ihren Vertretern die sowjetische Forderung mit: 210 Millionen Dollar — in bar! Diese Summe hatte mit der Steigerungsrate natürlich nichts mehr zu tun! Indem sie nun den Wettbewerb zwischen den Gesellschaften forcierten, kam es zu dem, was ich vorher schon andeutete: zu einem mörderischen Gerangel. Die Vertreter von ABC, NBC und CBS wurden in der Folge nach Moskau eingeladen, und dort machte man aus ihnen drei Gladiatoren, die in der Arena aufeinander einschlugen. Roone Arledge, der damalige Sportchef von ABC, kommentierte verbittert: »Sie hätten es am liebsten, wenn wir wie drei Skorpione, die in einem Glas zusammengesperrt sind, aufeinander losgehen. Wenn der Kampf vorbei ist, werden zwei tot sein, und der dritte total erschöpft.«

Ich war teilweise Zeuge dieser Auseinandersetzungen zwischen den Meistern aus Moskau und den Moguln aus Manhattan. Ich hielt mich nämlich zu dieser Zeit in der Sowjetunion auf, allerdings in anderen Geschäften. An einer der Cocktail-Parties, die der Aufmöbelung der drei Gladiatoren dienen sollten, nahm ich aber teil. Ich habe nie einen besseren Wodka geschlürft, nie besseren Kaviar serviert bekommen, und ich habe dabei nie so angestrengte und entschlossene Mienen gesehen.

Als es ernst wurde, lagen folgende Angebote vor: NBC bot 70 Millionen, CBS 71 Millionen, und ABC ging bis auf 73 Millionen Dollar. Man nahm allgemein an, daß ABC aufgrund seiner Erfahrungen — die Gesellschaft hatte acht von zehn vorausgegangenen Olympischen Spielen übertragen — den Zuschlag erhalten würde. Aber CBS sicherte sich die Dienste von Lothar Bock, der in München einschlägige Erfahrungen gesammelt hatte. Mit seiner Hilfe wurde eine Zusammenkunft zwischen den sowjetischen Unterhändlern und William S. Paley, dem obersten Chef der CBS, im November 1976 arrangiert. Bei dieser Gelegenheit wurde dann ein Handel abgeschlossen, bei dem CBS sein Angebot noch einmal erhöhte und noch ein paar Konzessionen machte.

Jeder nahm nun an, daß CBS den Kampf gewonnen habe.

Aber die Sowjets konnten der Versuchung nicht widerstehen, noch einmal an den Fäden zu ziehen, und so kündigten sie Anfang Dezember 1976 eine weitere Runde im Wettbewerb um den Zuschlag an. Die Leute von CBS gerieten in Rage, aber sie fuhren erneut nach Moskau, um beim ›Showdown‹ am 15. Dezember mitzuhalten. Zu diesem Zeitpunkt erklärten die Sowjets den drei Gesellschaften, daß das, was bisher passiert sei, sozusagen die Qualifikation gewesen sei, die sie bestanden hätten, um nun in die Endrunde zu gehen. Die Amerikaner betrachteten dies allerdings als eine Unverschämtheit ihrer Gastgeber, verließen trotz der Drohungen der Sowjets die Stadt und flogen nach Hause.
Die sowjetischen Unterhändler standen mit leeren Händen da. Und das bedeutet in der Sowjetunion ziemlich großen Ärger. Wenn amerikanische Regierungsvertreter bei Verhandlungen etwas verpatzen, dann mag das Auswirkungen auf ihre künftige Karriere haben, aber in der Sowjetunion hat das weitaus größere Folgen.
Verzweifelt darum bemüht, den Konkurrenzkampf wieder anzuheizen, griffen die Sowjets nun zu einem neuen Mittel und präsentierten einen vierten Kandidaten. Sie verkündeten nämlich, die Übertragungsrechte von den Olympischen Spielen lägen nun bei einer ziemlich obskuren amerikanischen Handelsgesellschaft namens SATRA, die auch ein Büro in New York hatte. Bei ihr konnte man nicht einmal davon reden, daß eine ausreichende Anzahl von Medien hinter ihr stünden. Ihr die Rechte zu übertragen, ließ sich nur damit vergleichen, daß man einem Kind eine Polaroid-Kamera in die Hand drückt und sagt: »Die Olympischen Spiele gehören dir — mach's gut!«
Indem sie mit der SATRA einen neuen Handel ansetzten, bewegten sie Lothar Bock dazu, sich wieder mit den Gesellschaften in Verbindung zu setzen. Er bot zu guter Letzt seine Verbindungen und Dienste bei NBC an. Er schmeichelte und drehte an diesen und jenen Rädern, flog hin und her zwischen Moskau und Manhattan und ergatterte schließlich die Fernsehübertragungsrechte der Olympischen Spiele in Moskau für 87 Millionen Dollar, die NBC auf den Tisch zu legen hatte.

Als Provision bekam Bock von der Gesellschaft noch runde 6 Millionen Dollar für seine Dienste, hinzu kamen die Spesen. Die folgenden Ereignisse trugen dann natürlich dazu bei, daß NBC diesen Sieg über seine Erz-Rivalen bitter bereuen sollte. (Beachten Sie dabei: Die Sowjets hatten ihre 210-Millionen-Forderung niemals wirklich ernst gemeint. Später war zu erfahren, daß sie für die Rechte eine Summe zwischen 60 und 70 Millionen Dollar erwartet hatten.)

Obwohl dieses Beispiel nun die Sowjetunion betrifft, so finden sich doch ähnliche Taktiken auch schon lange bei uns. Vor vielen Jahren habe ich einmal für eine Unfallversicherung gearbeitet, deren Grundsätze gegenüber der Öffentlichkeit so lauteten: »Prompte und faire Erledigung aller berechtigten Forderungen, höflich und rücksichtsvoll.«

Im Gegensatz zu diesen erhabenen Bekundungen hatte dieses Unternehmen Vertreter, die ihre Kundschaft, wenn Forderungen ins Haus standen, mit mageren Erstangeboten traktierten, wie es der Kreml auch nicht besser könnte. Diese Taktik funktionierte deswegen, weil die Kunden irrigerweise glaubten, sie hätten keine andere Wahl, als sich mit dem Vertreter zu einigen, weil dieser wie in einer Monopolstellung auftrat. Aber natürlich hatten sie andere Möglichkeiten: Sie konnten sich bei der Versicherungs-Kontrollbehörde beschweren, sie konnten sich an die Leitung der Gesellschaft selbst wenden oder wenigstens den Vertreter ausschalten und sich an dessen Chef wenden, sich einen Anwalt nehmen und vor Gericht gehen oder einfach immer weiterverhandeln, bis der Gegenseite der Zeitaufwand zu groß wurde.

Auch sollten Ihnen Situationen, in denen die Forderungen sehr hoch sind und gleichzeitig eine heftige Konkurrenz unter den möglichen Kaufinteressenten besteht, eigentlich vertraut sein. Man trifft sie bei praktisch jeder Auktion, wo immer wieder die Bieter geradezu verbissen die Preise hochtreiben. Wann und wo immer jemand ein seltenes Produkt, eine seltene Ware oder Dienstleistung anzubieten hatte, hat er es auch als Verkäufer verstanden, die Habgier der potentiellen Käufer, die ihre Bedürfnisse gleich befriedigt sehen wollten, gehörig auszunutzen. Ein paar Jahre ist es her, daß ein Modell der

japanischen Marke Mazda auf dem amerikanischen Markt so gefragt war, daß manche Händler die Preise per Gebot und Gegengebot regelrecht in die Höhe zu treiben wußten, bis der Verkaufspreis um 2000 Dollar über dem Listenpreis lag.
Wieso funktioniert diese Friß-Vogel-oder-Stirb-Taktik eigentlich? Ganz einfach: Weil wir es zulassen. Wir lassen uns von der extremen Ausgangsposition, die der Verhandlungspartner einnimmt, beeindrucken, und wir lassen uns auch weiter zum Narren halten, wenn man uns vormacht, daß der Handlungsspielraum der anderen Seite stark eingeschränkt sei.

2. Begrenzter Handlungsspielraum

Nehmen wir an, ich bin der Repräsentant einer großen Landmaschinen-Fabrik und habe von meiner Firma den Auftrag erhalten, in die Sowjetunion zu fahren und dort Traktoren zu verkaufen. Wenn die Sowjets Interesse zeigen, werde ich am Ende mit einigen zähen und erfahrenen Unterhändlern vom Außenhandels-Ministerium zu tun bekommen. Das sind nun keineswegs Leute, die die Nützlichkeit meines Produkts nicht genau beurteilen könnten, aber sie sind keineswegs zuständig für die Entscheidung, ob sie es auch kaufen oder nicht. Das liegt daran, daß in der Sowjetunion jede größere Entscheidung einer Handvoll Leuten im Politbüro vorbehalten bleibt, während die Experten, die mir drei Monate lang am Verhandlungstisch gegenübersitzen, keinerlei Vollmacht besitzen, um etwa Konzessionen zu machen oder Übereinkünfte zu schließen.
Was entsteht aus diesem Dilemma? Ich habe die entsprechende Vollmacht, einen Handel perfekt zu machen, aber meine Verhandlungspartner müssen sich stets mit einem gar nicht anwesenden Kommissar beraten, bevor sie irgend etwas tun können. Wenn sie aber über keinen Handlungsspielraum verfügen, was geschieht dann, wenn wir über eine längere Periode miteinander zu tun haben? Ich gehe hin und mache immer wieder neue Angebote und Konzessionen, während sie sich dafür nur mit Wodka und anderen Freundlichkeiten revanchieren.

Die Zeit vergeht, ich bin schon lange von daheim fort, also fühle ich mich unter Druck, daß es *irgendwie* weitergeht. Und so mache ich weitere Angebote. Doch was tue ich damit in Wirklichkeit? Ich biete gegen mich selbst. Das ist der Grund, warum Sie niemals mit jemandem Verhandlungen führen sollten, der über keinerlei weitergehende Vollmachten verfügt. Die einzige Ausnahme mag für den Fall gelten, daß Sie ganz allein stehen. Aber dann beschäftigen Sie sich wahrscheinlich auch mit Dingen, die jenseits der Möglichkeiten liegen, von denen in diesem Buch die Rede ist.

Eine Variante zu diesen Mätzchen mit der mangelnden Vollmacht bieten uns oft auch Autohändler, die ihren Verkäufern nur einen begrenzten Handlungsspielraum zugestehen. Immer wieder passiert es einem dann, daß der Verkäufer, mit dem Sie gerade verhandeln, sich entschuldigt und erst einmal mit seinem Chef sprechen muß (bzw. mit dem Eigentümer des Wagens, wenn er in Kommission verkauft). Dabei kann es sein, daß er mit gar niemandem redet, aber er gewinnt ein wenig Zeit, um das Geschäft noch einmal durchzurechnen und zu überdenken.

Vor einer Reihe von Jahren — es war ein besonders harter Winter — betrat ich einmal in Chicago den Platz eines Gebrauchtwagenhändlers, weil ich einen Zweitwagen benötigte. Da es empfindlich kalt war, machte ich schnell ein Angebot und war darauf aus, den Handel bald hinter mich zu bringen. Zu meiner Freude behauptete der Mann, mit dem ich verhandelte, für die Preisgestaltung keine Vollmacht zu haben, und er sagte: »Einen Moment, bitte ... Ich muß eben Rücksprache mit dem Burschen in der Baracke da halten.« Jetzt frage ich Sie: Glauben Sie, daß dort wirklich jemand in der Baracke saß? Diesen kalten Winter hätte er in der Hütte kaum überlebt ...

Aber die Medaille hat auch eine Kehrseite. Erteilen Sie niemals sich selbst — oder wer immer in Ihrem Auftrag verhandelt — unbegrenzte Vollmacht. Es gibt den berühmten Satz: »Was immer Sie tun, ich bin einverstanden ... Sie haben volle Handlungsfreiheit.« Wenn Sie den Satz hören, dann denken Sie an Neville Chamberlain, wie er nach München ging und

mit Hitler verhandelte – mit unbegrenzter Vollmacht. Bekanntlich hat er dabei nicht gut abgeschnitten.
Wenn Sie anderen Vollmachten erteilen, dann setzen Sie ihnen ein Ziel, von dem sie annehmen, daß es erreichbar ist. Sie müssen sich verpflichtet fühlen, Ihren Erwartungen auch zu entsprechen. Ihre Unterhändler sind keine Laufburschen, sondern Leute, die Verantwortung tragen können; aus diesem Grund müssen sie auch einen Handlungsspielraum zugestanden bekommen – aber nur bis zu einem bestimmten Punkt. Sie sollten daher am Ende zu ihnen sagen: »Gehen Sie los und versuchen Sie, das Geschäft zu den und den Bedingungen zu machen. Schaffen Sie es, dann ist das eine großartige Sache. Geht es nicht, dann kommen Sie zurück, und wir werden die Lage weiter besprechen.«
Ich habe bereits erwähnt, daß der schlechteste Auftraggeber, für den Sie verhandeln können, Sie selbst sind. Sie bringen nämlich für gewöhnlich viel zu viel ihre sorgenvollen Gefühle mit ein, und verlieren dabei allzu leicht die Perspektive aus den Augen. Außerdem verfügen Sie, wenn Sie für sich selbst verhandeln, auch über totale Vollmacht, und da passiert es leicht, daß man Blitzentscheidungen trifft und keinen vernünftigen Gebrauch vom Zeitfaktor macht, der ja, wie bereits mehrfach erwähnt, seine besondere Bedeutung hat.
Wie bekommt man das in den Griff? Indem man sich selbst Grenzen setzt, freiwillig und wenigstens für eine bestimmte Zeitspanne. Indem Sie sich, bevor Sie in Verhandlungen eintreten, beispielsweise schwören, nicht mehr als 1200 Dollar für einen Fernsehschrank auszugeben. »Nicht einen Cent mehr. Und wenn ich ihn heute für diesen Preis nicht bekomme, dann gehe ich eben nach Hause.« Mit anderen Worten: Gehorchen Sie Ihrem eigenen Diktat.
Wenn es also so ist, daß zu große Vollmachten in Verhandlungen zu einem Handicap werden können, dann folgt daraus, daß der oberste Handlungsbevollmächtigte einer Firma damit auch der schlechteste Unterhändler in eigener Sache ist. Es ist eine altbekannte Tatsache, daß der schlechteste Unterhändler für seine Stadt der eigene Bürgermeister ist und für die Vereinigten Staaten der Präsident. Der eine oder andere dabei mag

ein noch so brillanter Mann sein, geduldig und beschlagen – aber er hat einfach zuviel Autorität.
Es gibt noch einen weiteren Aspekt in der ›Sowjet-Taktik‹, den ich gern berühren möchte: den Einsatz von Emotionen, der durchaus planvoll verlaufen kann.

3. Taktiken auf der Gefühlsebene

Jahrelang haben die Sowjets die Methode verfolgt, Papiere einfach vom Tisch zu fegen und unter großem Gepolter eine Konferenz zu verlassen, ohne daß jemand sie provoziert hätte. Manchmal gehen sie selbst in die Offensive, nur um damit von sich aus zu provozieren, die Gegenseite abzulenken oder sie einzuschüchtern. Wer wird jemals die Szene vergessen können, als Nikita Chruschtschow während einer Sitzung der UNO-Vollversammlung mit seinem Schuh auf die Tischplatte schlug? Als die Öffentlichkeit das mitbekam, reagierte sie schockiert: »Mein Gott! Der Mann ist ein Barbar! Mit solch einem Verhalten setzt er eine ganze Weltorganisation in ihrem Ansehen herab. Solche Wutanfälle deuten doch nur auf eine schlechte Kinderstube. Wäre so einem Menschen nicht auch zuzutrauen, daß er, nur weil er morgens mit Sodbrennen aufgewacht ist, die ganze Welt in die Luft jagt?«
Einige Monate später hat jemand das Foto von Chruschtschow, als er mit dem Schuh auf die Tischplatte trommelt, einmal vergrößert und dann noch mit einem Vergrößerungsglas genau studiert. Zu seinem Erstaunen entdeckte er unter der Tafel an den Füßen des russischen Generalsekretärs nicht einen, sondern zwei Schuhe. Was können wir daraus schließen? Wie ich die Dinge sehe, gibt es drei Möglichkeiten:

1. Der Mann hatte drei Füße – eine eher unwahrscheinliche Theorie, nicht wahr?
2. Als er sich am Morgen des betreffenden Tages anzog, wandte er sich an seinen Außenminister Gromyko und sagte zu ihm: »Genosse, pack mir bitte diesen Schuh ein, ich brauche ihn heute nachmittag um drei Uhr.«

3. Während der Sitzung rief er den Genossen Iwanowitsch aus seiner Delegation an und bat ihn: »Schick mir deinen Schuh herunter — ich brauche ihn in ein paar Minuten.«

Das, worüber wir hier sprechen, war also ein schlau eingefädelter und wohlbedachter Schachzug, der auf eine bestimmte Wirkung abzielte. Hatte der kalkulierte Ausbruch nun auch den erwarteten Erfolg? Wahrscheinlich. Die Leute fühlen sich unwohl, wenn ihnen solch ein irrationales Verhalten begegnet, das zudem noch mit nicht geringer Stärke gekoppelt ist. Sie mögen dann eher dazu neigen, Drohungen nachzugeben, um zu vermeiden, daß sie etwas abbekommen. Es erinnert mich an einen alten Witz: Wo kann ein 400 Pfund schwerer Gorilla schlafen? Die Antwort: Überall, wo er will. Und das könnte auch die Reaktion gewesen sein, die die Sowjetunion sich gewünscht hat.

Natürlich müssen Sie nicht auf den Tisch trommeln, wenn Sie Gefühle zeigen wollen. Es gibt da eine ganze Skala, derer Sie sich bedienen können. Haben Sie jemals versucht, mit jemandem handelseinig zu werden, der plötzlich zusammenbricht und zu schreien anfängt? Es ist furchtbar. Denken Sie einmal an Ihre eigenen Erfahrungen, die Sie in dieser Hinsicht gemacht haben. Sie hatten alle Fakten und auch die Logik auf Ihrer Seite, als Sie mit Ihrer Frau bzw. mit Ihrem Mann, mit Ihren Eltern, mit Ihrem Kind eine Auseinandersetzung hatten. Und dann passiert es, daß Ihre Position gerade deswegen, weil sie unangreifbar ist, gar nicht mehr wahrgenommen wird — statt dessen gibt es plötzlich Tränen und Schluchzen.

Wie reagieren Sie? Denken Sie jetzt: »So, jetzt habe ich ihn bzw. sie!« Tun Sie jetzt den letzten Schritt, um jeden Widerstand zu brechen?

Nein, ganz im Gegenteil. Die Mehrheit von uns verhält sich jedenfalls ganz anders: »O Gott, es tut mir leid, daß ich dich zum Weinen gebracht habe. Ich war wohl ein bißchen zu streng.« Und vielleicht gehen Sie sogar noch weiter: »Also, du sollst nicht nur bekommen, was du dir gewünscht hast, du kriegst sogar noch ein Trostpflaster oben drauf — dafür, daß

ich dich zum Weinen gebracht habe. Hier hast du ein bißchen Geld, fahr in die Stadt und kauf dir etwas dafür!«
Ich beziehe mich hier nicht etwa nur auf weinende Ehefrauen. Männliche Tränen sind meiner Meinung nach noch viel wirkungsvoller als weibliche. Ich sage das, weil ich dabei an eine Firma denke, die seit zwölf Monaten einen großen, stämmigen Kerl hinauszuwerfen versucht, der dort als Vorarbeiter tätig ist. Die Art, in der man in diesem Unternehmen dabei vorgeht, ist äußerst diskret. Man drückt einem zu entlassenden Mitarbeiter nicht einfach das Kündigungsschreiben in die Hand oder ruft ihn ins Personalbüro, um ihm kurz und bündig mitzuteilen: »Sie sind gefeuert!«
Nein, im Gegenteil. Es kommt zu einem ausführlichen Gespräch zwischen dem Personalchef und dem betroffenen Angestellten, in dem es »um die Möglichkeiten, anderswo einen Arbeitsplatz zu finden und dabei vielleicht weiterzukommen, geht«. Normalerweise reagiert ein hellhöriger Angestellter schon richtig auf derartige Winke und kündigt von sich aus, womit er dem Unternehmen sogar ein paar vertraglich abgesicherte Monatsgehälter erspart.
Aber in dem genannten Fall ging die Sache schief: Viermal hat sich der Personalchef im vergangenen Jahr bereits mit dem Vorarbeiter zusammengesetzt. Bei jeder Gelegenheit hatte er ihm anzudeuten versucht, daß man für die Zukunft auf seine Dienste keinen Wert mehr lege. Doch bevor sie noch zu den möglichen Alternativen kamen, hatte der große, kräftige Mann angefangen zu schluchzen und unter Zuckungen zu jammern. Vielleicht war das nur Schauspielerei, aber dem Personalchef ging das jedesmal so an die Nieren, daß er hinterher zu einem Kollegen meinte: »Bitte sehr, wenn *Sie* ihn hinauswerfen wollen ... Ich kann es nicht!« Neulich habe ich gehört, daß man in der besagten Firma inzwischen auf derartige Entlassungsgespräche mit dem Vorarbeiter verzichtet hat, und soweit ich weiß, sitzt er inzwischen zu Hause.
So wirkungsvoll Tränen sind, ob spontan oder planvoll eingesetzt, so effektiv kann auch Zorn sein.
Konstruieren wir einmal folgende Situation: Sie und ich stehen in einer Verhandlung. Wir haben den Vormittag über in

Ihrem Büro ein Computer-Programm für meine Firma besprochen. Sie möchten mir sehr gern hierzu Ihre Dienstleistungen verkaufen. Gerade als wir dabei sind, über die Kosten zu reden, schauen Sie auf Ihre Uhr und sagen: »Sollten wir nicht einmal unterbrechen und etwas essen? Es gibt da gleich um die Ecke ein nettes Restaurant, wo man mich kennt, so daß wir nicht einmal zu reservieren brauchen.«
Der Ober führt uns an Ihren Stammplatz, wir bestellen die Menus nebst teuren Entrées, vorweg einen Aperitif. Während wir an unseren Martinis nippen, frage ich Sie: »Sagen Sie — wieviel würden Sie ungefähr für dieses Programm verlangen?«
Sie antworten: »Nun, um ganz offen zu sein, ich dachte an ungefähr 240 000 Dollar.«
Ich fahre hoch, als träfe mich der Schlag. Mit lauter Stimme sage ich: »*Was* haben Sie da gesagt? Sind Sie nicht bei Trost? Das ist ja eine astronomische Summe. Wer glauben Sie denn, daß ich bin?«
Sie sind verlegen, weil alle im Lokal zu uns herüberstarren, und zischen deswegen nur ein »Pssst«.
Aber ich werde noch ein paar Dezibel lauter. »Sie müssen wirklich nicht ganz bei Trost sein! Wir sind doch nicht bei den Raubrittern!«
Jetzt sind Sie soweit, daß Sie am liebsten unter den Tisch kriechen möchten, denn: *Sie* kennt man dort schon als Stammgast, aber ich bin zum erstenmal in dem Restaurant. Der Geschäftsführer schaut zu Ihnen herüber und weiß nicht, was er von Ihnen halten soll. Sogar unser Ober mit dem flambierten Fleischspieß auf dem Tablett zögert, an unseren Tisch zu kommen. Er fürchtet, nicht ungeschoren davonzukommen. Innerlich wissen Sie, daß die Zuschauer rundherum sich fragen: »Was mag er denn gesagt haben, um diesen Burschen derart zu provozieren? Ob er versucht, ihn übers Ohr zu hauen?«
Mir ist also gelungen, Ihre ›Salami‹-Taktik nach sowjetischem Vorbild zu durchbrechen, indem ich Empörung simulierte. Sollten Sie jemals wieder mit mir über Geschäfte reden, so werden Sie das gewiß nicht an einem öffentlichen Ort tun. Tun Sie es aber doch, dann können Sie ziemlich sichergehen, daß Sie viel weniger als 240 000 Dollar kassieren werden.

Merkwürdigerweise kann aber auch *Schweigen,* das ja viel weniger Aufwand und Anstrengung erfordert, ebenso effektiv sein wie Tränen, Wut und Aggressivität.
Unter all diesen emotionalen Tricks gibt es einen, der auf mich die größte Wirkung ausübt. Ich bin nun seit zweiundzwanzig Jahren glücklich mit meiner Frau verheiratet, aber bei unseren seltenen Auseinandersetzungen ist es ihre bevorzugte Taktik, einfach zu schweigen — sich quasi zurückzuziehen, oder, wie ich es nenne, Enthaltsamkeit zu üben. Dabei bin ich ja, weil ich oft lange Zeit von daheim fort bin, sehr leicht verletzbar. Angenommen, ich kehre also von einer zweiwöchigen Überseereise zurück und sehne mich nach Liebe und Zuwendung. Aufgeregt betrete ich mein Haus. »Hallo, hallo, ich bin wieder da! Wo seid ihr alle?«
Schweigen.
Ich warte noch ein wenig auf eine Antwort, dann versuche ich es noch einmal: »Hallo, ich bin's. Ist niemand daheim?«
Stille.
Endlich, nach scheinbar endloser Verzögerung, erscheint meine Frau. Sie gibt sich sehr reserviert, nimmt meine Ankunft nur zurückhaltend auf. Trotzdem stürme ich auf sie zu und rufe: »Liebling, da bin ich! Ich bin wieder zu Hause!«
Schweigen.
»Was ist los, Liebling? Ist jemand krank? Ist jemand gestorben? Was ist passiert?«
Schweigen.
Ihr Gesicht ist ausdruckslos, sie schaut regelrecht durch mich hindurch. Was ich mir jetzt denke? »Oh, oh, sie weiß irgend etwas, das ich nicht weiß. Ich weiß also, was ich zu tun habe. Ich werde ein Geständnis ablegen.« Aber was, wenn ich nun das Falsche gestehe? Und damit habe ich statt einem gleich zwei Probleme.
Wenn Sie jemandem schweigend begegnen, dann nötigen Sie ihn häufig dazu, von sich aus zu reden, und wenn auch nur, um diese ungemütliche Lage zu überbrücken. Auf diese Weise können Sie an Informationen gelangen, die man Ihnen anders vielleicht vorenthalten hätte, und das Kräfteverhältnis verschiebt sich dadurch zu Ihren Gunsten.

Es gibt viele andere emotionale Taktiken, die häufige Anwendung finden. *Lachen* gehört dazu. Wenn Sie vorhaben, nicht ernsthaft über etwas reden zu wollen; wenn Sie das Thema wechseln wollen; oder wenn Sie jemanden heruntermachen wollen — in all diesen Fällen kann ein plötzlicher Ausbruch von Gelächter eine durchaus scharfe Waffe sein.
Angenommen, Sie führen einen Laden mit Antiquitäten und Trödel und ich besuche Sie an einem Wochenende, um Ihr Angebot in Augenschein zu nehmen. Unter anderem steht da ein alter Schlitten, an dem Sie einen Zettel mit der Bemerkung befestigt haben: »Seltenes Stück — Preis nach Angebot.« Als Sie an mich herantreten, sage ich: »Ich gebe Ihnen sieben Dollar für den Schlitten.« Aus irgendeinem Grund, den ich nicht kenne, lachen Sie laut los. Was für einen Reim kann ich mir nun darauf machen? »Was ist daran so komisch? ... Habe ich meine Hose nicht zugeknöpft? ... Oder habe ich vielleicht zu wenig geboten?« Man muß eben schon sehr sicher sein, wie ein alter Schlitten auszusehen hat, wenn man ein Angebot macht ... *Hinausgehen* ist ein weiterer gefühlsbestimmter Schachzug im Spiel um den Erfolg. Vor allem, wenn man ihn unerwartet tut, kann er den zurückgelassenen Partner ziemlich verwirren und in Verlegenheit bringen. Es müssen nun neue Termine angesetzt werden, und sämtliche dabei entstehenden Probleme verunsichern die Gegenseite noch zusätzlich.
Stellen Sie sich folgende Situation vor: Ein Ehepaar trifft sich nach des Tages Arbeit in einem ruhigen Restaurant zum Essen. Noch bevor der erste Bissen serviert ist, eröffnet die Frau ihrem Mann, daß sie eine großartige Beförderung erhalten habe mit einer Gehaltserhöhung von 50 Prozent — falls sie, das sei die Bedingung, sich anderswohin versetzen lasse. Aber sie sieht seinem Gesicht an, daß er ihren Stolz und ihre Aufregung keineswegs teilt.
Er bemerkt dann auch: »Und was geschieht mit mir und meinem Job, wenn wir wegziehen?«
Sie antwortet: »Keine Sorge, du kannst ruhig mit hinausziehen. Bei dem Job, den ich da in Aussicht habe, kriegst du das auf jeden Fall ausgeglichen!«

Worauf er plötzlich aufsteht, ohne Vorwarnung, kurz »Entschuldige mich« sagt und auf die Tür zugeht. Fünf Minuten nach diesem unverhofften Abmarsch sitzt sie da inmitten ihrer widersprüchlichsten Gefühle und denkt darüber nach, was passiert ist und in welcher Situation sie sich jetzt befindet:
Ging er hinaus, weil er aufgeregt war?
Ist ihm schlecht geworden?
Vielleicht ging er nur hinaus, um Geld in die Parkuhr nachzuwerfen.
Vielleicht ruft er jemanden an?
Habe ich etwas gesagt, das ihn verletzt haben könnte?
Ist er deprimiert oder gar neidisch?
Hatte er einen Unfall, daß er nicht wieder zurückkommt?
Hat er mich im Guten verlassen?
Kommt er noch zurück?
Wie soll ich jetzt nach Hause kommen?
Um ihre Befürchtungen noch weiterwachsen zu lassen, fragt jetzt der Ober: »Soll ich beide Vorspeisen servieren oder sie warmhalten lassen, bis Ihr Begleiter wieder zurück ist?«
Mit der wachsenden Angst meine ich, daß eine *verschleierte Drohung,* mit der die Frau nun zu kämpfen hat, eine wirksame Waffe sein kann. Sie regt eine Form von Fantasie an, in der es nur noch darum geht, was alles passieren *könnte* — statt was passieren *sollte.* Es zeigt sich also, daß in dem Fall, wo ein Partner vom anderen glaubt, er könne eine Drohung auch wahrmachen, diese angenommene Drohung bereits mehr Befürchtungen auslösen kann als deren Ausführung.
Wenn ich zum Beispiel mit Ihnen in einer harten Verhandlung stehe und herausbekommen möchte, wann bei Ihnen die Streß-Ebene erreicht ist, dann bediene ich mich geschickterweise irgendwelcher Zweideutigkeiten und Allgemeinplätze. Ich werde niemals ganz direkt, drohe also nicht, daß ich Ihnen nun gleich den rechten Zeigefinger brechen werde ... Das wäre nicht nur eine allzu spezifische Erklärung, es würde ja auch schlicht als flegelhaft empfunden. Lieber schaue ich Ihnen statt dessen direkt in die Augen und sage: »Ich vergesse *nie* ein Gesicht und bezahle *stets* meine Schulden!« Wer kann schon wissen, was das bedeutet? Aber sollten Sie auch nur für

möglich halten, daß ich das kann, daß ich entschlossen genug dazu bin — und verrückt genug —, dann kann Sie das durchaus aus der Fassung bringen.
Natürlich wird ein mit allen Wassern gewaschener Unterhändler selten eine Drohung ausstoßen — es reicht, wenn sie als Möglichkeit im Raum steht. Denn wenn die Drohung in die Tat umgesetzt wird, läßt die Spannung und der Streß nach, und die Gegenseite sucht ihre Waffen zusammen, um auf die Herausforderung zu antworten.
Zum Beispiel gab es im Jahr 1979 in Orleans Ansätze zu einem drohenden Streik der dortigen Polizei, der die öffentliche Ordnung empfindlich getroffen hätte. Solange diese Drohung glaubwürdig war, verfügten die Vertreter der Polizeigewerkschaft bei ihren Verhandlungen mit der Stadtverwaltung über ein gehöriges Stück Macht.
Einmal machten sie aber den Fehler und führten tatsächlich einen Warnstreik durch — und schon hatten sie die öffentliche Meinung gegen sich und verloren alle Trumpfkarten, die sie in der Hand gehabt hatten. Mehr noch — die Polizeigewerkschaft erlitt organisatorisch einen spürbaren Rückschlag.
Vor einigen Jahren fuhr ich einmal zum Ravinia-Musikfestival, das jeden Sommer in einem Vorort von Chicago stattfindet. Weil das Parken in der Nähe von solchen Großereignissen immer ein Problem ist, war ich froh, einen freien Platz in einer ruhigen Privatstraße nicht allzu weit entfernt von dem Ereignis zu finden. Als ich aus meinem Auto stieg, bemerkte ich, daß der Wagen gleich hinter mir einen Zettel an der Windschutzscheibe stecken hatte, der wie ein Reklamezettel aussah. Da ich ein neugieriger Mensch bin, beugte ich mich darüber und konnte nun lesen:

Dieses Fahrzeug ist auf privatem Grund geparkt. Modell und Zulassungsnummer wurden notiert. Falls hier noch einmal unerlaubt geparkt wird, wird das Fahrzeug zu Klempner's Autoverwertung geschleppt, wo man es auf einen Würfel von ein paar Zentimetern zusammenpressen wird. Den Würfel bekommen Sie dann per Frachtgut zugestellt und Sie können ihn sich auf den Frühstückstisch stel-

len als permanente Mahnung, Ihr Auto nicht auf Privatbesitz zu parken.

Zweifellos handelte es sich hier um einen Scherz. Aber wer weiß? Vielleicht steckte doch ein wenig Ernst dahinter — und weil ich eben ein Auto dringender brauchte als eine Dekoration für meinen Frühstückstisch, beschloß ich, einen anderen Parkplatz zu suchen.
Wenn es auch noch Dutzende solcher auf der Gefühlsebene angesiedelter Taktiken gibt, genügt es wohl, diese repräsentative Sammlung von Beispielen mit einem abzuschließen, das Ihnen recht vertraut vorkommen sollte. Lauschen Sie einmal dem Telefongespräch zwischen einer Mutter und ihrer erwachsenen, unabhängigen Tochter.

Mutter: Hallo, Pat! Na, rätst du, wer hier ist? Es ist deine —
Pat: Natürlich Mama, wie geht es? Ich wollte dich auch gerade anrufen.
Mutter: Ist schon recht — du mußt mich nicht extra anrufen. Ich bin ja *nur* deine Mutter. Warum solltest du für die deine Telefonrechnung strapazieren?
Pat: Ach, Mama, laß gut sein. Ich bin beruflich wirklich sehr eingespannt. Wie fühlst du dich?
Mutter: Wie fühlt sich ein Mensch in meinem Alter? Weißt du, ich feiere am kommenden Samstagabend deinen neunundzwanzigsten Geburtstag und ich habe meine besten Freundinnen aus dem Club eingeladen, damit sie dich einmal sehen können. Ich habe eine herrliche Torte bestellt und auch dein Lieblingsessen vorbereitet, so daß …
Pat: Aber Mutter, ich hatte vor, an diesem Wochenende zu verreisen. Ich habe dir davon erzählt —
Mutter: Du meinst, du kannst auf deinem überfüllten Terminkalender nicht einmal ein paar Stunden für mich freimachen?
Pat: Darum geht es doch gar nicht. Ich habe diese Reise eben schon lange geplant, und ich muß —
Mutter: In Ordnung, Pat, ich habe verstanden. Es tut mir leid, dich belästigt zu haben. Ich werde meinen Freundinnen erzählen, daß du zu beschäftigt bist, um mich besuchen zu können.

Pat: Mama, *bitte,* das habe ich nicht gesagt.
Mutter: Nein, ich verstehe. Mach dir keine Sorgen um mich. Ich werde es schon irgendwie hinbekommen. Schließlich steht es nirgendwo im Gesetz, daß ein Kind seine Mutter besuchen soll.

Es mag sein, daß diese Szene ein wenig melodramatisch ausgefallen ist, aber die Taktik ist leicht durchschaubar, die die Mutter da anwendet: Sie weckt *Schuldgefühle* in ihrer Tochter. In seinem Film *The Two-Thousand-Year-Old-Man* bietet Mel Brooks eine herrliche Karikatur auf diese Art Umgang mit der Schuld. Eine Mutter und ein Vater stapfen durch den Regen, um ihren Sohn in seiner Behausung zu besuchen. Als sie ankommen, werden sie herzlich begrüßt und hereingebeten. Aber sie bleiben demütig vor der Tür stehen und sagen nur: »Ist schon in Ordnung. Für uns reicht es, draußen im Regen zu stehen. Es macht uns nichts aus.«
Das Beladen mit Schuldgefühlen ist in engeren Beziehungen an der Tagesordnung, aber auch in Freundeskreisen und im größeren Familienverband ist diese Methode gebräuchlich. Haben Sie schon einmal Ihren Chef um eine Gehaltserhöhung gebeten und ihn antworten gehört: »Sie meinen, Sie hätten Grund zur Klage? Lassen Sie mich einmal erzählen, was ich alles auf meinen Schultern zu tragen habe.« Wie ungerecht auch immer Ihr Fall behandelt werden mag, er verblaßt im Vergleich zu seinen Problemen, die er mit dem ganzen Management hat. Sie sind da nur der berühmte Tropfen auf dem heißen Stein. Und wenn Sie daher den armen Märtyrer wieder verlassen, haben Sie das Gefühl, regelrecht egoistisch gewesen zu sein, indem Sie ihn mit Ihrer unwichtigen Beschwerde belästigt haben.
Warum bedienen sich die Leute solcher an die Gefühle appellierenden Mittel? *Weil die Sache funktioniert!* Sie haben damit stets Erfolg, wenn wir nicht bemerken, was in Wirklichkeit vor sich geht. Wir sagen uns dann: »Oh, so ist sie/er eben. Da kann man nichts machen.« Als walte da ein höheres Schicksal. Gewiß planen die meisten Menschen den Einsatz dieser Methode nicht bewußt, sondern greifen ganz automatisch da-

nach, weil sie wissen, wie erfolgreich sie ist, um damit die Oberhand zu gewinnen. Aber es gibt auch Menschen, die Mitleid und Schuldgefühle in ihrem normalen Repertoire haben. Ich hörte einmal von einem Produktmanager, der diese Taktik zu einer regelrechten Wissenschaft entwickelt hatte. Wenn er seinen Geschäften nachging, ließ er immer eine Stoppuhr mitlaufen, die er in der Hemdentasche unterm Jakkett untergebracht hatte. Dieser sympathische Verkaufsprofi konnte ohne Unterbrechung auf einen Kunden einreden, sobald der nur durch die Tür getreten war. Hatte er aber das Gefühl, daß das Geschäft nicht gut lief, stand er auf und ging auf den Kunden zu, um ihm ostentativ Auf Wiedersehen zu sagen. Niedergeschlagen und deprimiert hielt er sich dann bei einem übermäßig langen Händedruck auf.

Weil sie nun so nahe beieinander standen und plötzlich auch niemand mehr etwas sagte, konnte der Kunde jetzt ein leichtes Ticken hören. Gewöhnlich fragte er dann den Verkäufer: »Was ist das für ein Geräusch?«

Der täuschte Überraschung vor, griff dann an sein Herz und sagte: »Ach, das ist nur mein Schrittmacher. Könnte ich Sie wohl mit der Bitte belästigen, mir ein Glas Wasser zu holen?«

Soviel ich erfahren habe, bekam er stets sein Wasser und für gewöhnlich auch seinen Handel unter Dach und Fach. Die Person, von der ich diese Geschichte erfuhr, zählte selbst zu den Opfern seiner Taktik. »Er hat mich hereingelegt — denn später erfuhr ich, daß Herzschrittmacher gar keine Geräusche machen.«

Die meisten von uns werden dieses Verhalten für moralisch verwerflich oder zumindest fragwürdig halten. Ich schildere es auch nicht, um es als verzeihlich oder gar nachahmenswürdig hinzustellen, sondern nur zur Information.

Wenn indessen die Schuldgefühl-Taktik nicht mit direkten Lügen daherkommt, sondern sich auf möglichst hohe Ideale beruft, dann erntet sie nicht selten Applaus.

Mahatma Gandhi beispielsweise wird allseits als Vertreter des gewaltlosen Widerstands verehrt, was er jedoch tat, war auch nichts weiter, als eine Variante des alten Schuld-Spiels vorzuführen. Was dieser ausgemergelte Asket den Engländern im

Klartext sagte, war: »Wenn ihr Indien nicht die Unabhängigkeit gebt, dann werde ich in den öffentlichen Hungerstreik treten. Jeden Tag werde ich mehr an Kräften verlieren und wenn ich sterbe, dann wird die Schuld an meinem Tod auf euren Seelen lasten.« Die Absichten, die er verfolgte, mögen erhaben gewesen sein, aber erreicht hat er sein Ziel mit Hilfe einer guten alten Taktik: den Engländern Schuldgefühle einzuimpfen. Die Taktik ging am Ende auf, die Gewissen in der Welt wurden aufgerührt, und England sah sich gezwungen, seine Kolonialpolitik zu ändern.

Warum ich so ausführlich diese emotionalen Taktiken herausgearbeitet habe? *Nicht,* weil ich möchte, daß Sie sie anwenden, sondern weil ich es für notwendig halte, daß Sie sie erkennen, wenn jemand sie gegen Sie einsetzt. Das bewahrt Sie davor, allzu schnell aufs Kreuz gelegt zu werden. Wenn Sie mit den anrüchigsten und zwielichtigsten Methoden vertraut sind, dann bedeutet das ja noch lange nicht, daß Sie sich selbst durch sie korrumpieren lassen. Ein Übel zu kennen, heißt noch lange nicht, es auch zu begehen. Hätten Sie das vor, dann bräuchten Sie dazu, neben Ihrem Wissen, Ihrer Motivation, letztendlich den Antrieb zu *handeln.* Damit Sie mich also nicht mißverstehen: Ich plädiere dafür, daß Sie die Methode erkennen, nicht aber, daß Sie sie übernehmen.

Merken Sie sich, daß eine Taktik, deren Zweck man durchschaut, keine Wirkung mehr zeitigt. Ihr Gegenüber mag seine Waffe noch in der Hand halten, aber die Patronen sind ihm ausgegangen. Kurz: *Eine erkannte Taktik ist keine Taktik mehr!*

Nehmen wir noch einmal das Beispiel von dem Anzugkauf, wo ich nach langem Hin und Her zu einem Kaufentschluß gekommen bin. Als der Verkäufer endlich glaubt, aufatmen zu können, belästige ich ihn mit meiner Aufforderung, mir eine Krawatte kostenlos dazuzugeben.

Was passiert, wenn der Verkäufer dieses Manöver durchschaut? Vielleicht fängt er an zu glucksen und sagt unter immer stärker werdendem Gelächter zu mir: »Das ist ein hervorragender Trick. Ich finde das großartig, wie Sie den noch hereingebracht haben. Aber bitte, ich fände es nicht fair, wenn

ich den allein für mich behielte. Ich möchte ihn meinen Kollegen auch erzählen.« Und dann ruft er nach ihnen: »Hallo, Arnold, Larry, Irv — kommt ihr mal bitte her? Ich möchte euch von einem fantastischen Trick erzählen. Er ist zum Schreien!« Und dann wendet er sich an mich, immer noch lachend: »Bitte, führen Sie ihn den anderen auch noch einmal vor … *von Anfang an* — sie werden begeistert sein.«
Wie reagiere ich wohl Ihrer Meinung nach bei diesem ganzen Tumult? Ich werde natürlich nervös und verlegen, und wahrscheinlich murmle ich, um mich aus der Lage zu retten: »Also langsam, ich habe ja nur einen Scherz gemacht. Geben Sie mir zwei Anzüge — zum vollen Preis natürlich!«
Bleiben wir noch einen Augenblick bei dieser geschilderten Methode. Nehmen wir an, Sie sind Verkäufer in einem Geschäft oder Sie haben gerade eine große Summe in eine Transaktion investiert, und irgend jemand versucht nun, wenn der Handel eigentlich schon zu stehen scheint, Sie mit diesem Trick des Nachhakens in die Enge zu treiben. Da gibt es dann drei einfache Möglichkeiten, zu parieren und zu kontern:

1. *Keine Vollmacht.* Machen Sie dem Kunden klar, daß Sie ihm gern helfen würden, aber leider keine Vollmacht besitzen, ihm seinen Wunsch zu erfüllen. Sagen Sie: »Tut mir leid. Der letzte Kollege in diesem Geschäft, der das getan hat, war daraufhin seine Stellung los und sitzt nun als Arbeitsloser zu Hause.«
2. *Verweis auf das allgemeine Geschäftsgebaren.* Hängen Sie ein Schild an die Wand, auf dem für jedermann zu lesen ist: RABATTE WERDEN NICHT GEGEBEN.
3. *Wissendes Lachen.* Klopfen Sie Ihrem Kunden leicht auf die Schulter und lassen Sie ihn wissen, wie Ihnen seine Taktik imponiert. Amüsieren Sie sich zusammen *mit* ihm, lachen Sie nicht *über* ihn.

Wenn wir von Gegenstrategien gegen die emotionalen Taktiken sprechen, dann bringt mich das auf eine Frage, die mir neuerdings oft gestellt wird. Zumeist wird die Frage von einer Frau gestellt, die eine verantwortliche Stelle im Geschäftsle-

ben oder in der Verwaltung einnimmt. Das Problem taucht normalerweise auf, wenn sie mit Kollegen oder Vorgesetzten zusammentrifft. Während nämlich diese Managerin gerade ihre Meinung kundtut oder einen Bericht erstattet, fängt gewöhnlich ein männliches Mitglied des Stabs an, auf den Tisch zu trommeln und sie mit lauter Stimme oder sogar durch Schreien aufs Korn zu nehmen. Die Frage an mich lautete dann: »Wie würden Sie mit einem Menschen, der sich so aufspielt und mich taktisch einzuschüchtern versucht, umgehen?«
Grundsätzlich ist es erst einmal wichtig, zu erkennen, daß dieser mit Einschüchterungsmethoden arbeitende Mensch, dieses ›männliche Kind‹ es ist, der ein Problem hat. Trotz der Provokation sollte daher der bzw. die Angegriffene die Ruhe bewahren und ernst bleiben. Versuchen Sie nie, die Intervention auf einen Schlag mit den gleichen Worten zurückzuweisen, aber weichen Sie auch nicht zurück. Setzen Sie vielmehr Ihren Vortrag überlegt und mit Selbstvertrauen fort. Macht Ihr Widerpart mit seinem Spiel weiter, werden Sie als Antwort noch ein wenig leiser als gewohnt. Bei dem Lärm, den er veranstaltet, werden Sie dann vielleicht gar nicht mehr gehört, aber man sieht dafür, wie Sie sich unter Kontrolle haben – im Gegensatz zu dem kindischen Betragen Ihres Gegners. Zu diesem Zeitpunkt werden sich die Anwesenden auf Ihre Seite geschlagen haben und der Rüpel wird sich nicht mehr amüsieren, sondern in Verlegenheit sein. Leute, die sich dieser lauten Methoden bedienen, haben das gewöhnlich als Verhalten in ihrer Kindheit gelernt. Sie haben es Vorbildern abgeschaut oder am eigenen Leib erfahren. Erziehungspraktiken wie Belohnungen oder Bestrafungen wurden auf diese Weise ausgeschaltet.
Vor kurzem hörte ich einmal ein Kind in der Spielwarenabteilung eines Kaufhauses zu seinen Eltern sagen: »Wenn ich kein Spielzeug kriege, lege ich mich auf die Stufen der Rolltreppe!« Fünf Minuten später sah ich den kleinen Kerl mit einem Spielzeug unterm Arm durch den Raum marschieren – ein zufriedenes Lächeln auf den Lippen. Wenn solch ein Kind ständig dafür belohnt wird, daß es einem droht und Wutanfälle markiert, dann wird solche Taktik zu einem selbstverständ-

lichen Bestandteil seiner Persönlichkeit und es benutzt sie zur Kontrolle über andere Mitmenschen.
Merken Sie sich deswegen, daß Sie, wenn jemand mit lauten Verbalattacken auf Sie losgeht, es für gewöhnlich mit einem ganz unbewußten Verhalten zu tun haben. Die beste Reaktion unter diesen Umständen ist: Abwarten, bis der Ausbruch vorüber ist, und dann der Person für ihre so klar und bestimmt vorgetragenen Erklärungen zu danken.
Eine derartige Antwort Ihrerseits führt fast immer dazu, daß Ihr Gegenspieler seinen Ausbruch bedauert und gleichzeitig Ihren Argumenten zugänglicher wird.
Die drei letzten Schritte, die wir noch zu beschreiben haben, hängen mit den vorausgegangenen direkt zusammen.

4. Konzessionen werden als Schwäche gewertet

Um bei meinem Beispiel mit den Russen zu bleiben: Bis zurück zu den Zaren haben sie stets auf die Erhaltung von Macht geachtet, während sie gleichzeitig gegenüber Fremden ein Mißtrauen kultivierten, das bisweilen an Verfolgungswahn grenzte. Sie glauben auch heute noch, daß der beste Weg, mit jemandem zur Zusammenarbeit zu kommen, die Demonstration von Stärke sei sowie die Bekundung, sich ihrer auch zu bedienen. Damit übernehmen sie nur das Prinzip des Römischen Kaiserreiches, dessen Frieden (Pax Romana) auf der regelmäßig demonstrierten Bereitschaft, Gewalt anzuwenden, fußte.
Während westliche Diplomaten Verhandlungen grundsätzlich als eine Möglichkeit ansehen, Kompromisse zwischen gegensätzlichen Positionen herzustellen, sieht der Kreml sie eher als einen Kampf an, aus dem man als Gewinner hervorzugehen hat. Wer sich da auf irgendwelche feineren englischen Regeln beruft, animiert ihn nur, nach der Stärke seines Gegners zu fragen.
Nun ist aber ganz deutlich, daß diese Haltung — Sieg um jeden Preis — unser Denken keineswegs allgemein bestimmt. Aber es gibt doch Bereiche in unserem gesellschaftlichen Leben, wo stark kampfbetonte Einstellungen bevorzugt einge-

setzt werden: bei Präsidentschaftswahlen, im Sport, bei Auseinandersetzungen vor Gericht (vor allem im amerikanischen Prozeßrecht) und auch im Geschäftsleben, wo wir Redewendungen benutzen wie: Gegner ›ausbooten‹, Aufträge ›erkämpfen‹ usw.

Verständlicherweise haben unsere eigenen ›Sowjets‹ hierzulande, die von der festen Überzeugung ausgehen, Wettbewerb sei ein Teil des göttlichen Planes mit der Welt, ihren begrenzten Blickwinkel auf alle diese Bereiche auszudehnen versucht. Doch entgegen dieser Minderheit neigen die meisten von uns dazu, eine Lösung zu akzeptieren, die für alle und nicht nur für einen selbst gut ist. Mehr noch, wir schreiben diese Motive auch gern jedem anderen zu, mit dem wir zu tun haben.

Das aber bedeutet, daß, wenn der typische amerikanische oder überhaupt westliche Unterhändler in eine Kampfsituation gerät, er oft bereit ist, den ersten entgegenkommenden Schritt zu tun, damit die Dinge in Bewegung geraten. Wir gehen davon aus, daß die andere Seite diese Offenheit und diese Bekundung von Kooperationsbereitschaft nicht nur respektiert, sondern auch entsprechend darauf antwortet. Aber wenn Sie auf jemanden treffen, der nach der geschilderten Minderheiten-Methode vorgeht, dann ist gerade das Gegenteil richtig.

Während der Waffenstillstandsverhandlungen, die den Korea-Krieg beendeten, stellten beide Seiten ihre ersten Forderungen bereits im Hinblick darauf, wie ein endgültiger Waffenfrieden auszusehen hätte. Davon waren sie aber offensichtlich noch weit entfernt. Doch plötzlich machten die Vertreter der Vereinten Nationen, abweichend von der sonst empfohlenen Verhandlungspraxis, eine Konzession größeren Ausmaßes. Um den Sowjets in Nord-Korea unser Entgegenkommen wirklich zu zeigen, zogen wir uns von der im Kampf erreichten Linie wieder zurück. Statt daß dies aber nun von der Gegenseite als besondere Rücksichtnahme und vernünftiger Schritt gewertet wurde, bekam sie den Eindruck, wir seien zu schwach, die Stellung zu halten — und damit stärkten wir nur ihre Position.

Der amerikanische Admiral C. Turner Joy, der die UN-Ver-

handlungsdelegation in Panmunjom anführte, gab später zu, daß diese übereilte Konzession (der niemals eine Gegenleistung folgte) den Kommunisten während der Verhandlungen einen großen Vorsprung einräumte. In einem Bericht über seine Erfahrungen heißt es: »Während wir Amerikaner zu der Ansicht neigen, daß man eine besonders festgefahrene Angelegenheit dadurch löst, daß man zu gegenseitigen Konzessionen bereit ist, ziehen die Kommunisten es grundsätzlich vor, mit Verzögerungstaktiken zu arbeiten.« Im wesentlichen werden Sie also bei Verhandlungen mit ›Sowjets‹ erleben, daß Sie auf ein großzügiges Entgegenkommen Ihrerseits kaum eine entsprechende Antwort erhalten werden.
Erinnern Sie sich an das Beispiel vom Grundstückserwerb der Sowjets am Strand von Long Island? Wir sahen, daß sie gegen eine Forderung von 420000 Dollar ein Angebot von 125000 Dollar stellten. Als dann nach drei Monaten die Verkäufer ihre Forderung auf 360000 Dollar herunterschraubten, wie sah da ihre Antwort aus? An dieser Stelle möchte ich Sie zunächst einmal fragen: Was würden die meisten von uns tun, wenn wir in der Rolle des Käufers wären?
Falls Sie von dem Grundsatz ausgehen, daß man ein bißchen geben muß, um etwas zu erhalten — eine Hand wäscht die andere —, würden Sie jetzt ein Gegenangebot machen, indem Sie von sich aus Ihre erste Offerte aufstocken.
Die Unterhändler der Sowjetunion taten dies — genau wie die aus Nord-Korea — mitnichten. Im Gegenteil, sie beharrten fest auf ihren 125000 Dollar. Sie betrachteten den 60000-Dollar-Nachlaß ihrer Verhandlungspartner nicht als eine freundliche, sondern als eine defensive Geste, als ein Zeichen von Schwäche. Und konsequent hielten sie acht Monate lang an ihrer ersten Offerte fest. Erst dann erhöhten diese Pfennigfuchser auf großartige 133000 Dollar.
Eine derartige Taktik sollte einen nicht überraschen, sie gehört zu ihrer gesamten Strategie, wie der nächste Schritt beweist.

5. Kleinlich im Entgegenkommen

Vorweg müssen wir uns klarmachen, daß die Sowjets bei Verhandlungen mit den USA aufgrund ihres Systems von vornherein zwei Vorteile haben:

1. *Mehr Informationen.* Weil sie im Gegensatz zu uns ein viel geschlosseneres Gesellschaftssystem besitzen, wissen sie am Beginn einer Verhandlung immer mehr über unsere wirklichen Bedürfnisse, über unsere Präferenzen und ›Deadlines‹, als wir über ihre. Ihre Vertreter und Agenten beobachten unsere Medien, lesen unsere Zeitungen, werten unsere wissenschaftlichen Periodika und Bücher aus. Dagegen wissen wir über sie nur, was das Politbüro uns zugesteht — was wir also seiner Ansicht nach wissen sollen.
2. *Mehr Zeit.* Auf der höchsten Führungsebene gibt es im Kreml nur selten einmal eine Veränderung, jedenfalls im Vergleich zu westlichen Demokratien. Ob wir nun an Chruschtschow, Breschnew oder Gromyko denken, sie scheinen oder schienen sich Ewigkeiten an der Spitze zu halten. In unserem politischen System wird die Führung auf kürzere Zyklen beschränkt. Hinzu kommt noch, daß unablässige Meinungsumfragen, die das Stimmungsbild der Bevölkerung widerspiegeln, sich auf eine effektive Zeitausnutzung belastend auswirken können. Zudem verursacht die spezielle Dynamik unserer Gesellschaft häufigere Personaländerungen in den Firmen und Betriehen und gleichzeitig die Forderung nach schnell sichtbar werdenden Ergebnissen bei Verhandlungen.

Wie Außenminister Dean Acheson bereits vor mehr als dreißig Jahren sagte: »Mit den Russen ins Geschäft zu kommen, ist beinahe eine Lebensaufgabe.« Durch den Aufbau ihres staatlichen Systems mit seinen staatlich kontrollierten Medien und der jeweils nur indirekten Verantwortlichkeit können sie sich den Luxus leisten, Geduld zu demonstrieren.

Mit Hilfe dieses Vorteils können sie den zeitlichen Rahmen, innerhalb dessen sie etwas erreichen wollen, weiter stecken. Das Ergebnis davon ist, daß sie versuchen, uns durch endlose

Verzögerungen weichzumachen: ihr permanentes »Njet« wird nur hin und wieder einmal nach langen Intervallen von einer mageren Konzession abgelöst.
Für die meisten Amerikaner und Bürger der westlichen Welt gilt die Devise ›Zeit ist Geld‹, und diese Einstellung hat uns dazu gebracht, Pläne und Deadlines zu beobachten und zu beachten. Dementsprechend wurde uns beigebracht, Effektivität als besonderen Wert anzusehen, was bedeutet, daß wir kurze und entscheidungsreiche Treffen und Verhandlungen bevorzugen. Schon vor mehr als hundert Jahren ließ Alexis de Tocqueville über den amerikanischen Charakter verlauten: »Er neigt dazu, ausgereifte Pläne um einer momentanen Leidenschaft willen in den Wind zu schreiben.«
Eine der entscheidendsten Determinanten jeglicher Verhandlungsergebnisse sind Größe und Anzahl der Konzessionen, die die eine Seite im Vergleich zur anderen gemacht hat. Gerissene Unterhändler, die nach dem sowjetischen Vorbild vorgehen, werden stets versuchen, den Verhandlungspartner zur ersten Konzession zu bewegen. Und danach werden sie sich bemühen, selbst keine Gegenleistung einbringen zu müssen. Wenn Sie ihnen etwas bieten, werden Sie bestenfalls etwas dafür zurückbekommen, was nicht den gleichen Wert darstellt. Die zurückhaltende und abwartende Haltung soll Sie dazu provozieren. Zugeständnisse zu machen, für die Sie nie Gegenleistungen erhalten.

6. ›Deadlines‹ werden ignoriert

Während der gesamten Diskussion dieses auf Wettbewerb, auf Gewinnen und Verlieren abzielenden Verhandlungsstils habe ich die Praktiken der Sowjetunion als Beispiel herangezogen. Und ohne Zweifel ist das zentrale Element ihrer Taktik, der Dreh- und Angelpunkt ihrer Verhandlungsmethoden die *Zeit.*
Wie wir schon gesehen haben, müssen Sie, wann immer Sie mit einem ›Sowjet‹ — auch im symbolischen Sinn — verhandeln, Geduld haben. Begonnen wird immer pünktlich, aber die entstehenden Verzögerungen können endlos werden.

Wenn Sie versuchen, die Dinge zu beschleunigen, wird man Ihre Bitte diskutieren und abermals diskutieren, aber ändern wird sich nichts. Sogar wenn man sich dem Ende der Verhandlung nähert, haben sie keine Eile, denn sie wissen: Jede Deadline ist selbst auch Ergebnis von Verhandlungen. Also kann man über sie auch noch verhandeln! Ihre Gegenspieler werden versuchen, Sie davon zu überzeugen, daß ihre eigene Deadline tatsächlich die endgültige sei, aber umgekehrt werden sie sich nie zur Anerkennung Ihrer Deadlines bereiterklären.

Kehren wir noch einmal zu dem Beispiel des Grundstückskaufs in Long Island zurück. Wir sind jetzt vier Monate vor Ende der Verhandlungen. Die Sowjets haben gerade ihr Angebot auf 133 000 Dollar erhöht – gegen die bereits herabgesetzte Forderung von 360 000 Dollar. Von da an passierte wieder wenig. Erst gegen Schluß kam einige Bewegung in die Sache. Das sah dann so aus (links die noch verfügbaren Tage bis zur Deadline, rechts die Summen):

noch zweiundzwanzig Tage	145 000 Dollar
noch fünf Tage	164 000 Dollar
noch drei Tage	176 000 Dollar
noch ein Tag	182 000 Dollar
letzter Tag	197 000 Dollar

Diese Tabelle zeigt ganz deutlich, daß die Sowjets all ihre Aktivitäten tatsächlich auf die letzten fünf Tage vor Erreichen der Deadline konzentriert haben. Und als man die Deadline erreicht hatte, sah es so aus, als seien beide Seiten nun heillos blockiert. Sie lagen in ihren Vorstellungen ja noch beträchtlich auseinander: ein sowjetisches Angebot über 197 000 Dollar gegen eine Forderung des Verkäufers von 360 000 Dollar. Der Immobilienmakler wollte das Grundstück bereits wieder auf dem Markt anbieten, als sich die Sowjets – einen Tag nach Ablauf ihrer Option – wieder mit ihm in Verbindung setzten. Nach einer weiteren Woche intensiver Verhandlungen zahlten die Sowjets schließlich 216 000 Dollar in bar und der Besitzer akzeptierte, weil er das Geld aus Liquiditätsgründen dringend brauchte.

Es ist wohl nicht nötig, zu betonen, daß dieser endgültige Preis keineswegs die ganze Geschichte seiner Entstehung miterzählt, aber zweifellos blieben die Sowjets mit dem gezahlten Preis weit unter dem Marktwert, den das Grundstück in Wirklichkeit hatte. Und das beweist auf dramatische Weise, wie sich dieser Verhandlungsstil real auswirken kann.
Die Nachwirkungen sind ebenso interessant. Die Sowjets verfügten nun also über ihren Besitz; bevor sie ihn jedoch für Ihre Zwecke nutzen konnten, mußte er nach ihrer Meinung erst an den Grenzen begradigt werden — ihr angrenzender Nachbar war wiederum ihr alter Verhandlungspartner und früherer Besitzer des Grundstücks, der immer noch vor Wut kochte.
Nach vielen immer wieder revidierten Plänen und permanenten Verzögerungen wurde den Sowjets bei allen Griffen in ihre Trickkiste klar, daß sie die erforderlichen Veränderungen nicht durchsetzen konnten. Fast ein Jahr nach dem Verkauf des Grundstückes stießen sie es deshalb wieder ab — für 372 000 Dollar. Daraufhin erwarben sie, in etwas gedämpfterem Verhandlungsstil, ein schönes und brauchbares Stück Land in King's Point auf Long Island und sind jetzt fast Nachbarn der Guggenheims.
Um es noch einmal zu wiederholen: Ich habe den harten Verhandlungsstil der Sowjets nicht deswegen so ausführlich und detailliert beschrieben, weil ich Ihnen suggerieren will, in gleicher Weise vorzugehen. Wie ich schon sagte, lege ich vielmehr die Betonung darauf, daß Sie diese Taktiken kennenlernen sollten, damit sie nicht eines ihrer Opfer werden. Daher auch dies noch einmal wiederholt: *Eine erkannte Taktik ist keine Taktik mehr.*
Damit die ›Sowjet‹-Taktik funktionieren kann, müssen zudem die folgenden drei Kriterien stets gleichzeitig zutreffen:

1. *Es dürfen keine kontinuierlichen Geschäftsbeziehungen zwischen den Verhandlungspartnern bestehen.* Die Verhandlung muß auf eine einmalige Transaktion beschränkt sein, und man muß sicher sein, daß man sein Opfer später nicht noch einmal braucht. Daraus folgt aber: Bleiben Sie weiter in Geschäftsbeziehungen, dann kann Ihr augenblicklicher

Sieg ein Pyrrhus-Sieg sein, weil er Ihre künftigen Verhandlungen stark belasten wird.

Nehmen wir an, ich trete Ihnen als ein nach ›Sowjet‹-Methode arbeitender Geschäftsmann gegenüber, steche Sie perfekt aus und zahle selbst keinen Pfennig dazu. Vielleicht merken Sie zunächst gar nicht, daß Sie betrogen worden sind, aber schließlich kommen Sie doch darauf, was gelaufen ist. Gleichgültig, wie aufgebracht Sie nun auch sind, große Möglichkeiten, mich regreßpflichtig zu machen, haben Sie nicht. Aber Sie können warten, bis wir uns wieder über den Weg laufen. Selbst wenn ich auch bei dieser zweiten Begegnung das stärkere Blatt in der Hand habe, könnten Sie jetzt noch immer sagen: »Gut, ich werde wieder verlieren. Aber diesmal geht er mit mir unter. Es wird uns beide treffen.«

Im Grunde sind Sie jetzt sogar bereit, sich selbst zu opfern, wenn Sie mich dabei nur mitreißen können, ganz nach der Devise: Wenn nicht gemeinsam siegen, dann wenigstens gemeinsam untergehen.

2. *Keine nachträglichen Gewissensbisse aufkommen lassen.* Ob nun aus moralischen, ethischen oder religiösen Gründen — die meisten von uns sind nach dem Prinzip erzogen worden, mit den anderen fair umzugehen. Sie müssen mit Ihrem Gewissen vereinbaren können, was Sie an Taktiken anwenden, um zum angestrebten Ziel zu kommen. Denn was ist ein Sieg noch wert, wenn Sie später ein Gefühl von Schuld und Reue überfällt?

   Wer natürlich glaubt, daß der Zweck stets die Mittel heiligt, hat keine Schwierigkeiten mit diesem Einwand.
3. *Das Opfer darf nichts merken.* Das potentielle Opfer einer solchen Verhandlungstaktik muß ein wenig naiv, unschuldig und unerfahren sein, wenigstens momentan und auf den Verhandlungsgegenstand bezogen. Wenn der Gejagte die Regeln der Jagd kennt, wird er sich kaum direkt in die Schußlinie begeben. Daher muß der Jäger, wenn er Erfolg haben will, geschickt und unverdächtig erscheinen.

   Schon allein aus diesem Grund ist es ratsam, den Alles-oder-Nichts-Stil genau zu studieren. Wüßten genug Leute davon, dann wären wir fähig, seinen Vertretern ihre billigen Siege auf Kosten ahnungsloser Zeitgenossen gehörig zu versalzen. In der Tat könnten wir, wäre dieses Wissen nur weit genug verbreitet, diese unlauteren Taktiken des harten Wettbewerbs neutralisieren und damit die Risiken verringern.

Lassen Sie uns deshalb Ihre Möglichkeiten als Leser dieses Buches besprechen. Wie können Sie sich davor schützen, plötzlich ein Stilett in den Rücken gestoßen zu bekommen? Die Antwort lautet: Sie müssen die Fähigkeit erwerben, derartige Methoden bereits im voraus zu erkennen und zu durchschauen.

Erinnern Sie sich daran: Kriterium Nummer eins dieser Methode, die Falle zuschnappen zu lassen, ist der einmalige Handel. Wenn Ihnen also Ihr altes Auto unter dem Hinterteil zusammenbricht und Sie schnell in die Stadt — nach New York, Los Angeles oder Philadelphia — zu einem Gebrauchtwagenhändler eilen müssen — mit was für Geschäftstaktiken haben Sie dann dort zu rechnen? Vergleichen Sie die einmal mit den Praktiken eines Neuwagenhändlers in Billings (Montana) oder Rhinelander (Wisconsin), wo ein Geschäftsmann einen guten Ruf braucht, wenn er im Geschäft bleiben will!

Wo immer Sie einen Handel beginnen — sobald Sie den Verdacht bekommen, Ihr Gegenüber spielt das Gewinner-Verlierer-Spiel, haben Sie drei Wahlmöglichkeiten:

1. Es gibt immer noch Alternativen; machen Sie also auf dem Absatz kehrt und gehen Sie. Das Leben ist kurz, sagen Sie also Ihrem Widerpart entsprechend kurz, daß er in Zukunft seine Geschäfte mit sich selbst machen möge.
2. Wenn Sie Zeit und Lust haben, können Sie sich natürlich auf den Zweikampf einlassen. Bei Ihren Gegenzügen sollten Sie dann den Teufel mit seinen eigenen Tricks zu schlagen versuchen.
3. Versuchen Sie sich in der Kunst, von der Kampf- auf die Zusammenarbeitsmethode umzulenken, wo Sie beide Ihren Bedürfnissen gerecht werden können.

In den folgenden Kapiteln möchte ich Ihnen demonstrieren, wie man diese Transformation bewerkstelligt und warum man dies tun sollte — ich werde also erklären, wie Verhandlungen aussehen, aus denen beide Seiten als Gewinner hervorgehen.

Geld besagt etwas ...
Aber sagt es auch die Wahrheit?

8. Verhandeln im gegenseitigen Interesse

Es gibt eine Geschichte, die in bezug auf unser Thema fast schon zu einer Legende geworden ist:
Ein Bruder und eine Schwester streiten sich um ein übriggebliebenes Stück Torte, von dem jeder den größeren Teil abhaben will. Keiner will nachgeben, keiner will vom anderen übers Ohr gehauen werden. Gerade als der Junge das Tortenmesser erobert hat und sich den Löwenanteil sichern will, erscheinen der Vater oder die Mutter auf der Szene.
Die Eltern versuchen stets, salomonische Lösungen zu finden, so auch hier: »Augenblick mal! Mir ist es gleich, wer von euch das Stück in zwei Teile teilt, aber wer auch immer es tut, er muß dem *anderen* die Wahl zwischen den beiden Teilen lassen.« Natürlich schneidet der Junge das Stück nun in zwei ganz genau gleiche Teile, um so nicht am Ende das Nachsehen zu haben.
Die Geschichte mag nebensächlich klingen, dennoch gilt die darin enthaltene Moral bis auf den heutigen Tag. Es gibt viele Situationen, in denen die Bedürfnisse der Betroffenen keineswegs gegensätzlicher Natur sind. Wenn man von dem Ziel, sich gegenseitig auszustechen, zu dem Ziel gelangt, das Problem zu bewältigen, dann kann jeder daraus seinen Vorteil ziehen.
In einer auf Zusammenarbeit angelegten Verhandlung, aus der beide Seiten als Gewinner hervorgehen sollen, bemühen wir uns also, zu Ergebnissen zu gelangen, die für alle beteiligten Parteien akzeptabel sind. Konflikte gehören zur menschlichen Natur. Wenn man einen Konflikt aber als ein Problem ansieht, das man lösen muß, dann können sinnvolle Lösungen gefunden werden, die beiden Seiten guttun; und das Ergebnis davon kann wiederum sogar sein, daß sich beide Seiten auf diese Weise näherkommen.
Vielleicht ist es Zufall, aber bei den Tarifverhandlungen zwi-

schen Unternehmern und Gewerkschaften ist das Beispiel von dem Tortenstück stets in aller Munde. Auf der einen Seite heißt es oft genug: »Wir wollen nur unser Stück vom Kuchen!« Aber wenn man damit eine Summe Geld meint, die von vornherein feststeht, dann bedeutet das natürlich auch, daß das, was die eine Seite erhält, auf das Verlustkonto der anderen Seite geht. Nehmen wir das folgende Beispiel:
Nachdem eine Verhandlung in der Sackgasse geendet hat, beschließt die Gewerkschaft, den Streik auszurufen. Gewinnt die Gewerkschaft, dann werden die Verluste während des Streiks die gewonnenen Vergünstigungen dennoch überschreiten. Andererseits wird das Management mehr verlieren als es die Vergünstigungen ohne den Streik gekostet hätte. Also verlieren eigentlich beide durch den Streik. Gäbe es keinen Streik, so könnten sie in einer Atmosphäre des Vertrauens gemeinsam ein Ergebnis aushandeln, das beide Seiten das erreichen läßt, was sie wollen.
Trotz dieser auf der Hand liegenden Logik sind wir weiterhin Zeugen von Streiks, die nicht nur die Gewerkschaften und Unternehmen zu Verlierern machen; vielmehr erleiden bisweilen die gesamte Öffentlichkeit, die Wirtschaft und sogar nationale Interessen Schaden. Wie kommt es dazu? Vielleicht kommen wir da noch einmal mit der Geschichte von der Torte ein Stück weiter. Wenn wir von einer festen Summe ausgehen und um diese verhandeln — wobei Forderungen hin- und hergehen und schließlich Ultimaten aufgestellt werden —, dann gibt es kaum eine Möglichkeit, zu einem vernünftigen Ergebnis zu kommen. Daher sollten wir besser unsere wahren Interessen als einander bedingende ansehen und uns tatsächlich gegenseitig fragen: »Wie kommen wir zusammen und finden einen Weg, das Stück vom Kuchen noch etwas größer zu machen, damit wir mehr zu verteilen haben?«
Dies bezieht sich offensichtlich nicht nur auf Verhandlungen zwischen Arbeitnehmer und Arbeitgeber, sondern auf alle Formen von Verhandlungen, bei denen es auch um die gleichzeitige Fortsetzung von Beziehungen geht. Wenn Sie einen Augenblick lang darüber nachdenken, wird Ihnen aufgehen, daß das auf fast alle Verhandlungen zutrifft.

Da die Natur nicht alle Menschen gleich geschaffen hat, sind Ihre und meine Bedürfnisse auch nicht die gleichen. Genau das ist aber der Grund, weshalb wir beide als Sieger aus einem Geschäft hervorgehen können.
Die Einmaligkeit eines jeden Menschen scheint eine allgemein anerkannte Tatsache zu sein — wenigstens auf der intellektuellen Ebene. Warum sollten wir uns dann aber in die meisten Verhandlungen begeben, als gehe es um absolute Gegensätze und als könne nur die eine Seite auf Kosten der anderen gewinnen? Der Grund wurde bereits erwähnt: In den meisten Fällen geht es um eine fixe Summe, normalerweise um Geld. Warum geht es bei Verhandlungsgesprächen immer um Geld oder um eine Form davon, also um Preise, Raten, Rabatte usw.? Weil Geld eine präzise und quantifizierbare Größe darstellt. Es gibt Ihnen die Möglichkeit, Ihre Gewinnpunkte zu zählen und Ihre Fortschritte zu messen. Es ist der Maßstab, an dem Werte gemessen werden. Und mit ihm lassen sich natürlich auch unangenehme Botschaften verschlüsselt aussenden. Stellen Sie sich die Situation vor, daß ich zu meinem Chef gehe und sage: »Für einen Kerl wie Sie zu arbeiten und das noch unter diesen Umständen, ist nur erträglich, wenn ich mehr Geld dafür kriege!« Soviel Aufrichtigkeit wäre wohl kaum dazu angetan, mich bei meinem Vorgesetzten beliebt zu machen. Darum habe ich es gelernt, meine wirklichen Gefühle und Frustrationen zu verschlüsseln und einfach zu sagen: »Ich würde für die Arbeit, die ich mache, gern mehr Geld haben.« Solch eine schlicht auf den Geldbeutel gerichtete Auskunft ist für den anderen nicht nur leichter verdaubar, vielmehr kann mir der Chef nun sogar jovial den Arm auf die Schulter legen und verkünden: »Ich mag Leute mit Ehrgeiz. Sie und ich, wir beide werden zusammen nach oben kommen.«
Viele von uns haben von klein auf mitbekommen, daß ›Geld‹ ein echtes Gesprächsthema ist. Manche von uns wurden dazu erzogen, ihre Lieblingsfarben nach den Farben der Geldscheine auszurichten. Sie drücken jede Art von Wert am liebsten in Geldsummen aus. Aber wenn Sie nun glauben, die meisten Verhandlungen drehten sich allein ums Geld, dann irren Sie.

Die Menschen sind nicht so wie sie erscheinen und sich ausdrücken. Gewiß, Geld *ist* eine notwendige Größe, aber es ist nur eine von vielen. Wenn Sie die anderen ebenfalls vorhandenen Bedürfnisse und Notwendigkeiten nicht beachten, dann werden Sie erleben: Nur mit Mark und Dollar läßt sich wirkliche Zufriedenheit nicht herstellen. Ich möchte Ihnen das an folgendem (erfundenen) Beispiel erläutern:

Eines Tages blättert ein Paar – sagen wir: ein Ehemann und seine Frau – gemeinsam in einer Zeitschrift; dabei entdecken sie eine alte Uhr, die den Hintergrund einer Anzeige schmückt.

Worauf sie meint: »Das ist die schönste Uhr, die ich je gesehen habe. Würde die nicht herrlich in unseren Flur passen?«

Er antwortet: »Aber sicher! Ich frage mich nur, was sie wohl kostet. Davon steht natürlich nichts in der Anzeige.«

Sie beschließen, in diversen Antiquitäten-Geschäften Ausschau nach solch einer Uhr zu halten. Doch vorher versichern sie sich, nicht mehr als 500 Dollar auszugeben, wenn einer von ihnen das richtige Stück gefunden hat.

Nach dreimonatigem Suchen entdecken sie schließlich eine geeignete Uhr im Schaufenster eines Antiquitäten-Ladens.

»Das ist sie!« ruft die Frau ganz aufgeregt.

»Du hast recht, das ist sie!« bestätigt ihr Mann. »Aber denke daran, wir wollten nicht mehr als 500 Dollar für sie ausgeben!«

Sie betreten den Laden, schauen sich das Stück genauer an.

»O weh«, flüstert da die Frau, »da hängt ein Schild, auf dem steht, daß die Uhr 750 Dollar kosten soll. Da können wir gleich wieder nach Hause gehen. Wir wollten ja nicht mehr als 500 Dollar ausgeben, nicht wahr?«

»Ganz recht«, sagt der Mann, »aber schauen wir sie uns doch noch ein wenig genauer an. Wir haben schließlich so lange nach ihr gesucht.« Sie stecken die Köpfe zusammen und einigen sich, daß er die Verhandlungen führen wird – mit dem winzigen Hoffnungsschimmer im Hinterkopf, sie vielleicht doch noch für 500 Dollar zu ergattern.

Darauf nimmt er allen Mut zusammen und wendet sich an den Verkäufer. »Sie haben da so eine kleine Uhr zu verkaufen.

Das Preisschild habe ich auch gelesen, aber vom Staub her zu urteilen, der auf der Uhr liegt, haben Sie sie schon eine ganze Weile im Laden.« Dann holt er tief Luft. »Wissen Sie, was ich jetzt tue: Ich mache Ihnen ein Angebot, nur ein einziges, und das wär's dann. Es wird Sie gewiß ein wenig erschüttern. Sind Sie darauf vorbereitet?« Er legt eine effektvolle Pause ein. »Also dann: 250 Dollar.«

Der Verkäufer zuckt nicht einmal mit der Wimper und antwortet: »In Ordnung, sie gehört Ihnen.«

Was ist die erste Reaktion des Mannes? Ist er erleichtert? Sagt er zu sich selbst: »Das ist mir ja hervorragend gelungen, daß ich die Uhr im Preis noch so nach unten gedrückt habe«? Ganz gewiß nicht! Sie und ich waren selbst oft genug in einer ähnlichen Situation und wissen daher, wie er zunächst reagiert: »Wie dumm von mir! Hätte ich dem Kerl doch nur 150 Dollar geboten!« Aber Sie kennen auch seine zweite Reaktion: »Da muß irgend etwas nicht in Ordnung sein mit der Uhr!«

Als er sie zum Auto transportiert, bemerkt er: »Sie ist eigentümlich leicht. Ob da ein paar Teile im Innern fehlen?«

Aber wie dem auch sei, er trägt sie jedenfalls in den Flur und stellt sie dort auf. Sie sieht ungeheuer dekorativ aus. Auch scheint sie gut zu funktionieren, dennoch haben er und seine Frau ein ungutes Gefühl.

Dreimal werden sie mitten in der Nacht wach. Warum? Weil sie sicher sind, daß sie die Uhr nicht schlagen gehört haben. Das geht so weiter, tage- und nächtelang. Ihre Nerven sind inzwischen zum Zerrreißen gespannt. Und warum das alles? Weil der Verkäufer die »Chuzpe« gehabt hatte, ihnen die Uhr ohne weiteres für 250 Dollar zu verkaufen.

Wäre er ein Mann gewesen, der dezent, rücksichtsvoll und anteilnehmend mit seinen Kunden umgeht, dann hätte er ihnen den Gefallen getan und die Befriedigung verschafft, sie bis auf 497 Dollar hinaufzuhandeln. Dadurch, daß er ihnen diese 247 Dollar erspart hat, hat er ihnen ein Dreifaches an Verärgerung eingehandelt. Der klassische Fehler bei diesem Geschäft war also gewesen, daß die gesamte Aufmerksamkeit nur auf einen Punkt gerichtet gewesen war — auf den Preis.

Wäre es dem Paar wirklich nur um den Preis gegangen, dann hätten sie natürlich frohlockt. Aber weil sie, wie wir alle, nicht so eindimensional ausgerichtet sind, müssen noch mehrere Bedingungen erfüllt werden, ehe wir zufrieden sind. Und dies geschieht bisweilen ganz unbewußt.

Jedenfalls hat der niedrige Preis allein dieses Paar nicht glücklich gemacht. Das reichte nicht. Der ganze Handel endete für sie einfach zu schnell. Was sie erwartet hatten, war ein kleines Hin und Her im Gespräch, eine Diskussion, in der sie Vertrauen zum Verkäufer und zu ihrer Kaufentscheidung entwickeln konnten, und zuletzt auch ein wenig Bieten und Gegenbieten. Hätte der Mann eine Chance gehabt, seinen Witz und Verstand gegenüber dem Verkäufer auszuspielen, dann hätte er sich am Ende wohler gefühlt — in bezug auf den Erwerb der Uhr und auf sich selbst.

Ich sagte bereits, daß Verhandlungen etwas sind, bei dem verschiedene Parteien sich bemühen, ihre Bedürfnisse zu befriedigen. Aber ihre wirklichen Bedürfnisse sehen zumeist anders aus als die, die sie zur Schau tragen, weil die Parteien sich bemühen, sie zu verbergen, bzw. weil sie die der Gegenseite nicht erkennen. Daraus folgt, daß Verhandlungen sich nie nur um das drehen, was offen beim Namen genannt wird oder worum gerungen wird — seien es Preise, Dienstleistungen, Produkte, Raten, Geld, Konzessionen. Was besprochen wird und die *Art, in der man an die Sache herangeht,* machen zusammen das aus, was zur Befriedigung psychologischer Bedürfnisse vonnöten ist.

Eine Verhandlung beinhaltet mehr als den Austausch rein materieller Dinge. Die Art des Handelns und Verhaltens ist es, die Verständnis, Glaube, Respekt und Vertrauen wecken kann. Dazu gehören auch die Art und Weise, wie Sie an den anderen herantreten; Ihre Stimme; Ihre Methoden, die Sie anwenden; der Ernst, mit dem Sie den Gefühlen und Bedürfnissen der Gegenseite begegnen.

Alle diese Faktoren zusammen umfassen den *Prozeß* einer Verhandlung. Daraus folgt, daß Sie allein schon mit der Art und Weise, wie Sie Ihr Ziel zu erreichen versuchen, einige Bedürfnisse der Gegenseite berühren können.

Wir haben also nun herausgearbeitet, warum Verhandlungen oft unnötigerweise in gegenseitigem Gerangel enden und Konflikte verursachen, die für beide Seiten fruchtlos sind. Wenn aber in Verhandlungen die Befriedigung der Bedürfnisse beider Seiten erreicht werden soll, dann haben wir gesehen, wie sehr doch der Prozeß der Verhandlung selbst – also die Art, wie man gemeinsam einen Konflikt zu lösen bestrebt ist – den Bedürfnissen beider Parteien entsprechen kann. Weil zudem kein Mensch wie der andere ist, ist es möglich, zwischen potentiellen Gegnern Harmonie herzustellen, sie miteinander zu versöhnen.
Lassen Sie mich daher aufzeigen, wie der Verhandlungsprozeß und die Versöhnung der gegenseitigen Interessen dazu benutzt werden können, Ergebnisse zu erzielen, die beide Seiten zu Gewinnern macht.

1. Den Verhandlungsprozeß dazu benutzen, Bedürfnisse aufeinander abzustimmen

Eine Verhandlung sollten Sie immer mit Samthandschuhen und nie mit dem Schlagring beginnen. Vertreten Sie Ihre Sache in gemäßigtem Ton, kratzen Sie sich auch manchmal am Kopf und geben Sie zu, daß Sie sich bisweilen irren können. Denken Sie daran: »Irren ist menschlich, Vergeben göttlich.« Zögern Sie nicht zu sagen: »Ich brauche in dieser Sache Ihre Hilfe, denn ich bin mir nicht ganz sicher.«
Begegnen Sie der anderen Seite stets mit Takt, nehmen Sie Rücksicht auf deren persönliche Würde. Sogar wenn sie dafür berühmt ist, daß sie sich gern anstößig verhält und es liebt, auf Gegenkurs zu gehen, werden Sie sie entwaffnen, wenn Sie ihr mit durchaus positiven Erwartungen gegenübertreten. Mit anderen Worten: Die Menschen neigen dazu, sich so zu verhalten, wie man es von ihnen erwartet.
Versuchen Sie, das anstehende Problem von *Ihrem Gesichtswinkel aus* oder von Ihrem Bezugsrahmen her zu sehen. Hören Sie mit Anteilnahme zu, und das bedeutet: Hören Sie auf, gleich Gegenargumente einzustreuen, während die Gegenseite spricht. Reagieren Sie nie barsch, denn die Art und Weise, *wie*

Sie etwas sagen, kann oft entscheidend für die Antwort sein, die Sie bekommen. Vermeiden Sie in Ihren eigenen Antworten irgendwelche Endgültigkeiten. Beginnen Sie Ihre Erwiderungen lieber mit Floskeln, wie »wenn ich Sie richtig verstanden habe ...«, usw.
Dieses ›sanfte‹ Verhalten wird Ihren Worten einen besonderen Klang geben, Ihre Handlungen werden dementsprechend gewürdigt werden und es wird zu wenig Mißhelligkeiten kommen. Wenn Sie diesen Richtlinien folgen, werden Sie bald einen Verbündeten haben, und Sie werden gemeinsam nach Lösungen suchen, die für beide Seiten akzeptabel sind.
An einer kurzen Begegnung, die ich vor einigen Jahren hatte, möchte ich Ihnen zeigen, wie das vor sich geht:
Ich war zusammen mit einem Kollegen zu Geschäften in Manhattan. Da wir an dem Morgen noch etwas Zeit bis zu unserem ersten Termin hatten, leisteten wir uns ein langes, gemütliches Frühstück. Nach der Bestellung ging mein Kollege hinaus, um sich eine Zeitung zu besorgen. Nach fünf Minuten kam er zurück, mit leeren Händen. Er schüttelte den Kopf und murmelte etwas in seinen Bart.
»Was ist los?« fragte ich.
»Diese verdammten Leute«, antwortete er. »Ich ging hinüber zu diesem Zeitungsstand, nahm mir eine Zeitung und reichte dem Kerl da eine Zehn-Dollar-Note. Aber statt daß er mir mein Wechselgeld zurückgab, zog er mir die Zeitung wieder unter dem Arm hervor. Als ich ihn ganz entgeistert anstarrte, belehrte er mich darüber, daß er keine Zeit habe, mir mitten im dicksten Geschäft auch noch mein Geld zu wechseln.«
Während wir frühstückten, sprachen wir über die Episode. Mein Kollege hielt den Zeitungsverkäufer einfach für einen arroganten Kerl, der sich zu keiner Zeit und niemandem gegenüber herabgelassen hätte, die zehn Dollar zu wechseln. Das war mir eine Wette wert, und so ging ich nun selbst zu ihm über die Straße, während mein Freund uns von drüben beobachtete.
Als sich der Zeitungsverkäufer mir zuwandte, sagte ich ganz bescheiden zu ihm: »Entschuldigen Sie mich, mein Herr... aber ich habe ein Problem, bei dem Sie mir vielleicht helfen

können. Ich bin fremd in der Stadt, und ich brauche unbedingt eine *New York Times.* Aber ich habe nur diese Zehn-Dollar-Note. Was kann ich da machen?« Ohne zu zögern reichte er mir ein Exemplar der *N. Y. Times* herüber und sagte: »Hier, nehmen Sie, und wenn Sie gewechselt haben, kommen Sie zurück zu mir und bezahlen.«
Triumphierend marschierte ich mit meiner ›Beute‹ unter dem Arm zurück über die Straße. Mein Kollege sprach auch später immer nur vom ›Wunder von der 54. Straße‹, wenn er auf die Geschichte zu sprechen kam, um dann stets erneut den Kopf zu schütteln. Und ich bemerkte dazu nur beiläufig: »Laß den anderen Interesse gewinnen, dann läuft es. Es ist alles eine Frage davon, wie man es angeht.«

2. Bedürfnisse aufeinander abstimmen bzw. miteinander versöhnen

Unglücklicherweise gehen die Leute, wenn sie sich in einer Verhandlung als Gegner ansehen, gern auf Distanz oder lassen sich sogar durch Dritte vertreten. Aus dieser sicheren Entfernung schießen sie nun ihre Forderungen und Gegenforderungen ab, verkünden das Ende von Gesprächen bzw. bewerfen sich gegenseitig mit Ultimaten. Weil jede Partei versucht, ihre Position zu stärken, werden entscheidende Daten, Fakten und Informationen gehortet. Was einer fühlt, welche Einstellung er wirklich hat und welches seine wirklichen Bedürfnisse sind, wird verheimlicht, damit es nicht gegen ihn verwendet werden kann. In solch einer Atmosphäre ist es natürlich unmöglich, Verhandlungen so zu führen, daß sie zu einem beiderseitig befriedigenden Ergebnis führen.
Aber wenn wir davon ausgehen, daß jeder Mensch ein einzigartiges Wesen ist, dann folgt daraus, daß die von ihnen verfolgten Ziele nicht alle gleich sein können bzw. sich gegenseitig ausschließen. Erkennt und akzeptiert man diese Tatsache, dann entsteht ein Klima, in dem Aufrichtigkeit und Vertrauen hergestellt werden können und wo man sich offen gegenübertritt und Fakten austauscht, persönliche Gefühle und Bedürfnisse offen bekennt. Durch freies Umgehen miteinander,

durch wirkliches Teilen und Anteilnehmen, können vernünftige Lösungen gefunden werden, die beide Seiten zu Gewinnern machen.
Mitte der vierziger Jahre produzierte Howard Hughes zum Beispiel einen Film mit dem Titel *The Outlaw* (Der Geächtete). Mit ihm kam Jane Russell damals groß heraus. Den Film selbst kann man wohl zu Recht vergessen, nicht aber die Reklameflächen, auf denen er angepriesen wurde. Da sah man Jane Russell, wie sie sich im Heu räkelte und in den Himmel schaute. Ich war davon — daran kann ich mich noch recht gut erinnern — als junger Bursche ganz hingerissen, und am liebsten wäre ich da zu ihr hinaufgestiegen.
Zu der Zeit war Hughes so verliebt in die Russell, daß er ihr einen Einjahresvertrag über eine Million Dollar garantierte.
Zwölf Monate später sagte Jane Russell: »Ich hätte jetzt gern gemäß meinem Vertrag meine Million Dollar.«
Aber Howard Hughes meinte, er sei momentan nicht ›liquide‹, verfüge aber über genügend Vermögenswerte. Die Schauspielerin blieb indessen bei ihrer Forderung und erkannte keine Entschuldigungen an: sie wollte ihr Geld. Hughes erzählte ihr weiter von seiner vorübergehenden Knappheit an Barmitteln und bat sie zu warten. Jane Russell pochte jedoch auf ihren Vertrag, in dem unmißverständlich stand, daß die Summe zum Ende des Jahres fällig sei.
Die Forderungen der beiden Seiten schienen nicht miteinander vereinbar. Sie standen sich — die Methode haben wir ja ausführlich geschildert — wie zwei unversöhnliche Gegner gegenüber und verkehrten nur noch über ihre Anwälte miteinander. Aus einer engen Arbeitsbeziehung war ein Kampf auf Gedeih und Verderb geworden. Gerüchte begannen zu wuchern, und es sah so aus, als würde die Sache am Ende vor Gericht ausgetragen werden müssen. (Immerhin hatte Howard Hughes zum Beispiel 12 Millionen Dollar an Gerichts- und Anwaltskosten riskiert, als er versuchte, die Kontrolle über die Fluggesellschaft TWA zu erlangen.) Wer würde, wenn es zum Prozeß käme, gewinnen? Wahrscheinlich wieder einmal allein die Rechtsanwälte …
Wie wurde der Konflikt nun tatsächlich gelöst? Indem die

Russell und Hughes klugerweise sagten: »Du und ich, wir sind recht verschiedene Menschen und wir haben verschiedene Ziele. Laß uns versuchen, ob wir nicht in einer Atmosphäre des Vertrauens einmal darüber reden und so unsere wirklichen Gefühle und Bedürfnisse artikulieren.« Genau das taten sie dann auch. Und heraus kam eine gemeinsame vernünftige Lösung des Problems, die beide Seiten befriedigte.

Sie wandelten den ersten Vertrag so um, daß er eine Laufzeit von zwanzig Jahren hatte und pro Jahr 50 000 Dollar fällig waren. Die Summe war zwar gleich geblieben, mit dem Unterschied, daß sie jetzt anders aufgeteilt war. Das Ergebnis lautete für Hughes also: Sein ›Liquiditätsproblem‹ war gelöst, und das unter Beibehaltung der ursprünglichen Summe. Jane Russell konnte dafür ihr steuerpflichtiges Einkommen über eine ganze Reihe von Jahren verteilen und sparte dabei wohl noch einiges an Steuern – sie hatte demnach auch ihren Vorteil, ohne im Prinzip nachgeben zu müssen. Im Gegenteil: Ihre täglichen Finanzprobleme waren damit auf absehbare Zeit vom Tisch.

Wenn man bedenkt, daß der Schauspielerberuf gewöhnlich keine sehr sichere Sache ist, dann hatte sie nicht nur ›ihr Gesicht gewahrt‹, sondern sie hatte in Wirklichkeit gewonnen! Wenn man mit einem so exzentrischen Mann wie Howard Hughes Geschäfte macht, dann macht man normalerweise, selbst wenn man im Recht ist, keine Gewinne. Diesmal war es aber so gewesen, daß beide ihre Interessen wahren konnten und damit beide auf der Gewinnerseite standen.

Konflikte

Konflikte lassen sich im Leben nicht vermeiden, sie sind ein Teil davon. Es kommt immer wieder vor, daß Menschen gegensätzliche Ziele verfolgen. Aber gleichgültig, worum ein Konflikt sich dreht – von der Aufteilung eines Tortenstücks bis zur Verteilung von einer Million Dollar –, er entsteht häufig auch dann, wenn beide Seiten sich darüber verständigt haben, was sie eigentlich wollen.

Betrachten wir ein Beispiel, in dem beide Parteien das gleiche wollen, der Konflikt aber darum geht, wie das zu erreichen ist: Gegen Ende eines amerikanischen ›Football‹-Spiels hat die Heim-Mannschaft eine Aus-Zeit genommen und sich zwei Meter hinter ihrer Torlinie aufgestellt. Der Abwehrspieler verlangt nun, daß sie als nächstes einen Versuch (›touchdown‹) starten sollen. Der Trainer besteht aber darauf, daß abgefangen werden soll (›field goal‹). Beide haben das gleiche Ziel — sie wollen das Spiel gewinnen. Die Meinungsunterschiede beziehen sich nur auf die Mittel, mit denen das am besten zu erreichen ist.

Wie immer auch sich ein Konflikt zwischen einzelnen Menschen oder ganzen Gruppen darstellen mag, ist es doch sehr wichtig, herauszuarbeiten, wie und warum ein Meinungsunterschied entstanden ist. Dabei ist grundsätzlich der erste Schritt zur Zusammenarbeit der, daß man herausbekommt, von welcher Position jede Seite ausgeht. Wieweit stimmt man hier überein, wo beginnen die Differenzen? Als nächstes versuchen Sie zu analysieren, wie die unterschiedlichen Ansichten zustandegekommen sind. Lassen sich diese Differenzen abstecken und *die Gründe dafür feststellen,* dann fällt es leichter, die beiden Parteien soweit zusammenzubringen, daß sie als gemeinsame Gewinner aus der Sache hervorgehen.

Im allgemeinen stammen unterschiedliche Einstellungen zu einer Sache aus folgenden drei Bereichen:

1. Erfahrung
2. Information
3. Rolle

1. Erfahrung

Niemand, Sie nicht und ich nicht, sieht die Dinge so, wie sie wirklich sind. Wir sehen die Dinge vielmehr durch die Brille unserer Persönlichkeit. Jeder Mensch ist schließlich das Produkt seiner Erfahrungen, und es gibt keine zwei Menschen, die in dieser Hinsicht völlig identisch sind. Zwei Kinder, auch wenn sie gleichen Geschlechts sind, nur ein Jahr auseinander und von derselben Mutter erzogen, sehen die Welt durch ganz

verschiedene Brillen. Wenn das aber schon für zwei Kinder stimmt, die unter demselben Dach aufwachsen, um wieviel stärker muß das erst für Menschen gelten, die in völlig anderen Umgebungen groß werden! Um den Journalisten Walter Lippmann zu zitieren: »Wir sind alle Gefangene der Bilder, die in unseren Köpfen herrschen — und wir glauben dabei, daß die Welt, wie wir sie erfahren, auch die Welt ist, die tatsächlich existiert.«
Wenn ich also verstehen will, wie Sie über bestimmte Ereignisse denken und wie Sie sie interpretieren, dann muß ich einen Blick in die spezielle Welt werfen, *in der Sie leben.* Um Ihr Verhalten zu erfassen, muß ich versuchen, Ihre Gefühle, Einstellungen und Ihre Glaubensgrundsätze zu erforschen. Im lockeren Jargon von heute ausgedrückt: Ich muß wissen, ›wo Sie herkommen‹.

2. Information

Gewöhnlich ist es so, daß verschiedene Leute auch verschiedene Erfahrungen machen und mit der Zeit verschiedene Fakten sammeln. Jeder hat Daten, Zahlen, Redensarten ›auf der Latte‹, die ein anderer so nicht kennt, und umgekehrt. Von diesem Informationsstand gehen wir aber aus, wenn wir Entscheidungen und Schlußfolgerungen treffen; sie bestimmen den Rahmen und die Richtung unserer Handlungen.
Zweifellos enden wir aber auch, wenn wir von jeweils verschiedenen Informationssystemen ausgehen, an verschiedenen Punkten, die oft meilenweit voneinander entfernt sind. Wollen wir nun einen entstehenden Konflikt möglichst klein halten, dann müssen wir bereit sein, uns entsprechend mitzuteilen und gleichzeitig versuchen, am Informationssystem der Gegenseite teilzunehmen. Das bedeutet nun nicht gerade, daß man bis in die letzten finanziellen Details geht, sondern daß man seine entscheidenden Ideen, Gefühle und Bedürfnisse mitteilt. Die einzige Methode, mit der Sie Verständnis für Ihren Standpunkt erwarten können, besteht darin, die andere Seite entsprechend zu versorgen — mit Informationen darüber, wie Ihre Sicht der Dinge sich entwickelt hat. Und damit

zeigt sich: Die Hauptaufgabe liegt nicht im bloßen Argumentieren. Sondern darin, die Gegenseite zum Erfassen Ihrer Sichtweise zu erziehen!

3. Rolle

Sehr oft sind unterschiedliche Blickpunkte, die sich ergeben, Resultate der Rolle, die Sie in einer Verhandlung gespielt haben. Von der aus bestimmt sich, wie Sie eine Situation auffassen, sie färbt Ihre Einstellung zu dem, was eine beiden Seiten gerechtwerdende Übereinkunft sein könnte. Und beide Seiten gehen von einem gleichen Recht aus, auch wenn etwa der Ankläger zum Beispiel in einem Fall eine ganz andere Position einnehmen kann als der Verteidiger.

Gleichgültig, wen Sie vertreten — in allen Fällen schwingt immer die Tendenz mit, die sich aus moralischer Überzeugtheit speist: »Die Engel sind auf meiner Seite, denn ich vertrete eine gute Sache gegen eine Welt von Teufeln.« Das ist natürlich eine lächerliche Pose, und sie ist selbstzerstörerisch. Soll eine Verhandlung erfolgreich zu Ende gehen, dann muß einiges von diesem emotionalen Ballast abgeschüttelt werden. Beide Seiten müssen lernen, zu sagen: »Wäre ich an seiner Seite und müßte diesen Kunden vertreten, dann würde ich vielleicht die gleiche Position beziehen.«

Gewiß sollen Sie nun nicht gleich zur Gegenseite überlaufen. Irgendwie vergißt man schließlich nie, so engagiert man auch selbst handelt, von wem man sein Gehalt oder seine Provision bezieht. Doch wenn Sie Ihre Fühler auch in diese Richtung ausstrecken, wird Ihnen das helfen, die Zwänge, die Probleme und die wirklichen Bedürfnisse der Gegenseite zu erkennen. Mit diesem Wissen hat man den Schlüssel zu einer tragfähigen Lösung des Problems in der Hand.

Bevor wir nun weitergehen, möchte ich noch einmal zusammenfassen, was in diesem Kapitel darüber ausgearbeitet worden ist, wie man am besten an eine Verhandlung herangeht. Die Betonung lag *nicht* auf irgendwelchen schlau eingefädelten Manövern, die die andere Seite austricksen oder manipulieren. Sie lag vielmehr auf der Notwendigkeit, auf der Grund-

lage von Vertrauen Beziehungen herzustellen, die beiden die Chance bietet, etwas zu gewinnen.
Wir haben gesagt, daß die Menschen, so einzigartig jeder für sich auch sein mag, doch in ihrem Wollen nicht grundsätzlich verschieden sind — alle wollen sie nur ihre Bedürfnisse befriedigen. Unterscheiden sich meine Bedürfnisse von den Ihrigen, dann sind wir noch lange keine Gegner. Und deshalb gilt: Wenn ich mich Ihnen in der richtigen Art und Weise nähere und wir die Dinge so regeln können, daß sie unser beider Bedürfnisse entsprechen, dann besteht auch die Möglichkeit, daß wir beide am Ende als Sieger dastehen:
Erfolgreiches Verhandeln auf der Grundlage von Zusammenarbeit basiert darauf, daß man herausfindet, was die andere Seite wirklich will, und daß man ihr zeigt, wie sie das auch erreicht, während man gleichzeitig das erreicht, was man selbst will.

Es ist erst aus, wenn alles vorbei ist.

Yogi Berra

9 Noch mehr über Gewinntechniken

Will man eine Verhandlung zur beiderseitigen Zufriedenheit zu Ende bringen und durch kooperatives Handeln beide Parteien zu Gewinnern machen, dann sind vor allem drei Handlungsweisen von Bedeutung:

1. *Vertrauen bilden*
2. *Verbindlichkeiten herstellen*
3. *Widerstand bewältigen*

1. Vertrauen bilden

Vorweg (oder nebenbei) bemerkt: Sie sollten auf keinen Fall annehmen, daß ich zu jenen Zynikern gehöre, die jeden Menschen für unverbesserlich habgierig und schlecht halten. Ich unterschätze keineswegs die Schwierigkeit, in einer auf Konkurrenz und Wettbewerb angelegten Gesellschaft Vertrauen zu entwickeln. Aber die Erfahrung hat mich gelehrt, daß das möglich ist. Mit Blick auf eine *fortdauernde Beziehung* werden Sie zweifellos, je mehr Vertrauen sie den anderen entgegenbringen, es auch um so mehr bestätigt bekommen. Zeigen Sie ihnen, daß Sie an ihre Ehrlichkeit und Anständigkeit glauben, und Sie werden sie nur darin bestärken, entsprechend diesen Erwartungen zu leben.

Und wie sieht die Alternative dazu aus? Probieren Sie es einmal mit Mißtrauen und Verdächtigungen gleich zu Beginn, und Sie werden erleben, wie sich Ihre Prophezeiungen quasi von selbst erfüllen. Der einzige Weg, uns selbst vor dem Schlimmsten zu schützen, besteht darin, daß wir das Beste erwarten.

Und das Beste ist eine *vertrauensvolle Beziehung,* in der jeder Partner von der Ehrenhaftigkeit und Anständigkeit des anderen überzeugt ist. Es ist eine Abhängigkeit, die auf Gegensei-

tigkeit beruht — ein mögliches Bündnis zur Behandlung unvermeidbarer Gegensätze. Das ist das Klima, in dem Grundlagen für eine Konfliktlösung zur Zufriedenheit aller Beteiligten gelegt werden.
Dieses gegenseitige Vertrauen ist die Hauptquelle von Verhandlungen, die auf der Basis der Zusammenarbeit aus beiden Seiten Gewinner machen. Wir wollen nun diskutieren, wie und wann diese Beziehung aufgebaut werden kann. Aus Gründen, die sich aus der Sache selbst ergeben werden, habe ich die Vorgehensweise bei der Bildung von Vertrauen in zwei Zeitstufen unterteilt:

A. Das Entwicklungsstadium
B. Das formelle Ereignis

A. Das Entwicklungsstadium

Bei der Unterscheidung zwischen dem Stadium der Entwicklung und dem formalen Zustandekommen des Ergebnisses habe ich mich des Beispiels einer geistigen Erkrankung bedient. Falls Sie sich erinnern: Es ging darum, daß sich dieser Zustand — in mehreren Schritten — über einen längeren Zeitraum hinweg entwickelt. Dies geht zeitlich dem formalen Ereignis einer Diagnose und sicheren Feststellung einer Geisteskrankheit voraus. Worauf es mir dabei ankam, war die Analogie zu einer Verhandlung, die ebenfalls ein kontinuierlicher Prozeß ist, in dem die beiden Parteien miteinander agieren. Der formale Aspekt ist dabei etwa die Verabredung, am soundsovielten März um 14 Uhr damit zu beginnen, während der inhaltliche Aspekt natürlich auf einer ganz anderen Ebene angesiedelt ist.
Der letzte Schritt im Verhandlungsprozeß ist für gewöhnlich eine persönliche Begegnung der Parteien, aber natürlich ist das auch per Telefon oder brieflich möglich. Die meisten Menschen glauben, daß diese letzte Stufe des Prozesses die Verhandlung selbst darstelle. In Wirklichkeit gehen dieser aber zumeist Wochen und Monate der oft schwierigen Vorbereitungen voraus.

Dieses Konzept, nach dem das formelle Ereignis nur der Höhepunkt und Abschluß eines längerwährenden Prozesses ist, findet sich in allen Lebensbereichen. Ob man nun daheim im Backofen einen köstlichen selbstgemachten Kuchen hat oder ob man in eine Schlußprüfung geht — der Erfolg bei all diesen Ereignissen hängt von einer ganzen Menge Vorarbeit ab.

Zur Illustration noch ein weiteres Beispiel:

Ihre Tochter und Ihr künftiger Schwiegersohn wünschen sich eine formelle Vermählung in der Kirche und danach einen großen Empfang. Als glückliche Eltern der Braut sind Sie einverstanden und erklären sich bereit, das ganze zu arrangieren und die Zeche zu bezahlen. Beide Ereignisse zusammen werden im Endeffekt zusammen etwa sieben Stunden umfassen, aber der Prozeß, der vorausgeht, wird Sie sechs Monate lang beschäftigen.

Glückliche Menschen sind nach allgemeiner Definition solche, denen das Glück hold ist — aber in Wahrheit sind sie deswegen bevorzugt, weil sie die ihnen zur Verfügung stehende Zeit in der Phase der Entwicklung besonders gut nutzen. Ob beim Kuchenbacken, im Examen oder beim Planen einer Hochzeit — die zuvor aufgebrachten Anstrengungen bestimmen das Resultat am Ende.

Aus demselben Grund ist die bewußte Wahl und nicht der Zufall bestimmend für das endgültige Ergebnis einer Verhandlung. Die Umstände, auf die man trifft, sind nicht zufälliger Natur — sie werden durch Handeln erst hervorgerufen oder, häufiger, durch Untätigkeit auf der Prozeßstufe. Hier, also *vor* der eigentlichen Verhandlung, werden Einstellungen geformt, wird Zuversicht entwickelt, werden Erwartungen aufgestellt. Erntet man in der eigentlichen Verhandlung Zwietracht, dann ist es sehr wahrscheinlich, daß diese bereits schon auf der Entwicklungsstufe gesät und gedüngt worden ist. Wie schon Benjamin Disraeli sagte: »Wir machen uns unser Glück selbst und nennen es dann Schicksal.«

Deswegen wird das Glück auf dessen Seite sein, der seine Zeit dazu nutzt, eine Atmosphäre des Vertrauens herzustellen, die dann während der eigentlichen Verhandlung wachsen und reifen wird. In dieser Fähigkeit, die Gegenwart mit Blick auf die Zukunft nutzen zu können, liegt der Unterschied.

Die Einstellung der anderen Seite läßt sich am wirkungsvollsten beeinflussen, bevor ein Konflikt überhaupt institutionalisiert ist. Wie ich schon sagte: Wenn erst einmal das rote Licht auf der Fernsehkamera leuchtet, paßt der Betroffene auf und zögert, irgend etwas zu sagen oder zu tun, was seinen Gegner noch mehr Angriffsfläche bieten könnte.

Bevor die vorausgegangenen Stadien in eine formelle Verhandlung übergehen, werden Ihre Handlungen und Ihr Verhalten für bare Münze genommen. Ab einem gewissen Punkt wird dann aber alles, was Sie tun, oft nur als Trick, als Verstellung oder als Schachzug gewertet, vor allem dann, wenn Sie mit jemandem im Wettbewerb stehen.

Lassen Sie mich hier einmal ein wenig übertreiben, damit Ihnen klar wird, was ich meine.

Sie und ich treffen uns zum erstenmal in der Endrunde einer Verhandlung, die sehr zäh und gegensätzlich verläuft. Nehmen wir an, Sie bieten mir nun eine Tasse Kaffee und eine Zigarette an, Sie selbst aber nehmen weder das eine noch das andere. Wie wird meine Reaktion aussehen? Falls es in unserer Beziehung keinerlei Vertrauen gibt, könnte ich vielleicht denken: »Was soll das? Will er mich weichmachen?« Wäre ich noch mißtrauischer, dann könnte ich auch denken: »Dieser Kerl will mich wohl die ganze Nacht wachhalten, bis ich am Ende durchdrehe!« Hätten Sie mir beides indessen angeboten, bevor wir in die endgültige Verhandlung einstiegen, dann hätte ich das wahrscheinlich für die freundliche Geste eines sehr höflichen Menschen gehalten.

Kurz, es gibt, bevor es zum formellen Ereignis kommt, bestimmte Handlungsweisen, durch die Sie Pluspunkte, Ansehen und guten Willen gewinnen können. Aber wenn das Ringen erst einmal begonnen hat und das Klima eher feindselig ist, dann können dieselben Handlungen das Gegenteil bewirken.

Sie müssen daher wirksamen Gebrauch von dem Vorbereitungsprozeß machen, der einer Verhandlung vorausgeht. Sie können es sich nicht leisten, bis zum letzten Augenblick zu

warten, dann, wenn die Verhandlung unmittelbar vor der Tür steht. Nutzen Sie die zur Verfügung stehende Zeit, um den Fall zu analysieren und auf mögliche Widersprüchlichkeiten abzuklopfen. Wir sagten früher schon, daß ein Konflikt aus den unterschiedlichen *Erfahrungen, Informationen* und aus der *Rolle,* die wir spielen, entstehen kann.
Es geht also darum, zuzupacken, *bevor* das formelle Ereignis der Verhandlung selbst in diesen drei Bereichen die Vielfalt der Gesichtspunkte und die Möglichkeit, Vertrauen zu bilden, einengt. Wichtig ist dabei auch, immer ein Bild davon vor Augen zu haben, wie ein Klima des Vertrauens und der Bereitschaft, auftauchende Probleme gemeinsam zu lösen, beschaffen sein sollte.
Unsere Welt mag vielleicht die wandelnde Paranoia darstellen, aber *ohne Vertrauen läuft nichts.* Niemand wird Ihnen je etwas von Wichtigkeit und Bedeutung erzählen, wenn Sie nicht vertrauenswürdig erscheinen. Niemand wird je mit Ihnen einen Vertrag schließen, wenn er Ihnen nicht vertraut. Und deswegen nutzen Sie die einer Verhandlung vorausgehenden Entwicklungsstufen, um Beziehungen herzustellen, die auf Vertrauen basieren.

B. Das formelle Ereignis

Ist erst einmal eine vertrauensvolle Beziehung hergestellt, dann gelangen auch die gegenseitigen Schwachstellen ans Licht, gleichzeitig wird aber das Entstehen zersetzender Konflikte verhindert und vielmehr die Bereitschaft gestärkt, sich gegenseitig zu informieren. In diesem Klima verändern sich Einstellungen, werden Erwartungen beeinflußt, verwandeln sich Gladiatoren in Leute, die ernsthaft ein Problem lösen wollen. Wurde die Vorbereitungsebene entsprechend genutzt, dann werden sich die Parteien in der endgültigen Verhandlung daranmachen, eine Lösung zu suchen, die den Bedürfnissen beider Seiten gerecht wird.
Am Beginn einer solchen Endrunde sollten Sie daher weiter auf der gemeinsamen Ebene aufbauen und Vertrauen bilden. Fangen Sie an mit einer positiven Geste, die allseits sofort auf

positive Reaktionen stößt. Handelt es sich um eine Sitzung, an der ganze Gruppen teilnehmen, sollten Sie zum Beispiel sagen: »Meine Damen und Herren, kann ich davon ausgehen, daß wir alle wissen, warum wir hier sind? Was halten Sie davon? Sollten wir nicht nach einer fairen und gerechten Lösung suchen, mit der wir alle leben können?«
Natürlich sind das nur rhetorische Fragen, die aber das Problem in einen Rahmen stellen oder ein Ziel anpeilen, gleichzeitig stellen sie Übereinstimmung her.
Der erste Schwerpunkt der Diskussion sollte immer darauf liegen, Zustimmung zu dieser generellen Einschätzung des Problems zu erhalten. Wenn Sie alle Teilnehmer dazu bringen, die Sache ebenso zu sehen, dann werden sie ihre Energie und Fantasie auch einsetzen, um verschiedene Alternativen herauszuarbeiten und neue Wege zu finden, die den Bedürfnissen aller Beteiligten entgegenkommen.
Umgekehrt werden Sie, wenn Sie gleich mit Diskussionsbeiträgen über diese und jene Bedeutungen und Alternativen beginnen, wenn Sie Ihre eigenen Methoden betonen und sie gegen die der Gegenseite abgrenzen, ziemlich schnell auf Widerstand stoßen. Dann werden umgehend Forderungen und Gegenforderungen folgen, und der nächste Schritt wird sein, daß die Verhandlungsrunde sich in Gewinner und Verlierer aufteilt und damit polarisiert.
Betont man aber immer wieder, daß es auf das Endergebnis und nicht auf die Methoden ankommt, wie man dahingelangt, dann werden die, die an der Problemlösung beteiligt sind, schrittweise von den vorhandenen Widersprüchen auf allgemeine Einigungsformeln hinarbeiten. Dadurch schwinden Befürchtungen und Feindseligkeiten werden abgebaut; statt dessen wird man sich freier über Tatsachen, Gefühle und Bedürfnisse unterhalten. In solch einer schöpferischen Atmosphäre wird sich eine breite Skala von Alternativen entwickeln, die es jedem ermöglicht, zu erhalten, was er sich vorstellt.
Lassen Sie mich auch hierzu ein Beispiel anführen. Vor ungefähr einem Jahr war ich in Ames, Iowa, in Geschäften unterwegs und traf mich zum Dinner mit einem Ehepaar, das ich schon seit langem kannte. Nennen wir sie Gary und Janet.

Nachdem wir uns die Speisekarte angesehen hatten, fragte ich sie: »Sagt mal, was ist los mit euch? Wenn es euch nichts ausmacht, dann erzählt mir, was euch Probleme macht. Ihr scheint mir ein wenig angespannt zu sein.«
Gary spielte mit seiner Gabel. »Es ist kaum zu glauben, Herb, aber wir haben Schwierigkeiten, uns zu entscheiden, wo wir unseren diesjährigen Zwei-Wochen-Urlaub verbringen sollen. Ich würde gern in den Norden von Minnesota gehen, vielleicht auch nach Kanada. Und Janet möchte nach Texas, Tennis spielen gehen ...«
»Und unser Sohn«, unterbrach ihn Janet, »ist ganz scharf auf Wasser. Er möchte deshalb unbedingt die Ferien im Süden am Missouri verbringen. Der Kleinere wiederum will wieder wie voriges Jahr in die Berge ... und unsere Tochter hat dieses Jahr überhaupt keine Meinung.«
»Wieso das?« fragte ich.
»Weil sie sich nach Ruhe und Frieden sehnt«, meinte Gary murrend. »Sie möchte am liebsten hinter unserem Haus in der Sonne sitzen und für die Aufnahmeprüfung in die Rechtsakademie lernen. Aber wir möchten sie einfach nicht allein zu Hause lassen.«
»Nun ja«, meinte ich dazu. »Ihr seid mit euren Wünschen und Vorstellungen über die halbe USA verteilt, das ist zweifellos eine schwierige Situation.«
»Es ist auch alles andere als lustig«, sagte Janet. »Wir diskutieren nämlich nicht wirklich, sondern wir *streiten* nur. Die Diskussion besteht aus lauter Einwänden, die der eine gegen den anderen erhebt. Gary zum Beispiel will nicht nach Texas, weil er Räume mit Klimaanlage nicht vertragen kann.«
»Machst du mir daraus einen Vorwurf?« sagte Gary. »Jedes Jahr bläst mir solch eine Anlage fünf Monate lang in den Nakken, das reicht. Außerdem vertrage ich keine hohe Luftfeuchtigkeit, und Texas ist feucht.«
»Das ist noch nicht alles«, ergänzte Janet. »Mein geliebter Mann liebt es nicht, Jackett und Krawatte zum Abendessen anzuziehen — und ich genieße es nun einmal, jeden Abend in einem netten Restaurant zu dinieren. Ich bin es leid, auch noch im Urlaub die Köchin und Abwäscherin zu spielen!«

»Ich habe dieses Jahr vor, ganz ungezwungen Urlaub zu machen«, sagte darauf wiederum Gary. »Während du Tennis spielst, möchte ich auf den Golfplatz gehen, und nachher habe ich dann keine Lust mehr, mich extra wieder für das Abendessen umzuziehen. Und außerdem: Unser Ältester tut das auch nicht. Er will auch nur in seinen Jeans herumlaufen.«
»Habt ihr denn vor«, fragte ich dazwischen, »mit dem Auto zu fahren oder reist ihr per Flugzeug?«
»Wir werden mit dem Wagen fahren«, sagte Gary, »fliegen ist mir ein Greuel.«
»Nein«, sagte Janet, »bei den weit entfernten Zielen möchte ich nicht die ganze Zeit im Auto sitzen — dazu auch noch stundenlang unbezahlte Chauffeuse spielen.« Nachdem der Ober unsere Bestellungen aufgenommen und die Vorspeisen serviert hatte, sagte ich: »Wenn ihr mir erlaubt, dann möchte ich sagen — und ich glaube, ich kann es wirklich sagen, weil ich euch schon so lange kenne —, ihr packt das Ganze meiner Meinung nach falsch an.«
»Ich bin ganz Ohr«, sagte Gary und stocherte mit seiner Gabel im Essen herum.
»Worum ihr euch bemühen solltet«, sagte ich, »wäre eine Lösung zu finden, mit der ihr nicht nur leben könnt, sondern bei der ihr auch glücklich seid.«
»Wie sollen wir das machen?« fragte Janet und kramte nach einer Zigarette.
»Soweit ich das mitbekommen habe«, antwortete ich, »steht ihr euch alle fünf als direkte Gegner gegenüber, anstatt eine Gruppe zu bilden, die gemeinsam ein Problem zu lösen hat.« Und nun wandte ich mich an Gary. »Dich habe ich doch richtig verstanden, wenn ich sage, daß du gerne Golf spielen möchtest, dich für das Dinner am Abend nicht umziehen möchtest und auf alle Fälle Air condition und feuchte Luft vermeiden möchtest.«
»Ganz recht.«
Und dann sagte ich zu Janet gewandt: »Und du möchtest also Tennis spielen, zum Essen immer ausgehen und nicht mit dem Wagen fahren.«
»So ist es«, nickte sie.

»Es gehört also gar nicht zu euren wirklichen Bedürfnissen, nach Texas zu fahren oder nach Kanada. Das sind nur zwei mögliche Urlaubsziele, von denen ihr glaubt, sie könnten eure Bedürfnisse erfüllen.«

Die beiden schürzten die Lippen.

Ich fuhr fort: »Euer jüngstes Kind möchte in die Berge, das mittlere möchte schwimmen oder fischen oder beides und das älteste möchte für die Aufnahmeprüfung büffeln. Sind denn diese unterschiedlichen Bedürfnisse eurer Meinung nach wirklich unvereinbar?«

»Ich weiß nicht«, meinte Gary, »vielleicht nicht.«

»Also hört einmal, ich kenne euch doch alle. Ihr seid eine nette Familie und jeder vertraut jedem. Das ist doch schon die halbe Miete! Habt ihr euch denn noch nicht zusammengesetzt und darüber beraten, wie ihr als ganze Familie eure jeweiligen Gewinnchancen wahrnehmt – und die fangen schließlich mit einer Übereinkunft über das Hauptproblem an?«

»Eigentlich nicht«, gab Janet zu.

»Warum versucht ihr es dann nicht, wenn ihr gleich nach Hause kommt? Hockt euch mal zusammen und bittet eure Kinder, bei der Lösung eures familiären Problems mitzuhelfen. Diskutiert nicht gleich die individuellen Wünsche oder Vorstellungen jedes einzelnen, sondern konzentriert euch auf das Endergebnis. Mit anderen Worten, stellt euch die Frage: ›Wie können wir die Wünsche aller gemeinsam befriedigen?‹«

Gary zog eine Augenbraue hoch. »Was meinst du dazu, Janet? Wollen wir es versuchen? Du bist die bei weitem Taktvollere von uns beiden. Übernimm doch du den Vorsitz beim Familienrat.«

Mit einem Achselzucken meinte Janet: »In Ordnung. Ich werde mitspielen.«

Anderthalb Monate später rief Gary mich in meinem Büro an und freute sich: »Herb, stell dir vor, es hat geklappt!«

»Was hat geklappt?« fragte ich.

»Die gemeinsame Lösung unseres Ferienproblems!«

»Gut«, gab ich zurück. »Wohin seid ihr gefahren?«

»An einen Ort in Colorado«, antwortete Gary. »Wir haben es genau so gemacht, wie du uns vorgeschlagen hast. Wir haben uns alle zusammengesetzt, und jeder hat seine Wünsche und Erwartungen vorgetragen. Dann haben wir diverse Reisebroschüren durchgesehen und nach einer Möglichkeit gesucht, die uns allen entgegenkam. Und dabei sind wir auf Vail in Colorado gekommen.«

»Warum gerade Vail?« fragte ich.

»Weil dort alles geboten wird, was wir uns wünschen. Du hattest recht mit deinem Einwand, daß es auf Texas oder Kanada usw. gar nicht ankam. Natürlich sind das großartige Gegenden, aber in Vail schienen wir auch alle auf unsere Rechnung zu kommen. Wenigstens auf dem Papier. Und als wir dann tatsächlich ankamen, stimmte es sogar. Es gab Tennisplätze für Janet, einen Golfplatz für mich, richtig hohe Berge für unseren Jüngsten, jede Menge Möglichkeiten zum Schwimmen und Fischen für unseren Ältesten. Es gab keine Air condition, weil es tagsüber nicht feucht und nachts nicht besonders kalt ist. Es herrschte genügend Ruhe für unsere studierwütige Tochter und wir brauchten auch nicht mit dem eigenen Wagen hinauszufahren, weil es dort einen Pendelverkehr mit Bussen gab — und, obwohl wir jeden Abend zum Essen ausgingen, brauchte ich mich nicht einmal dauernd in Schale zu werfen! Wie findest du das?«

»Großartig«, sagte ich. »Eure Familiensitzung in Sachen Urlaub hatte sich also gelohnt, nicht wahr?«

»Darauf kannst du wetten«, meinte Gary. »Es hatte uns alle wieder etwas nähergebracht. Wann kommst du das nächste Mal nach Ames?«

»Sobald es mir mal wieder in den Fingern juckt und ich guten Freunden einen guten Rat erteilen möchte«, antwortete ich.

»Du bist in Ordnung, Herb — du kennst dich aus, wie man die Dinge auf den Begriff bringt.«

»Nicht immer, Gary. Auch ich habe meine Grenzen. Ich kann mich zum Beispiel noch so sehr bemühen, meinen Zeh in den Mund zu bekommen — es klappt nicht immer. Aber so, wie *ihr euer* Problem gelöst habt, war es ganz prima.«

Der Anruf machte mich an dem Tag recht zufrieden, denn ich sehe es gern, wenn Menschen es schaffen, gemeinsam vernünftige Lösungen für ihre Probleme zu finden.

In der Geschichte von Janet, Gary und ihren Kindern war jeder am Ende ein Sieger. Ihre Verhandlungen darüber, wohin man im Urlaub fahren wolle, waren nicht mehr von unversöhnlichen Gegensätzen bestimmt gewesen. Statt dessen kümmerte man sich um die Gefühle und Wünsche jedes einzelnen Familienmitglieds. Individuelle Bedürfnisse wurden miteinander in Einklang gebracht. Alle machten sich gemeinsam an die Lösung des Problems, statt gegeneinander anzurechnen. Aus fünf Gladiatoren wurde eine Gruppe von Leuten, die zusammenarbeiteten. Und weil man bei der entscheidenden Sitzung darauf achtete, daß man zu einem Ergebnis kommen mußte — und nicht, daß man nur Ansichten austauschte —, wurde für alle eine faire und gerechte Lösung gefunden — eine Lösung, an der alle ihre Freude hatten.

Ich hatte daran zwar nicht teilgenommen, aber ich möchte meinen letzten Dollar verwetten, daß sie mit einer ersten positiven Übereinkunft begann, die von allen Seiten mit Zustimmung aufgenommen wurde.

Gewöhnlich steht dort, wo es sich um längere und anhaltende Beziehungen zwischen den Verhandlungspartnern handelt, stets auch noch genügend Zeit zur Verfügung, die Endrunde entsprechend vorzubereiten — und das heißt: Vertrauen zu bilden.

Aber wie das Leben eben auch mal spielt — es *gibt* Fälle, in denen man nichts mehr vorbereiten kann, weil man ganz plötzlich mit ihnen konfrontiert wird. Sie können nicht mehr, wie Sie es eigentlich gern täten, den Gang der Dinge vorausplanen und sich darauf einstellen, sondern Sie stolpern Hals über Kopf in eine Situation hinein. Ist es auch unter solchen Umständen möglich, das notwendige Vertrauen herzustellen, das für ein beide Seiten zufriedenstellendes Ergebnis entscheidend ist? Die Antwort lautet: Ja, wenn Sie die Situation richtig einzuschätzen wissen. Auch ohne Vorbereitungsprozeß ist es möglich, Informationen auszutauschen und eine Beziehung herzustellen, die zu einem beiderseits akzeptablen Ergebnis führen — nur muß dann eben das, was eigentlich auf der Vorbereitungsebene laufen sollte, nun in die Verhandlungsrunde selbst eingebracht werden. Lassen Sie mich das an einem Beispiel erklären, das ich vor nicht allzu langer Zeit erlebt habe.

Während ich wieder einmal auf Geschäftsreise war, hatte meine Familie in mehreren Diskussionen beschlossen, daß unser Lebensstil so lange inadäquat sei, bis wir einen Videorecorder im Wohnzimmer stehen hätten, und zwar ein Modell, das mit einem neuen Fernsehgerät mit Fernsteuerung von einer ganz bestimmten Marke kombiniert war. Als ich eines Freitagabends dann heimkam, wurde ich kurz und bündig darüber informiert, daß ich dazu auserwählt worden sei — denn das beherrschte ich am besten —, am nächsten Morgen den Einkauf zu tätigen. Da unser Familienleben demokratisch organisiert ist, nützten alle meine Proteste nichts: die Stimmen standen im Verhältnis vier zu eins gegen mich.

In Wirklichkeit protestierte ich nun auch nicht mehr gegen den Kaufwunsch selbst, sondern nur noch gegen den Termin, an dem er erfüllt werden sollte. Ich hatte vor, bei einem geplanten neuen Geschäft mit einem Videorecorder zu arbeiten, und danach wollte ich ihn eine Zeitlang testen. Aber nachdem ich eine ganze Woche in anstrengenden Geschäften zugebracht hatte, schmeckte mir der Gedanke gar nicht, nun gleich wieder in ein TV-Geschäft zu marschieren und mit einem Verkäufer oder dem Besitzer einen Handel beginnen zu müssen. Aber ich tat es dann doch. Schließlich muß man den Status, den man in seiner Familie erreicht hat, auch behaupten. Mein größtes Problem war nur die Zeit. Alle Geschäfte in der Umgebung öffnen morgens um 9 Uhr. Nachdem ich aber meinen Jüngsten zu einem Football-Match fahren mußte, das um 11 Uhr begann, hatte ich nicht viel Zeit, Informationen einzuholen, meine Zeit also effektiv zu nützen und damit meine Position zu stärken.

Glücklicherweise wußte ich genau, was ich brauchte. Ich wollte ein Gerät zu einem vernünftigen Preis kaufen, es ins Haus geliefert und komplett installiert bekommen. Gerade letzteres ist sehr wichtig für mich, denn ich gehöre zu den Menschen, die dreieinhalb Stunden brauchen, um eine schlichte Lampe ans Stromnetz anzuschließen …

Während ich in die Stadt fuhr, sagte ich zu mir selbst: »Herb, versuche heute nicht, ein ganz großes Geschäft zu machen, mit dem du im Guiness-Buch der Rekorde landen wirst. Aber sieh zu, daß du auch nicht als jemand darin auftauchst, der den teuersten Recorder aller Zeiten gekauft hat. Geh die Sache ganz besonnen an!«

So verhielt ich mich zunächst einmal, als hätte ich unendlich viel Zeit zur Verfügung, als ich um 9.20 Uhr das Geschäft betrat.

»Guten Morgen«, begrüßte mich der Besitzer. »Kann ich etwas für Sie tun?«

»Nun, ich weiß nicht«, war meine Antwort, »ich möchte mich nur mal ein wenig umschauen.«

Nachdem ich der einzige Kunde im Laden war und auch den Eindruck erwecken wollte, als hätte ich tatsächlich massenhaft Zeit, begann ich eine freundliche Konversation. Ganz offen heraus fragte ich ihn, wie sich denn das neu eröffnete Einkaufszentrum gleich in der Nachbarschaft auf sein Geschäft auswirke.

»Na ja«, gab er zu, »ich spüre schon einen plötzlichen Rückgang, da es gerade eröffnet worden ist. Aber ich denke, das Geschäft wird schon wieder ins Rollen kommen – Sie wissen ja, wie das so geht. Die Leute wollen wissen, was so ein Einkaufszentrum alles zu bieten hat, nicht wahr? Aber bald sind sie es dann auch wieder leid – meinen Sie nicht auch?«

Ich nickte zustimmend.

Er fuhr fort: »Ich glaube, daß die alten Kunden schon wieder zu mir zurückkommen werden.«

Während ich mir nun Radiowecker anschaute und ein paar Fernseher, fragte ich nebenbei auch einmal nach Videorecordern, setzte also unsere Unterhaltung fort und baute damit so etwas wie eine Beziehung auf. Ich erzählte ihm zwischendurch, wo ich wohnte und für wie wichtig ich die Geschäftsleute hier bei uns am Ort hielt. Er rieb sich das Kinn und murmelte dazu: »Ich wünschte, es gäbe mehr Einwohner in dieser Stadt, die der gleichen Meinung wären.«

Als er sah, wie aufmerksam ich zuhörte, fing er an, über seine speziellen Probleme zu reden. »Ich weiß nicht, warum die Leute hier dauernd diese Plastik-Kreditkarten benutzen.

Druckt denn die Regierung nicht genug Geld? *Mich* kostet es jedenfalls immer Geld, wenn *sie* einkaufen.«
Während wir so freundschaftlich weiterplauderten, fuhr ich mit dem Finger über den einen und anderen Videorecorder. »Hmm ...«, unterbrach ich ihn, »wie funktioniert so ein Ding? Ich bin ein wenig dumm auf dem Gebiet. Ich habe wirklich keine Ahnung, wie das mit den verschiedenen Systemen ist.«
Er zeigte mir, wie sie funktionierten. »Da hätten wir ein Beispiel«, sagte er. »Bevor das Einkaufszentrum eröffnet wurde, kamen oft Kunden herein, die gleich zwei oder drei solche Geräte auf einmal für ihre Firma kauften. Und danach war dann nichts mehr!«
An diesem Punkt hakte ich nach: »Ach, Sie geben Rabatte wie die Großhändler, wenn man Ihnen mehrere Geräte gleichzeitig abnimmt?«
»O ja«, antwortete er, und in seinen Augen sah man ein leichtes Funkeln. »Je nach Menge verkaufe ich billiger.«
Ich ließ ihn mein spezielles Interesse an den Videorecordern erkennen, und nachdem er mir eine Viertelstunde lang die Geräte demonstriert hatte, fragte ich ihn: »Welches würden Sie mir nun ganz persönlich empfehlen?«
Ohne zu zögern sagte er: »Nehmen Sie dieses da, es ist das beste. Ich habe es auch zu Hause.«
Inzwischen war es fast 9.45 Uhr geworden und wir nannten uns schon beim Vornamen, Herb und John. Wir hatten eine Beziehung zueinander gewonnen und ich wußte eine ganze Menge über seine Nöte und Probleme.
Jetzt konnte ich den nächsten Zug tun und ganz bescheiden anmerken: »Sehen Sie mal, ich habe keine Ahnung, was diese Dinger kosten. Ich habe tatsächlich nicht die leiseste Idee. Aber ich möchte Ihnen natürlich gern behilflich sein, daß Sie Ihr Geschäft weiter behalten, John. Sie kennen Ihre Kosten. Sagen Sie mir, wie ich es nun angehen soll, John — ich verlasse mich da ganz auf Sie. So wie ich Ihnen vertraue, welches Modell ich nehmen soll, so will ich Ihnen auch vertrauen, wenn Sie mir jetzt einen fairen Preis nennen. Ich will mit Ihnen keine Haarspaltereien treiben. Welchen Preis Sie immer

mir nennen — wenn Sie ihn als fair bezeichnen, dann will ich ihn auch zahlen, und zwar gleich!«
»Danke, Herb«, sagte John, und man sah ihm an, wie erfreut er war.
Und ich fuhr fort, noch immer ganz ungezwungen und offen: »Ich verlasse mich auf Ihre Anständigkeit, John. Ich glaube, ich kenne Sie. Ich werde jede Summe, die Sie nennen, akzeptieren, auch wenn ich sie vielleicht noch ein wenig hinabdrükken könnte, wenn ich jetzt einen Laden nach dem anderen aufsuchte.«
John schrieb eine Zahl auf einen Zettel, bedeckte ihn aber vor mir mit seiner rechten Hand.
»Ich wünsche mir durchaus, daß Sie einen vernünftigen Profit bei der Sache machen, John ... aber ich möchte natürlich auch für mich einen vorteilhaften Handel machen.«
An diesem Punkt schob ich nun noch eine Information nach, die ich bislang zurückgehalten hatte. (Sie erinnern sich: Ich hatte ja, bevor ich das Geschäft betrat, bereits den präzisen Auftrag gehabt: ein Fernsehgerät einer ganz bestimmten Marke mit Fernsteuerung.) Ich sagte: »Warten Sie eine Sekunde ... was wäre, wenn ich diesen Fernseher da mit Fernsteuerung dazunähme? Würde sich das auf die endgültige Preisgestaltung auswirken?«
»Sie meinen, Sie wollen das ganze als Paket?«
»Ja, ich bin darauf gekommen, weil Sie das vorhin selbst erwähnten«, meinte ich sanft.
»Natürlich«, murmelte er. »Einen Augenblick bitte, ich muß das eben einmal durchrechnen.«
Als er damit endlich fertig war und mir nun den endgültigen Preis sagen wollte, sagte ich: »Da gibt es noch etwas, was ich erwähnen sollte. Ich erwarte, daß der Preis, den ich Ihnen zu bezahlen habe, ein fairer ist — daß wir einen Handel machen, an dem wir beide einen Profit haben. Wenn das der Fall ist, dann kann ich Ihnen sagen: Meine Firma hat in etwa drei Monaten vor, einen ähnlichen Kauf zu tätigen, und dann kann ich Ihnen garantieren, daß *Sie* das Geschäft machen werden.«
Während ich noch weiterredete, merkte ich, daß er den Endpreis, den er notiert hatte, wieder ausstrich. »Aber, John,

wenn ich erfahre, daß mein Vertrauen Ihnen gegenüber nicht gerechtfertigt war, dann wird mich das natürlich davon abhalten, noch jemals ein Geschäft mit Ihnen zu machen.«

»Gewiß doch«, murmelte er. »Ich möchte mal kurz nach hinten in mein Büro gehen. Ich bin sofort zurück.«

Nachdem er dort noch einmal in seinen Listen nachgeschlagen hatte, kam er wieder zurück und kritzelte eine neue Summe auf seinen Zettel.

Nun kam ich noch einmal auf eine Bemerkung zurück, die er anfangs gemacht hatte, und wagte einen letzten Schritt: »Ich habe gerade darüber nachgedacht, was Sie vorhin gesagt haben. Sie wissen — über Schecks und Kreditkarten. Dadurch bin ich auf eine Idee gekommen, die ich vorher nicht hatte. Ich wollte dies alles auch per Kreditkarte bezahlen, aber... wäre es Ihnen nicht vielleicht lieber, wenn ich das ganze bar bezahlen würde?«

»O ja«, antwortete er, »das würde mir sehr helfen, besonders momentan.« Während er das sagte, schrieb er schon wieder eine neue Summe auf seinen Zettel.

Ich schob meine Unterlippe vor. »Sie stellen die Anlage ja auch für mich auf, nicht wahr?«

»Ja gewiß«, sagte er. »Ich werde sie Ihnen installieren.«

»In Ordnung«, sagte ich. »Nennen Sie mir Ihren Preis.«

Er nannte mir einen Preis für das ganze Paket, von dem ich später erfuhr, daß er durchaus einen für beide Seiten tragbaren Handel repräsentierte.

Ich marschierte drei Türen weiter in eine Bank, löste einen Scheck über die Summe ein und kehrte zu John zurück, das Geld in der Hand. Es war jetzt 10.05 Uhr. Die Sache hatte geklappt.

Also: Was ist vor sich gegangen? Wie ist mir der Handel gelungen, obwohl ich unvorbereitet darangegangen bin? Wie konnte ich der Gefahr entgehen, selbst Opfer einer möglicherweise zum Wettbewerb ausartenden Situation zu werden? So sahen die *Spielregeln* aus, nach denen ich vorgegangen bin:

1. *Vertrauen bilden.* Weil ich zu Anfang ganz aufrichtig, ungezwungen, freundlich und entspannt aufgetreten bin, habe

ich den Ton bestimmt, in dem der Verkäufer nun ebenso freundlich zu antworten hatte.

2. *Informationen verschaffen.* Ich habe Fragen gestellt, mit Anteilnahme zugehört und Verständnis gezeigt.
3. *Den Bedürfnissen des anderen entgegenkommen.* Sowohl der Vorbereitungsprozeß zu unserem eigentlichen Handel wie auch die Art, nach der ich meine Angebote verpackte, waren darauf ausgerichtet, den speziellen Interessen des Geschäftsinhabers entgegenzukommen.
4. *Die Vorstellungen des anderen für sich selbst benützen.* Das gehört zu meinen ältesten Methoden: früher vom Gegenüber gemachte Bemerkungen wieder aufzunehmen und zu nutzen.
5. *Aus einer Beziehung eine Zusammenarbeit entstehen lassen.* Ich habe besonders zu betonen versucht, wie sehr mir daran gelegen sei, daß der Geschäftsmann mich als Dauer- und nicht als Zufallskunden ansah.
6. *Kalkulierte Risiken eingehen.* Obwohl ich den Preis zu akzeptieren gedachte, den man mir nennen würde, war mein Risiko relativ gering. Ich hatte erst einmal eine Beziehung hergestellt, nach und nach einige Informationen gegeben und sowohl moralische Maßstäbe ins Gespräch gebracht als auch eine Option auf zukünftige Geschäfte, und dies alles zusammen vermochte mein Risiko beträchtlich zu reduzieren.
7. *Die Hilfe des anderen in Anspruch nehmen.* Indem ich den Verkäufer in ein Gespräch verwickelte, konnte ich seine Daten und sein Wissen über Kosten und Kalkulationen dazu benutzen, *unser* Problem zu lösen.

John hat dann nicht nur dafür gesorgt, daß die Anlage sehr schön aufgestellt und angeschlossen wurde, sondern er lieferte mir auch noch kostenlos ein Gestell für den Videorecorder — und nach dem zu fragen, war mir nicht einmal eingefallen. Und natürlich: Zwei Monate später habe auch ich meine Verpflichtung erfüllt, als der zweite Kauf für meine Firma fällig war. So sind wir seit dieser Episode regelrecht Freunde ge-

worden und stehen in einer engen, vertrauensvollen Beziehung zueinander.
Im Grunde genommen gilt das fast immer: Wo erst einmal ein gegenseitiges Vertrauen besteht, da wird es auch von Dauer sein. Sie werden sicher auch schon beobachtet haben, wie häufig es vorkommt, daß eine Liebschaft zu Ende geht; für Freundschaften gilt das viel seltener. Wo es an Vertrauen fehlt, da ist jeder Versuch, ein haltbares Übereinkommen zu erzielen, auf Sand gebaut. Um ein Beispiel hierfür zu zitieren: Man kann bisweilen beobachten, wie Bewerber für ein politisches Mandat im letzten, meist etwas euphorischen Abschnitt eines Wahlkampfes versuchen, Bündnisse zu schließen. Ohne ein damit verbundenes Vertrauen brechen Plattformen dieser Art zumeist sehr schnell wieder durch. Und deswegen heißt der erste Auftrag für Sie, wenn Sie zu einem erfolgreichen Ergebnis auf der Basis gegenseitiger Verpflichtung kommen wollen: Bilden Sie Vertrauen. Je eher, desto besser!

2. Verbindlichkeiten herstellen

Kein Individuum ist als eine völlig in sich abgeschlossene Einheit aufzufassen. Jeder, mit dem Sie zu tun haben, wird von den Leuten, die ihn umgeben, beeinflußt und bestärkt. Von Ihrem Verbindungsmann in der Bank bis zu Ihrem Chef gilt für alle das gleiche: Sie erhalten Rückendeckung, um ihre gegenwärtige Position behaupten zu können. Gerade die sogenannten Führungspersönlichkeiten, ob sie nun an der Spitze eines Staates oder eines Familienhaushalts stehen, haben eine Organisation hinter sich, die ihre Entscheidungen deckt. Tatsächlich bedeutet ja ›Führung‹ oft nichts anderes als die Bestätigung von Entscheidungen, die wir bereits gefällt haben.
Nehmen wir an, Sie brauchen die Bestätigung Ihres Chefs, um etwas zu bekommen, worum Sie sich bemühen. Sie versuchen, ihn zu überzeugen, und kommen dabei zu dem Schluß, daß er starrsinnig und unzugänglich bleibt. Sie sagen zu sich selbst: »Dieser Kerl benimmt sich unglaublich, richtig unmenschlich. Mit ihm zu reden ist wie in ein totes Telefon hineinzusprechen. Irgendwie stimmt mit dem etwas nicht!«

Die Lösung des Problems muß nun nicht darin liegen, daß Sie sich demütig der Autorität Ihres Chefs unterwerfen, oder daß Sie ihn erst einmal auf seinen Geisteszustand hin beobachten lassen oder gar in andauernden frontalen Attacken. Die Antwort kann vielmehr darin liegen, daß Sie herausfinden, wer in den Augen des Chefs ein wichtiger Mann ist und dann solche Leute dazu bekommen, ihren Einfluß auf ihn in Ihrem Sinne geltend zu machen. Wenn Sie sich diese Leute verpflichten, sich Ihre Idee zu eigen zu machen, wirkt das Wunder — auch bei einem noch so hartnäckigen Chef.
Bis auf Einsiedler und Weltflüchter steht jeder Mensch in einem organisierten Rahmen. Das gilt sowohl für ihren Chef als auch für Sie. Wenn ich mir Sie auf Ihre Zusammenhänge hin anschaue, dann ergibt sich ein ganzes Netz von Beziehungen. Darin befinden sich die Leute, mit denen Sie reden — denen Sie zuhören und denen Sie etwas sagen —, und zwar in Ihrem Berufsleben wie daheim. Sie haben Freunde, Untergebene, Kollegen und Bekannte, auf deren Meinungen Sie halten und die Sie respektieren — Menschen, um die Sie sich Sorgen machen, um die Sie sich kümmern; Individuen, die für Sie von Gewicht sind und die Sie in Zukunft womöglich noch brauchen. Dieses Netzwerk ist es, was ich mit ›Organisation‹ meine. Sie selbst mögen den Kern und den Angelpunkt bilden, aber alle die, die sich um Sie drehen, haben Einfluß auf Ihr Verhalten.
Gelingt es mir, Ihre Organisation irgendwie ins Schwanken zu bringen, dann kann es geschehen, daß die Bewegung Sie dann in eine andere als die ursprüngliche Richtung zieht. Denken Sie einmal einen Moment über folgende Fragen nach: Warum tun Sie bestimmte Dinge? Warum leben Sie dort, wo Sie leben? Warum fahren Sie ein bestimmtes Automodell? Waren das alles ganz allein Ihre eigenen und alleinigen Entscheidungen, oder hat Ihre Organisation, wie immer sie beschaffen sein mag, Einfluß darauf gehabt? Wenn Sie sich ganz objektiv beobachten, dann werden Sie sicher zugeben, daß viele Ihrer Entscheidungen — wenigstens teilweise — von anderen gemacht worden sind.
Emerson sagte einmal sinngemäß, daß nicht wir selbst im Sat-

tel säßen, sondern die Dinge und daß sie es seien, die uns leiteten, und nicht umgekehrt. Lassen Sie mich ein Beispiel aus eigener Erfahrung anführen, wo ich die ›Führung‹ hatte — wie eine Galionsfigur auf einem Wikingerschiff.
Ich lebte vor einigen Jahren in einer ländlichen Gemeinde im nördlichen Illinois namens Libertyville. Mir gehörten fünf Morgen Land sowie ein geräumiges Haus mit neun Zimmern. Es war von hohen Eichenbäumen umgeben. Ich meinte, hier richtig glücklich zu sein — bis meine Frau mir eines Morgens eröffnete, daß wir das keineswegs seien. Sie sagte: »Die Infrastruktur hier ist nichts für unsere Bedürfnisse. Es gibt keine öffentlichen Verkehrsmittel, und noch schlimmer: Die Kinder bekommen in den hiesigen Schulen keine vernünftige Erziehung mit.« Ich rieb mir nachdenklich das Kinn, und während wir unser Frühstück beendeten, beschlossen wir, wegzuziehen.
Nachdem ich aber für einige Zeit aus geschäftlichen Gründen von zu Hause weg war, lag die Aufgabe, ein neues Heim zu suchen, auf den Schultern meiner Frau. Und die ließ sie immer mehr hängen, als sie nun zum erstenmal damit konfrontiert wurde, was auf dem Immobilienmarkt vor sich ging und wie sehr sich in den letzten sieben Jahren die Bedingungen geändert hatten. Es ist eben doch ein Unterschied, ob man über explodierende Wohnungspreise nur in der Zeitung liest oder ob man selbst in unmittelbare Berührung mit ihnen kommt.
Obwohl sie ziemlich verzagt war, setzte meine Frau ihre vergebliche Suche über zwei Monate fort. Während ihre Nerven dabei auf eine harte Probe gestellt wurden, blieb ich ganz gelassen — denn *ich* war ja nicht auf der Suche. An den Wochenenden versuchte ich sie dann immer aufzuheitern, indem ich ihr Dinge sagte wie: »Mach weiter! Irgendwann werden sich alle deine Anstrengungen schon auszahlen!« oder »Was du heute kannst besorgen, das verschiebe nicht auf morgen!«
Aber irgendwie schmeckten ihr diese wohlgemeinten Ratschläge gar nicht. Vielmehr beschloß sie, daß es mir an der nötigen Sensibilität fehle und leitete deshalb eine Therapie ein, die darin bestand, daß sie mich an den Wochenenden von

einem Haus zum anderen schleppte, um mir auf diesem Wege etwas von den Realitäten des Immobilienmarktes zu vermitteln.
Jeden Freitagabend kam ich erschöpft nach Hause und ließ mich nur noch ins Bett fallen, um einiges an Schlaf nachzuholen. Aber das Schicksal meinte es nicht gut mit mir. Es erschien in der Morgendämmerung in Form meiner Frau, flößte mir eine Tasse Kaffee ein, um dann wieder die Runde mit mir zu machen, von einer Besichtigung zur anderen. Dasselbe geschah noch einmal sonntags, bis es Zeit war, daß ich wieder zum Flugplatz fuhr. Das ging drei Wochenenden lang ohne Unterbrechung.
Mit heißgelaufenen Füßen und völlig ausgepumpt, platzte ich schließlich heraus: »Schau mal, du legst Wert auf Selbstbestimmung und Selbsterfüllung, auf mehr Verantwortlichkeit. Du bist eine emanzipierte Frau! Warum kaufst nicht *du* das Haus? Und wenn du es kaufst, dann laß es mich wissen. Du schickst mir ein Kärtchen, und ich werde glücklich sein, mit dir und den Kindern dorthin umziehen zu können!« Ich holte Luft, dachte kurz nach und fuhr dann fort: »Ich weiß in der Tat nicht, warum gerade ich mich darum kümmern sollte, wo ich doch gar nicht so viel zu Hause wohne.« Und damit hatte ich ihr endgültig den Ball zugeworfen.
Die nächsten Wochen vergingen mit weiterem Suchen. Mir machte es weiter nichts aus, denn es war nun nur noch ihre Sache, ich konnte mich heraushalten. Das heißt, bis zu jener verhängnisvollen Woche ...
Ich war, wie meistens, unterwegs. Aber ich rufe jeden Abend daheim an. Ich gebe zu, daß ich kein großer Telefon-Plauderer bin. Im Laufe der Jahre habe ich mir eine Reihe ganz bestimmter Floskeln angewöhnt, wenn ich jemanden anrufe. Die erste Standardfrage lautet stets: »Hallo, wie geht's, wie steht's?« Habe ich meinerseits zu antworten, sage ich am liebsten: »Fein!« Dann folgt die Frage: »Was gibt's Neues?« Und auf die Gegenfrage pflege ich zu antworten: »Bei mir nichts.« Und nun kommen wir zu der erwähnten ominösen Woche. Unser üblicher Telefon-Dialog lief erst einmal wie gehabt ab, am Montag, am Dienstag und am Mittwoch — Standardfragen,

Standardantworten. Das gleiche geschah am Donnerstag, jedenfalls zu Anfang. Ich rief an und fragte wieder einmal: »Hallo, wie geht's, wie steht's?«
Meine Frau antwortete: »Fein.«
»Was gibt's Neues?« fragte ich weiter. (Was konnte es schon Neues geben? Ich hatte ja erst gestern abend mit ihr geredet.)
Ihre Antwort: »Ich habe ein Haus gekauft.«
»*Was* hast du getan? Sag das noch einmal.«
»Oh, ich habe ein Haus gekauft«, sagte sie in aller Ruhe.
»Sieh mal«, unterbrach ich sie, »ich glaube, du drückst dich da etwas verkürzt aus. Du wolltest doch sicher sagen, du hast ein Haus gesehen, das du kaufen möchtest.«
»Das habe ich«, sagte sie, »und ich habe es gekauft.«
Mein Hals war plötzlich wie zugeschnürt. »Nein, nein, du meinst wohl, du hast ein Haus gesehen, das dir gefällt, und du hast ein Angebot darauf gemacht.«
»Ganz recht«, sagte sie. »Und sie haben es akzeptiert, und so haben wir das Haus bekommen.«
Ich mußte zweimal kräftig schlucken, bevor ich weiterreden konnte.
»Du hast tatsächlich ein Haus *gekauft?* Ein *ganzes* Haus? Das ist doch nicht möglich!«
»O doch«, stellte sie beiläufig fest. »Es war ganz einfach ... Und es wird dir gefallen. Es ist im englischen Tudor-Stil erbaut. Sechzehn Räume. Fünfundfünfzig Jahre alt. Es liegt oberhalb des Michigan-Sees.«
Ein stechender Schmerz schoß mir durch die Schulter, den linken Arm hinunter; ich konnte nur noch stammeln: »Du hast tatsächlich ein Haus gekauft, tatsächlich ein Haus gekauft, ein ganzes Haus ...«
»Ja!« antwortete sie mit Nachdruck.
Als sie schließlich merkte, wie entsetzt ich war, wurde sie etwas leiser und fügte hinzu: »Ich habe natürlich im Vertrag vermerken lassen, daß der Kauf nur gültig ist, wenn du auch unterschreibst.«
Der Schmerz in meinem linken Arm ließ etwas nach. »Du meinst, wenn ich nicht einverstanden bin, kannst du aus dem Vertrag wieder heraus?«

»Ja, sicher«, sagte meine Frau. »Wir haben eine Frist bis Samstagmorgen, zehn Uhr. Wenn dir das Haus und der Kaufvertrag wirklich nicht zusagen, dann können wir aus dem Vertrag aussteigen. Aber das bedeutete dann natürlich auch, daß ich mit dem Suchen wieder von vorn beginnen müßte.«

Ich kam am späten Freitagabend zu Hause an, und am nächsten Morgen ging es früh hinaus. Zusammen mit meiner Frau fuhr ich zu diesem Haus, von dem *sie glaubte*, sie habe es gekauft. Dabei war ich es, der sogenannte Haushaltsvorstand, der sich nun persönlich auf die Szene begab, um eine Entscheidung herbeizuführen. Ich kam, bildlich gesprochen, auf die Kommandobrücke und nahm das Ruder in die Hand, meinen Ersten Steuermann neben mir.

Wir fuhren also zu dem Haus, und ich fragte unterwegs meine Frau:

»Ganz nebenbei, weiß jemand schon etwas über das Haus, das du *fast* gekauft hast?«

»O ja«, sagte sie.

»Wer könnte denn möglicherweise schon davon wissen? Es ist doch gerade erst passiert.«

»Eine Menge Leute«, erwiderte sie.

»Wer?« wollte ich genau wissen.

»Nun ja, alle unsere Nachbarn und Freunde wissen es zunächst einmal. Und sie werden uns heute eine schöne Abschiedsparty geben, heute abend.«

Ich biß die Zähne zusammen. »Was meinst du mit ›zunächst einmal‹?«

»Na ja, unsere Familien wissen es — deine und meine. Meine Mutter hat sogar schon Vorhangstoffe für das Wohnzimmer in der passenden Farbe bestellt. Die Maße habe ich ihr durchtelefoniert.«

Jetzt begann sich mein Magen zu verkrampfen, während ich um die nächste Ecke bog.

»Wer weiß es sonst noch?«

»Unsere Kinder natürlich. Die haben es sicher schon ihren Freunden weitererzählt und ihren Lehrern. Sie haben sich auch schon ihre Zimmer ausgesucht. Sharon und Steve haben sogar schon Möbel in so einem Großkaufhaus bestellt.«

»Und was ist mit unserem Hund?« Es würde nicht mehr allzu viel brauchen, bis mir eine Ader an der Stirn platzte.
»Ach, Fluffy war auch schon dort und hat überall herumgeschnüffelt, wie das eben nur unser Fluffy kann. Die Hydranten in der Nachbarschaft und ein reizender Hund in der gleichen Straße gefallen ihm gut.«
Was war hier nun passiert? Die Organisation löste sich von ihrem Anführer. Das war es! Und es entsprach der ›Zick-Zack-Theorie‹, die man über das Verhalten von Organisationen aufgestellt hat. Bekanntlich geht es Schulter an Schulter und im Gleichschritt los, alle sind zusammen und ziehen am gleichen Strang. Plötzlich geht diese Bewegung jedoch, ohne jede Vorwarnung, in ein Zick-Zack über.
Der bisherige Anführer findet sich dann hinten im Feld wieder und fragt sich: »Was ist passiert? Wo laufen die alle hin?« Und plötzlich steht man einsam da, verlassen, nicht einmal eine Zigarette ist einem geblieben, an der man sich festhalten könnte.
In meinem Fall war ich, vom Titel und Anspruch her, der Führer, nach Zick gelaufen, während seine Organisation sich nach Zack bewegt hatte. Was, glauben Sie, tat jetzt der von Titel und Anspruch her rechtmäßige Führer — nun allein — unter diesen Umständen? Richtig: Er stimmte der bereits gefallenen Entscheidung zu, um seinen Titel zu bewahren.
Es scheint mir oft, daß meine Frau mehr über die Art weiß, wie man Verhandlungen führt, als ich. Sie weiß: *Wenn der Körper sich fortbewegt, neigt der Geist dazu, ihm zu folgen.*
Was meine Frau in die Wege geleitet hatte, war folgendes: Sie hatte ihre Entscheidung quasi dadurch verbindlich gemacht, daß sie sich Unterstützung durch Leute gesichert hatte — und wenn auch nur indirekt —, die mir wichtig waren. Sie setzte nur in die Tat um, was ein altes Sprichwort sagt: »Es ist leichter, um Verzeihung zu bitten als um Erlaubnis.« Sie bot mir ein *fait accompli,* stellte mich vor vollendete Tatsachen. Um nicht den Anschluß zu verpassen — aus einer Art Selbsterhaltungstrieb —, reihte ich mich nun wieder an der Spitze ein. Und so behauptete ich meine Führungsrolle, obwohl ich bloß eine Entscheidung ›ratifizierte‹, die längst von meiner Frau,

unseren Kindern, unseren Familien, Freunden, Nachbarn und, nicht zu vergessen, von unserem Hund Fluffy, gefällt worden war.

Betrachten Sie also den Menschen nie als eine Art isolierte Einheit, wenn Sie ihn von etwas überzeugen wollen, sondern stets in den Zusammenhängen, in denen er sich bewegt. Verschaffen Sie sich die Unterstützung der Menschen, die mit ihm zu tun haben, und Sie werden Einfluß gewinnen und am Gang der Dinge teilhaben.

3. Mit Widerständen fertig werden

Um Ihren Platz an der Sonne zu erreichen, müssen Sie sich stets mit ein paar Leuten auseinandersetzen, die Ihnen Ihr Wegerecht streitig machen wollen. Auf solchen Widerstand zu treffen, ist nicht weiter schlimm. Im Gegenteil, er schärft Ihre Sinne, erhöht Ihre Fähigkeiten und gibt Ihrem Leben die rechte Würze. Im fairen Wettbewerb mit einem Gegner gewinnen Sie Einsichten in sich selbst, die Ihrer Entwicklung und Ihrem Weiterkommen förderlich sind. Wie Walt Whitman einmal schrieb: »Hast du nicht vieles gerade von jenen gelernt, die sich gegen dich gestellt haben?«

Aus Widerständen besteht praktisch das ganze Leben. Ihr gesamtes Muskelsystem basiert darauf. Wenn ein Kind zum erstenmal versucht, auf eigenen Beinen zu stehen, dann erlebt es den Widerstand der Schwerkraft, und schon sitzt es wieder. Doch wenn es zäh weitermacht, dann bildet es Muskeln in Armen und Beinen auf und wird letztendlich aufstehen und gehen können. Mit Widerständen fertig zu werden, kann bedeuten, seine eigenen Fertigkeiten zu erweitern.

Wenn Sie bekommen wollen, was Sie sich wünschen, dann müssen Sie den Widerständen begegnen. Wenn Sie aber keine Gegner entdecken können, dann mag das daran liegen, daß Sie noch immer an der gleichen Stelle hocken; und das bedeutet, daß Sie nichts tun, was Sie Ihrem Ziel wirklich näherbringt. Selbst wenn Sie gar nichts tun, werden Sie bald auf Widerstände stoßen. Ihr Chef, Ihre Kollegen, Untergebenen, Freunde, Ihre Familie und andere Leute werden sich gegen

Sie stellen, eben weil Sie nichts tun. Die Frage ist also nicht, *ob* Sie auf Widerstände stoßen werden — die sind unvermeidlich. Die Frage lautet vielmehr: »Von woher kommt der Widerstand?«

Opposition entfaltet sich auf zwei Ebenen:

A. auf der Ebene der Meinungen,
B. in der Gesamteinstellung.

A. Gegner auf der Meinungsebene

Ein Meinungsgegner ist jemand, der in einem bestimmten Fall oder bei der Diskussion von Alternativen nicht mit Ihnen übereinstimmt. (Natürlich kann es sich auch nur um bloße Mißverständnisse handeln, aber das ist in diesem Zusammenhang eine theoretische Frage.) Sie sagen jedenfalls in der Diskussion: »Ich meine, dies oder jenes sollte auf *diese* Art gemacht werden.«
Ihr Widerpart meint dagegen: »Nein, ich finde, es sollte auf *jene* Art gemacht werden.« Wenn Sie diesen Meinungskonflikt nun so anpacken, wie ich Ihnen dies in den vorigen Kapiteln geraten habe, dann besteht die Möglichkeit, daß beide Seiten zu einer zufriedenstellenden Lösung gelangen.
Erinnern Sie sich: Unsere Methode, eine für beide Seiten befriedigende Lösung zu finden, besteht darin, Ideen, Informationen, Erfahrung und Gefühle zusammenzufassen und in Beziehung zueinander zu setzen. Wenn beide Seiten zusammenarbeiten, ist es sogar möglich, ein auf Gemeinsamkeit abzielendes Resultat zu erzielen. Dies entsteht dadurch, daß das Ergebnis für beide Seiten nicht nur tragbar ist, sondern für jeden mehr herauskommt, als er selbst beigesteuert hat, d.h. ›das Ganze ist dann größer als die Summe seiner einzelnen Teile‹, und, anders ausgedrückt, eins und eins sind dann drei. Das bedeutet zumeist, daß bei einer endgültigen Einigung plötzlich mehr herauskommt, als man vorher eigentlich erwartet hat.
Sie haben dann erreicht, was Sie wollten, indem Sie Gegensät-

ze produktiv genutzt haben. Auf dieser Ebene ist ein Gegner stets auch ein potentieller Verbündeter. Angenommen, eine gemeinsame Lösung ist für Sie wie für Ihren Widerpart die bessere Lösung — warum wird dieses Ergebnis dann so selten erreicht?
Weil die meisten Menschen jene Regel verletzen, nach der zunächst einmal Vertrauen gebildet und die Gemeinsamkeiten, die man bei Betrachtung eines Problems hat, betont werden sollen. Statt dessen fangen sie damit an, im Meinungsaustausch als erstes *ihre* Antwort oder Alternative zu verkünden. Vielleicht vertreten sie diese sogar noch auf einer harten Linie und stellen *ihre* Schlußfolgerungen als Forderung oder gleich als Ultimatum auf. Das fordert die Gegenseite, Zug um Zug, zu einer gleichen Haltung heraus, womit beide Seiten völlig polarisiert und im Kampf verstrickt sind, bei dem es nur noch um Siegen oder Verlieren geht. Der potentielle Verbündete ist so zum eindeutigen Gegner geworden. Sollten beide Seiten dann erkennen, in welchem Dilemma sie sich befinden, dann können sie diesen Kreislauf, in dem sie sich verfangen haben und in dem es nur noch ›um meinen Weg gegen deinen Weg‹ geht, auch wieder durchbrechen. Vorausgesetzt, es ist noch nicht zuviel Porzellan zerschlagen worden, dann können beide Seiten beginnen, Informationen auszutauschen, die verschnürten Pakete wieder aufmachen und so zu einer Lösung kommen, die beide als Gewinner ausweist.
Lassen sich indessen die Blickwinkel, unter denen beide Seiten angetreten sind, nicht mehr ändern, dann verlaufen alle Versuche, die widersprüchlichen Positionen miteinander zu versöhnen, eher enttäuschend. Wer mit endgültigen Stellungnahmen und Ultimaten Verhandlungen zu führen versucht, der benimmt sich wie einer, der eine dicke Eiche mit einem Taschenmesser fällen will. Er kann soviel daran kratzen, wie er mag, sie bleibt unbewegt stehen. Da gibt es keine weichen Stellen, kein Entgegenkommen.
Ein Beispiel, das verdeutlichen soll, was ich meine: Sie bewerben sich bei mir um eine Stelle und verlangen ein Jahresgehalt von 50 000 Dollar. Das sind Sie nach Ihrer eigenen Ansicht wert. Mit Rücksicht auf die Gehaltsstrukturen in meiner Fir-

ma und darauf, was die anderen verdienen, biete ich ihnen dagegen nur 30000 Dollar an. Das ist der Schluß, den *ich* gezogen habe. Sie bestehen auf Ihren 50000 als ›unterster Grenze‹. Ich beharre auf meinen 30000 als ›absoluter Spitze‹. Ich weise die Idee zurück, auch nur einen Schritt weiterzugehen. Und Sie weigern sich, Ihrerseits Konzessionen zu machen. Sie denken nicht daran, hinunter-, ich denke nicht daran, hinaufzugehen.

Um aus dieser Sackgasse herauszukommen und einen Ansatz von Eintracht aufkommen zu lassen, sage ich: »In Ordnung, vielleicht kann ich auf 30200 hinaufgehen.«

Worauf Sie mit gehörigem Sarkasmus Ihr Gegenangebot machen: »In Ordnung, *vielleicht* kann ich auf 49900 hinuntergehen.«

Wir prallen also mit voller Wucht aufeinander.

»War es das?« fragen Sie schließlich.

»Das war's«, antworte ich.

Sie gehen verärgert von dannen und schauen sich anderswo um. Ein wenig irritiert öffne ich meine Schreibtischschublade und fange an, in einer Mappe mit Berichten zu blättern.

Aber wie würde die Sache verlaufen, wenn wir beide damit anfingen, das Problem auf dem Weg über unsere beider Bedürfnisse anzugehen? Und zwar indem wir uns Schritt für Schritt gegenseitig Informationen zukommen ließen, unsere Erfahrungen, Gefühle und Wünsche austauschten und damit gegenseitiges Vertrauen aufbauen würden? Auf diese Weise nimmt einer die Gesichtspunkte des anderen zu Kenntnis und kann versuchen, sie wie die eigenen zu betrachten und zu berücksichtigen. Nur so können wir die Zwänge erkennen, unter denen jemand handelt; wenn dann schließlich jede Seite ihre Position in der Gehaltsfrage erklärt, werden die zugrunde liegenden Überlegungen verständlich und eingängig.

Aber obwohl wir diese Anstrengungen alle gemacht haben, klafft doch immer noch eine beträchtliche Lücke zwischen beiden Standpunkten, und wir sind weit entfernt von einer Summe, auf die wir uns gemeinsam einigen können. Nehmen wir daher an, ich schenke uns beiden ein Glas Wasser ein und schlage vor: »Vielleicht können wir die Gehaltssumme selbst einmal ein wenig beiseite lassen und uns über ein paar andere Möglichkeiten der Kompensation Ihrer Ansprüche unterhalten, die unter Umständen Ihren Bedürfnissen entgegenkommen.«

Sie nicken zustimmend. Gemeinsam gehen wir also daran, das ganze Paket erneut zu schnüren und dabei meine Grenzen ebenso zu berücksichtigen wie Ihre Bedürfnisse. Gleichzeitig bewegen wir uns dabei weg von diesem Sieg-oder-Niederlage-Spiel und weg aus dem Bereich, wo ich nicht mehr weiterkann. Dafür setzen wir den Hebel nun dort an, wo ich noch flexibel bin.

Nach einer freimütigen Diskussion über das, was zur Verfügung steht bzw. stehen sollte, erreichen wir eine Stufe, auf der Sie zwar weiter bei 30 000 Dollar nominellem Gehalt stehen, dafür aber noch Geld in anderen Formen erhalten. Am Ende sieht das so aus, daß Sie an nicht-baren Leistungen noch mehr erhalten, als die Differenz von 20 000 Dollar ausmacht. Sie bekommen:

1. einen Dienstwagen
2. ein Spesenkonto
3. die Mitgliedschaft in einem ›country-club‹
4. Gewinnbeteiligung
5. eine freiwillige Zusatzleistung zu Ihrer Rentenversicherung
6. einen Kredit zu Vorzugszinsen
7. Zuschüsse zu Ihrer Krankenversicherung
8. eine kostenlose Lebensversicherung
9. eine Beteiligung der Firma an eventuellen Krankenhauskosten zu 85 Prozent
10. garantierte Weiterbildungsmöglichkeiten
11. Vorzugsaktien
12. zusätzliche Urlaubstage
13. verkürzte Arbeitszeit
14. einen eigenen Etat
15. ein neu eingerichtetes Büro
16. einen reservierten Parkplatz
17. Erziehungsbeihilfen für Ihre Kinder

18. Ersatz der Umzugskosten
19. einen Erfolgsbonus bei allen erfolgreich abgeschlossenen Geschäften
20. eine eigene Sekretärin
21. eine fünf Zentimeter dicke Schaumgummiunterlage unter Ihrem Teppich, so daß Sie Ihre Gymnastik dort absolvieren können
22. die Möglichkeit, unter Umständen Ihr altes Haus an die Firma zu verkaufen
23. eine voll auf Spesen abzurechnende Reise zum jährlichen Kongreß des Industrieverbandes auf Hawaii
24. eine prozentuale Beteiligung am Gewinn aus neu entwikkelten Produkten

usw.

Natürlich kann dies alles nicht auf einmal in einem einzigen Vertrag unter der Rubrik ›Zusätzliche Vereinbarungen‹ stehen. Die Liste soll Ihnen vielmehr ein Bild davon geben, welche Möglichkeiten es gibt, die Gehaltsfrage auch so zu lösen, daß man speziellen Bedürfnissen zusätzlich Rechnung trägt, ohne daß dies auf der offiziellen Gehaltsliste der Firma auftaucht.
Dabei sollte gewiß beachtet werden, daß auch solche Zusätze die Firma Geld kosten, aber dies vielleicht in einem Bereich, wo anfallende Kosten eher akzeptabel zu sein scheinen.
Schließlich fallen einige dieser Vergünstigungen — anders als das Gehalt — nicht unter die Einkommensteuerpflicht. Auf diese Weise kann der reale Wert einer Vergünstigung sogar um einiges höher sein, als wenn Sie sie in Mark und Pfennig ausbezahlt bekämen. Womit wir bei dem Effekt wären, den ich mit dem Hinweis auf das Ganze, das größer ist als die Summe seiner Teile, meinte.
Die aufgelisteten vierundzwanzig Punkte sind natürlich eine unvollständige Aufzählung, und zudem dürften die einen für Sie persönlich von größerem, die anderen von minderem Wert sein, je nachdem, wo Ihre ganz persönlichen Bedürfnisse liegen. Aber jeder für sich ist so gut wie bares Geld und eine Art Umverteilung Ihrer Ansprüche.

Dieses neu geordnete und verpackte Paket ist also möglicherweise geeignet, Ihren Bedürfnissen eher zu entsprechen als die 50 000-Dollar-Gehaltssumme. Angenommen, diese Einigung ist bei beiderseits wachem Verstand zustandegekommen, dann muß Ihnen Ihr Arbeitgeber nun aber nicht leid tun; ein erfahrener Unternehmer holt sich stets zurück, was er aufwendet.

Das ganze war ein hypothetisches Beispiel dafür, wie eine Verhandlung ablaufen könnte, bei der sich zwei Opponenten auf der Ebene ihrer Bedürfnisse einig werden. Doch jetzt folgt ein Beispiel, das sich tatsächlich ereignet hat:

Vor einigen Jahren war ich Repräsentant einer großen Gesellschaft, die versuchte, eine Kohlenmine im Osten von Ohio in ihren Besitz zu bringen. Der Besitzer der Grube war ein zäher Verhandlungspartner, der anfangs erst einmal 26 Millionen Dollar forderte. Von unserer Seite bestand dagegen ein 15-Millionen-Angebot.

»Machen Sie Witze?« prustete der Besitzer los.

Die Gesellschaft, der ich das weitermeldete, antwortete bündig: »Nein, das tun wir nicht. Wir wollen Ihren realistischen Preis hören, und dann werden wir darüber nachdenken.«

Der Grubenbesitzer beharrte auf seinen 26 Millionen Dollar.

In den darauffolgenden Monaten ging die Gesellschaft auf 18 Millionen, dann auf 20, auf 21, schließlich auf 21,5 Millionen Dollar, aber der Besitzer lehnte es ab, zu handeln. Das absolute Patt war erreicht, keine Seite tat mehr einen Schritt. Die Situation war also folgende: Einem 21,5-Millionen-Angebot stand eine Forderung von 26 Millionen entgegen. Wie ich schon erwähnte, ist es fast unmöglich, vernünftig zu verhandeln, wenn es nur um Abschlußsummen geht. Weil Sie dann keine weiteren Informationen über die Bedürfnisse Ihres Gegenübers haben, ist es schwierig, das Verhandlungspaket aufzuschnüren und passend zurechtzupacken.

Ich war entsprechend verblüfft, daß der Besitzer nicht bereit schien, ein offensichtlich faires Angebot anzunehmen, und ich traf mich nun Abend für Abend mit ihm zum Essen. Jedesmal erklärte ich ihm bei der Gelegenheit, wie vernünftig doch das Angebot sei, das die Gesellschaft gegenwärtig mache. Der Besitzer schwieg dazu gewöhnlich oder wechselte das Thema. Eines Abends erwiderte er auf meine übliche Einleitung des Gesprächs: »Wissen Sie, mein Bruder hat für seine Mine 25,5 Millionen Dollar und noch ein paar zusätzliche Leistungen erhalten.«

»Aha«, dachte ich. »Da hätten wir den Grund dafür, warum er derartig unbeugsam auf diesen 26 Millionen besteht. Ihn bewegten ganz andere Gründe, um die wir uns offensichtlich nicht gekümmert hatten.«

Nachdem ich dies erkannt hatte, setzte ich mich mit den Vertretern der Gesellschaft zusammen und ließ verlauten: »Wir sollten herausbekommen, was sein Bruder exakt erhalten hat. Dann können wir unseren Vorschlag überdenken und neu formulieren. Denn offensichtlich haben wir es hier mit ganz persönlich gelagerten Motiven zu tun, die wenig Bezug zum realen Marktwert des Objekts haben.«

Die Leute von der Gesellschaft pflichteten mir bei und leiteten das Notwendige in die Wege. Es dauerte nicht mehr lange, und der Vertrag war perfekt. Der endgültige Preis hielt sich gut im Budgetrahmen der Gesellschaft, aber im Hinblick auf die Vergünstigungen und Extras empfand der bisherige Eigentümer, daß er im Gegensatz zu seinem Bruder ein viel besseres Geschäft gemacht hatte, und das war es ja gewesen, worauf es ihm schließlich angekommen war.

B. Gegner in der Gesamteinstellung

Wir haben gesehen, daß man dort, wo es um widersprüchliche Meinungen geht, auf intellektueller Ebene kommunizieren und sich auf Fakten und Beschreibungen beschränken kann.

In solch einer Atmosphäre kann es auch dann, wenn die beteiligten Parteien zunächst von gegensätzlichen Standpunkten aus angetreten sind, zu durchaus vernünftigen Lösungen kommen.

Anders ist es, wenn Weltanschauungen und grundsätzliche Einstellungen ins Spiel kommen. Ihr sehr stark emotional reagierender Gegenspieler hat dann nicht nur einen anderen Blickwinkel als Sie, sondern lehnt Sie dann als Mensch ab. Er unterstellt Ihnen vielleicht sogar bei allem, was Sie vorbringen, hinterhältige und gemeine Motive. In solch einem Klima entsteht unverhältnismäßig viel Streß, Urteile werden voreilig gefällt, Anschuldigungen fallen, und jeder versucht, den anderen zu übertrumpfen. Und das ist natürlich kein Rahmen, in dem man fruchtbare Problemlösungen auch nur diskutieren könnte.

Treffen Sie auf einen solchen Gegner, dann kann es Ihnen sehr leicht passieren, daß Sie ihn so schnell nicht wieder loswerden — denn leicht zu bekehren ist so einer nicht. So sehr Sie auch Ihren Verstand einsetzen und ihn mit Fakten, Beweisen und Ideen überschütten mögen, es wird nie reichen. Daher sollten Sie versuchen, es gar nicht erst soweit kommen zu lassen, daß in der Verhandlung grundsätzliche Einstellungen berührt werden. Sie vermeiden damit so etwas wie eine ansteckende Krankheit.

Die nächste Frage ist daher, wie man sich jemanden überhaupt zu solch einem grundsätzlichen Gegenspieler macht (oder wie man die Verhandlung in eine derartige Richtung geraten lassen kann). Das passiert zum Beispiel dann, wenn Sie, wie man so schön sagt, jemandem an der Fassade kratzen, die er sich aufgebaut hat. Damit können Sie sich jemand unweigerlich zum Feind machen. Fassade ist das, was ich anderen unterbreite, in der Hoffnung, daß Sie es für mein wirkliches Gesicht halten. So will man, zum Beispiel nach einer schwierig verlaufenen Verhandlung, sein ›Gesicht wahren‹ und achtet deshalb darauf, daß man immer noch ohne Verlust an Prestige, Wert, Würde und Respekt eine gute Figur abgibt. Daneben gibt es das Bild, das man privat von sich selbst hat, von seinen Fähigkeiten, seinem eigenen Wert und von der Rolle, die man spielt.

Diese beiden Konzepte überlappen sich, aber nur geringfügig. So können wir sie durchaus getrennt betrachten und von einer *äußeren Fassade* und einer *privaten Selbsteinschätzung* reden. Um diesen Unterschied noch einmal zu erklären, nehmen Sie folgendes Beispiel: Ich greife Sie in einem privaten Gespräch persönlich an und nenne Sie einen komischen Kauz, einen Lügner und Betrüger. Solch eine gar nicht herausgeforderte

Attacke mag Sie für den Augenblick etwas ärgern, aber Ihr Selbstbewußtsein und das Bild, das Sie von sich selbst haben, wird zweifellos fest genug sein, um dadurch keinen Schaden zu erleiden.
Vielleicht haben Sie sich im Weggehen sogar kopfschüttelnd gedacht: »Dieser Kerl ist nicht nur widerwärtig, der ist sogar nicht ganz richtig im Kopf!« Und falls ich dann am nächsten Tag wieder zu mir komme und mich ernsthaft für mein Benehmen entschuldige, dann sind Sie wahrscheinlich sogar bereit, mir auch zu verzeihen — falls es keine weiteren Zeugen gegeben hat.
Aber nehmen wir an, ich reite in einer öffentlichen Versammlung vor den Augen Ihrer Kollegen solch eine beleidigende Attacke gegen Sie und nenne Sie einen komischen Vogel, einen Lügner und Betrüger. Wenn Sie auch für sich diese Vorwürfe ohne weiteres als völlig ungerechtfertigt zurückweisen können, so müssen Sie doch um einen Gesichtsverlust und um eine Verletzung Ihres Stolzes fürchten. Und so müssen Sie hier wahrscheinlich anfangen, dagegenzuhalten, und werden sich deshalb sagen: »Das kriegt der Punkt für Punkt zurück!« Angenommen, ich besuche Sie am folgenden Tag und bitte Sie um Verzeihung für meinen Ausrutscher. Dann muß ich erwarten, daß meine Entschuldigung diesmal *nicht* akzeptiert wird. Verletzter Stolz führt in beinahe allen Fällen zu tiefsitzenden Feindschaften, und noch wesentlich schwieriger wird der Fall, wenn die Vorwürfe und Beleidigungen in aller Öffentlichkeit gefallen sind und ich nun versuche, alles wieder auf der privaten Ebene ins reine zu bringen.
Menschen unternehmen gewöhnlich alles Erdenkliche, wenn es darum geht, nicht das Gesicht zu verlieren. Wir verfügen alle über eine bemerkenswert ausgeprägte Fähigkeit, uns in solchen Situationen zu schützen. Sie reichen von Verdrehungen und Rationalisierungen bis zum totalen Verdrängen einer solchen Episode aus unserem Bewußtsein. Es ist eine alte Erfahrung: Was uns beim Erinnern allzu sehr quält, das vergessen wir einfach gern.
Vor zehn Jahren wurde ein Bekannter von mir nach vielen Jahren getreulicher Dienste ganz unerwartet von seiner Firma

an die Luft gesetzt. Seiner Familie erzählte er von seinem Hinauswurf allerdings nichts, auch nicht seinen Freunden. Jeden Morgen verließ er zur gewohnten Zeit die Wohnung, die Aktenmappe unterm Arm, stieg in die U-Bahn und fuhr nach Manhattan. Dort verbrachte er dann endlose Tage in den Kinos rund um den Times Square oder in der öffentlichen Bibliothek und wartete, bis es Zeit war, wieder nach Hause zurückzukehren.

Es dauerte fast zwei Monate, bis die Scheinwelt, die er da aufrechtzuerhalten versuchte, endlich zusammenbrach: Seine Frau, die ja von nichts wußte, versuchte nämlich, ihn telefonisch in seinem Büro zu erreichen, und diese Möglichkeit hatte er nicht vorausgesehen. Diese Geschichte hat einen durchaus tragischen Akzent, aber sie zeigt deutlich, was für unglaubliche Illusionen wir herstellen können, wenn es darum geht, unseren Status in den Augen der Leute zu verteidigen, an denen uns etwas liegt. Wenn Sie die Stücke von Eugene O'Neill oder Tennessee Williams lesen, werden Sie immer wieder auf dieses Thema stoßen — den Schein wahren, die Fassade aufrechterhalten.

Wenn Sie also stets bedenken, wie verzweifelt und irrational sich Menschen verhalten können, wenn sie ihr Gesicht zu wahren versuchen, dann sollten Sie dementsprechend stets vermeiden, jemanden, mit dem Sie zu tun haben, vor aller Öffentlichkeit in Verlegenheit zu versetzen. Vielmehr sollten Sie es regelrecht üben, mit Gegenspielern nur auf der Meinungsebene offen zu verkehren, ohne Angriffe auf ihre sorgsam aufgebauten Fassaden. Sie müssen die Fähigkeit entwickeln, Ihren Fall so darzustellen und Ihre Standpunkte so zu formulieren, daß Sie Ihr Gegenüber nicht als ganze Person angreifen. Behalten Sie stets im Gedächtnis, was als physikalisches Gesetz gilt: Keine Aktion ohne Reaktion!

Ich möchte noch einmal die Konsequenzen und die Risiken betonen, die entstehen, wenn man sich einen Gegenspieler auf die geschilderte Weise zum Feind macht; dafür zwei Beispiele:

Das erste dreht sich um eine Frau namens Kate, die in einer großen Gesellschaft mit Aufsichtsaufgaben betreut war und als sehr kompetent galt. Sie verfolgte stets eine ›Politik der offenen Tür‹, womit gemeint war, daß Angestellte, die mit einer Beschwerde bei ihrem Chef nicht rechtbekommen hatten, ein Recht darauf hätten, Berufung einzulegen. Im Endeffekt bedeutete das, daß sie über den Kopf ihres direkten Vorgesetzten hinweg sich gleich an den obersten Direktor wenden sollten, wenn es nötig schien. Nun hatte Kate gerade selbst einen Grund zu glauben, daß ihr Chef sie nicht richtig behandle, und nachdem sie die Angelegenheit ›vor Ort‹ nicht geklärt bekam, beschloß sie, sich ihrer Rechte zu bedienen.

Sie schrieb einen Brief an den Direktor, worauf man sie auf Kosten der Gesellschaft an den Zentralsitz flog. Dort traf sie auf den Vizepräsidenten ihrer Abteilung, der in der Firmenhierarchie zwei Stufen über ihrem direkten Vorgesetzten stand. Nachdem sie ihren Fall dargelegt und begründet hatte, sahen die Karten für letzteren gar nicht mehr so gut aus.

Eine Woche später wurde Kate zu einer Besprechung mit ihrem Chef und dessen direktem Vorgesetzten gebeten. Ihr Chef gestand dabei zu, falsch gehandelt zu haben, versprach, ihr Genugtuung zu verschaffen und bat sie um Verzeihung. Damit war die Angelegenheit zu ihrer Zufriedenheit abgeschlossen, aber die Beziehung zu ihrem Vorgesetzten war nicht mehr die, die sie früher einmal gewesen war.

Es begann damit, daß er nun ihre Fehler überall öffentlich bekannt machte. Er führte Buch darüber, wann sie ins Büro kam und wann sie es wieder verließ. In den folgenden Monaten kam es immer wieder zu kleineren Beleidigungen und Kränkungen, wenn man sich bei Konferenzen des Führungsstabes traf, und sie bekam einige Unterlagen absichtlich zu spät, um ihrerseits noch planen und handeln zu können. Als sie eine Gehaltserhöhung geltend machte, erhielt sie weniger, als sie erwartet hatte.

Zehn Monate nach ihrer Aktion hatte Kate endgültig verstanden, wie die Sache für sie aussah und suchte sich deshalb eine neue Stellung, wo sie sich angeblich nun wieder sehr wohl fühlt.

Das zweite Beispiel betrifft Vince, einen Lehrer für Sozialwissenschaften und langjährigen Trainer der Baseball-Mannschaft seiner Hochschule. Da sich im Einzugsbereich der

Hochschule die Bevölkerungszahlen geändert hatten und dadurch die Steuereinnahmen geringer geworden waren, berief die Direktion eine Konferenz des gesamten Lehrkörpers ein, um mit ihm darüber zu beraten, an welchen Stellen die Budgetansätze gekürzt werden sollten. Anhand präzise ausgearbeiteter Unterlagen und Diagramme präsentierte sie dabei ihre Daten und die sich daraus ergebenden Schlußfolgerungen. Zum Schluß stellte sie, während sie ihre Unterlagen wieder einsammelte und verpackte, die rhetorisch gemeinte Frage: »Gibt es dazu noch Meinungsäußerungen?«

Vince nahm diese unbeabsichtigte Einladung an und wies auf ein paar Fehlschlüsse bei der Auswahl und Zusammenstellung der genannten Zahlen hin. Und dann ging er noch einen Schritt weiter und legte überzeugend dar, daß die von der Direktion vorgelegten Unterlagen nicht die Schlußfolgerungen und Pläne erlaubten, zu denen sie gelangt sei.

Das Schlimme daran war, daß die Direktorin selbst ein abgeschlossenes Mathematikstudium hinter sich hatte und ihr Wahlspruch lautete: »Erst in den Kleinigkeiten zeigt sich die Perfektion.« Über dieses kleine Zwischenspiel in seiner langen beruflichen Laufbahn wurde Vince gegenüber nie mehr ein Wort verloren, aber im nächsten Semester wurde er gebeten, das Training der Baseball-Mannschaft an jemand anderen abzugeben, und ein Jahr später durfte er nicht einmal mehr die normale Fußballmannschaft betreuen, sondern fand sich auf einer anderen Hochschule, weit entfernt von seinem bisherigen Wohnort, wieder.

Soviel ich weiß, pendelt Vince immer noch auf der weiten Strecke hin und her. In seiner Karriere ist er offenbar steckengeblieben. Auf dem Weg zum Erfolg hatte er sich offensichtlich einmal vergaloppiert.

Diese zwei Fälle dürften zur Genüge beleuchten, was Ihnen passieren kann, wenn Sie jemanden vor anderen lächerlich machen. Selbst wenn Sie ganz und gar im Recht sind, sollten Sie alle Gelegenheiten vermeiden, jemanden bloßzustellen — wenigstens in der Öffentlichkeit. Und das gilt natürlich nicht nur in bezug auf andere, sondern auch für Sie selbst. Wenn Sie also eine Gegnerschaft auf dieser persönlichen Ebene erst gar

nicht aufkommen lassen, dann verhindern Sie damit auch eine Problemlösung, die beide Seiten in Unzufriedenheit zurückläßt.
Wie kann man nun sicherstellen, daß es nicht zu solchen Feindschaften kommt? Ich kann hierfür zwei kurze Regeln anbieten:

1. Vergessen Sie nie, welcher Einfluß von Ihrer eigenen Haltung ausgeht

Sie werden sich daran erinnern, daß ich Verhandlungen als eine Art Spiel bezeichnet habe, was sowohl für den beruflichen als auch für den häuslichen Bereich gilt. Man sollte die Sache nicht allzu ernst nehmen. Selbst wenn Sie einmal einen berechtigten Grund haben, an jemandem Rache zu üben — halten Sie sich zurück! Denken Sie daran, daß eine gegen Sie gerichtete Provokation selbst Sie nicht aus der Fassung bringen kann. Es kommt vielmehr darauf an, wie Sie die Angelegenheit betrachten. Denn nichts und niemand kann Sie irritieren, wenn Sie es nicht zulassen. Thomas Jefferson meinte diese Haltung, als er sagte: »Nichts bringt einen Menschen so in Vorteil gegenüber einem anderen wie: stets ruhig und gelassen zu bleiben, und dies unter allen Umständen.« Sagen Sie sich also immer und immer wieder: »Es ist ein Spiel. Es ist eine Welt der Illusionen. Eine Taktik, die einer durchschaut, ist keine Taktik mehr. Ich mache mir etwas daraus, aber nicht zu sehr.«

2. Urteilen Sie nie über die Handlungen und Motive anderer

Da es nun einmal nicht möglich ist, jemanden ins Herz oder hinter die Stirn zu schauen, wäre es absurd, zu glauben, man könnte wirklich herausbekommen, was der andere denkt und was ihn antreibt. Oft wissen sie es sogar selbst nicht.
Hinzu kommt: Sollten Sie die Informationen, die Sie erhalten, zu früh einsetzen und verwerten, wird Ihr Gegenüber das ganze abbrechen oder wenigstens ›die Schotten dichtmachen‹.

Ein Beispiel: Ein Kind kommt am Abend nach Hause und sagt so nebenbei zu seinen Eltern: »Wißt ihr was? Mir ist gerade eine Marihuana-Zigarette angeboten worden!«
»Dir ist *was?*« schreien Vater und Mutter unisono auf, und ihr Kind bekommt aufgrund dieser heftigen Reaktion keinen geringen Schrecken. Unbewußt weicht das Kind einen Schritt zurück, und es entsteht eine bezeichnende Pause.
Jetzt frage ich Sie, wie offen und ehrlich die nachfolgende Diskussion sein wird?
Und über diesen speziellen Fall hinaus: Wie wird sich das Kind in Zukunft verhalten? Wird es *diesen* Eltern noch mehr von dem erzählen, was es in den nächsten Jahren an ähnlichen Dingen erfährt? Ich bezweifle es.
Warum? Weil Kinder aufgeweckt genug sind zu wissen, daß es sich nicht lohnt, den Eltern mit einem Problem zu kommen und am Ende zwei Probleme zu haben. Sollten Sie sich daher so wie die Eltern im geschilderten Beispiel verhalten, gleichgültig ob zu Hause oder in Ihrem Beruf, dann verschütten Sie sich damit selber Ihre Informationsquellen, gleichzeitig nimmt Ihre Fähigkeit, durch andere und mit anderen etwas zu erreichen, rapide ab.
Es mag sein, daß der geschilderte elterliche Ausbruch ein Extremfall ist. Aber die gleiche Art von Negativurteilen trifft man oft auch in vertrauten Redewendungen an und in dem erhobenen Zeigefinger, der darin steckt. Das hört sich etwa so an:

Beispiel 1
Eine Mutter (oder ein Vater) betritt das Kinderzimmer und legt gleich los: »Hier sieht es ja aus wie im Schweinestall, pfui Teufel!«

Beispiel 2
Eine Ehefrau meint zu ihrem Mann: »Du scherst dich wirklich einen Teufel um mich! Kannst du nicht endlich lernen, die Essensreste von deinem Teller zu kratzen, bevor du ihn ins Spülbecken stellst?«

Beispiel 3
Eine ausgepumpte Mutter (oder ein Vater) brüllt die Kinder an: »Eure Urwaldmusik aus dem Plattenspieler ist derart laut, daß sie die ganze Nachbarschaft aus den Häusern treibt.«

Beispiel 4
Ein Verhandlungspartner wendet sich an sein Gegenüber und bemerkt kurz und bündig: »Die Art, wie Sie diese Daten analysieren und die Kosten berechnen, ist von vorn bis hinten falsch.«

Es ist nicht zu übersehen, daß in allen vier Beispielen der Sprecher die Rolle eines Richters übernimmt, der Werturteile abgibt über Lebensstil, Wertvorstellungen, Intelligenz und Integrität des anderen.
Ich will keinesfalls unterstellen, daß Sie sich etwa ein Mitglied Ihrer Familie durch eine Beschimpfungstirade, wie ich sie oben geschildert habe, zum grundsätzlichen Gegner machen. Worauf ich hinaus will, ist der Umstand, daß solche Ausfälle beleidigend wirken und an der Fassade des anderen kratzen können. Darüber hinaus ist derartigen Redensarten schwer beizukommen, und so kann es auch passieren, daß sie in Fällen angewendet werden, wo noch kein Vertrauensverhältnis besteht und die Empfindlichkeit entsprechend größer ist.
Es ist allerdings sehr einfach, dieses potentielle Problem aus der Welt zu schaffen. Sie müssen nur, anstatt den anderen direkt anzusprechen, von sich selbst reden, statt ›Sie‹ müssen Sie ›Ich‹ sagen, dann kommen Ihre Botschaften besser an. Auf diese Weise drücken Sie Ihre persönlichen Gefühle, Ansichten und Bedürfnisse aus, ohne dabei zu Gericht zu sitzen. Hier wären vier Beispiele, die illustrieren sollen, wie dieser schlichte Wechsel aussehen kann:

Beispiel 1
»Wenn dieses Zimmer nicht sauber und ordentlich aussieht, dann ärgert und deprimiert mich das.«

Beispiel 2
»Ich finde, wenn die Essensreste von den Tellern heruntergekratzt sind, dann spart mir das die Hälfte der Zeit beim Abwaschen. Ich hasse Abwaschen.«

Beispiel 3
»Laute Musik geht mir auf die Nerven. Ich bin müde und fertig, und diese Musik macht mich nervös.«

Beispiel 4
»Ich sehe die Daten in einem etwas anderen Licht als Sie. Ich würde sagen, daß …«

Wir haben bereits gesagt, daß es ganz ohne Widersprüche nicht geht — sie liegen in der Natur der Sache. Praktisch jeder Fortschritt entsteht aus Opponenten — jenen, die mit den vorgefundenen Zuständen nicht mehr zufrieden sind. Deren unterschiedliche Vorstellungen und Methoden sind es letztendlich, die die notwendige Spannung erzeugen, die zum Erreichen vernünftiger Lösungen und neuer Möglichkeiten führen — der tatsächlichen Grundlegung jeden Fortschritts.
Erhalten Sie sich also Ihre Gegenspieler als potentielle Verbündete. Vermitteln Sie ihnen Ihre Ansichten mit Ernst und Nachdruck, aber kehren Sie dabei nicht Ihre Selbsteinschätzung heraus. Natürlich herrscht immer eine gewisse Spannung zwischen den Kontrahenten, aber man sollte dabei die emotionalen Aspekte so weit zurückdrängen, daß aus gegensätzlichen Ansichten zu einem Fall keine grundsätzlichen Feindschaften entstehen.
Wenn Sie die Konzepte und Vorstellungen, die in diesem Kapitel präsentiert wurden, Ihrerseits teilen, dann wird Ihnen natürlich auch klar geworden sein, daß ich nicht über ein Spiel rede, das nach der Regel verläuft: Entweder du bist für mich oder gegen mich! In Verhandlungen, die von Gemeinsamkeiten ausgehen, bedarf es keiner Einschüchterungen, keines stillschweigenden Duldens, keiner Manipulationen, Verdrehungen, Schwindeleien und Kuhhandel.
Im Gegenteil, ich betone ja immer wieder, wie sehr es darauf ankommt, eine Strategie zu verfolgen, die auf eine langfristige

Beziehung angelegt ist. Parteien, die einander grundsätzliches Vertrauen entgegenbringen, richten als Gleichberechtigte ihre Energien darauf aus, Probleme zur beiderseitigen Zufriedenheit zu lösen. Sie bilden eine Atmosphäre, in der vertrauensvoll beide Seiten darangehen können, nicht nur auf die Befriedigung ihrer Bedürfnisse zu setzen, sondern auch noch ihre jeweiligen Positionen zu stärken.

Die Kompromißlösung

Unglücklicherweise sind viele Unterhändler der Meinung, der Kompromiß sei ein Synoym für das, was ich Zusammenarbeit nenne. Das ist aber nicht der Fall. Genau definiert ist der Kompromiß etwas, bei dem beide Seiten auf etwas verzichten, was sie eigentlich angestrebt hatten. Er bietet ein Resultat, in dem niemand seine Bedürfnisse völlig befriedigt sehen kann. Die Strategie, die auf Kompromisse zielt, basiert auf der falschen Voraussetzung, daß Ihre Bedürfnisse und meine von Natur aus gegensätzlich sind. In dem Fall wird es niemals möglich sein, zu Ergebnissen zu kommen, die beiden Seiten gerecht werden. Gehen wir von solchen Annahmen aus, dann beginnt jeder von uns eine Verhandlung mit derart hochgeschraubten Forderungen, daß ihm auf alle Fälle noch ein Spielraum für Kompromisse bleibt.
Ist der Druck beiderseits nun so groß, daß man mit Blick auf die Gesamtgesellschaft und ihr Wohlergehen seine Differenzen beiseiteschiebt, dann schließt man gewöhnlich einen Kompromiß genau in der Mitte zwischen den eingenommenen Extrempositionen. Man akzeptiert derartige Lösungen, um nicht in Sackgassen steckenzubleiben, aber niemand fühlt sich im Grunde wirklich zufriedengestellt.
Um die dadurch entstehenden Enttäuschungen zu bewältigen, suchen wir dann oft bei Klischees und Allerweltsweisheiten unseren Trost: ›Die Hälfte ist besser als gar nichts‹, oder ›Man muß ein bißchen geben, um ein bißchen zu kriegen‹, oder ›Wenn beide Seiten draufgezahlt haben, dann hat wenigstens nicht einer gegen den anderen gewonnen‹. Es ist wohl unnötig, extra zu betonen, daß niemand von uns sich besonders

verpflichtet fühlt, sich an derartige Arrangements zu halten, die eigentlich niemandem gegeben haben, was er für sich erwartet hat.
Wenn wir einmal die ›Kompromißformel‹ im Sinne ihres Wortes auf das eine oder andere Dilemma anwenden, in das man bei Verhandlungen kommen kann, dann ergeben sich bisweilen lächerlich anmutende Lösungen.
Ich möchte Ihnen das, was ich damit meine, an den drei folgenden einfachen Anekdoten erläutern.

1
Zwei Absolventen der Hochschule von Seattle beschließen, ihre nächsten Winterferien gemeinsam zu verbringen. Er möchte gern nach Las Vegas, sie zieht dagegen Taos in Texas vor. Das einzige was wir wissen: Beide sind ganz unabhängig voneinander zu ihren Entscheidungen gekommen.
Nehmen wir nun an, es gäbe nur die Mittellösung zwischen diesen beiden geographisch auseinanderliegenden Alternativen. Würden wir den Kompromiß also ganz wortgetreu in der Mitte suchen, dann würde unser Paar seinen Urlaub in der Nähe von Polacca im Reservat der Hopi-Indianer im Nordosten von Arizona verbringen.
Um hier auf den Punkt zu kommen, habe ich natürlich übertrieben. Sie wissen ja längst, wo die Lösung liegt: Informieren sich die beiden gegenseitig über ihre Vorstellungen, Erwartungen und Erfahrungen, dann würde sich schon ein Ort finden, der beiden gefiele.
Wenn *er* zum Beispiel aufs Spielen aus ist und zusätzlich darauf, sich an irgendwelchen Größen im Unterhaltungsgeschäft zu delektieren, *sie* dagegen gern an der frischen Luft ist und darüber hinaus gern Ski fährt, dann gibt es schließlich Orte, die beide Bedingungen erfüllen — von Squaw Valley bis St. Moritz.

2
Diese Geschichte erfuhr ich kürzlich von einem Freund, dem man den Spitznamen ›Big Buddha‹ verpaßt hat, weil er ein ›Erleuchteter‹ ist. Er hatte vor Jahr und Tag seine Frau und seinen kleinen Sohn verlassen, um sich ganz und vorbehaltlos

der Suche nach der Wahrheit zu widmen. In seinem Fall dauerte das gesamte Unternehmen zwar nur zweiundzwanzig Stunden, aber der Spitzname ist ihm geblieben.

›Big Buddha‹ erzählte mir von einem Disput, den seine beiden halbwüchsigen Söhne am Ende des sonntäglichen Familienschmauses hatten. Das Objekt ihres Streits war eine übriggebliebene, in Silberfolie gebackene Kartoffel — ein vergleichsweise nicht einmal besonders großes Exemplar. Jeder der beiden behauptete, die Kartoffel stehe ihm zu, worauf der Streit immer heftiger wurde. Mein Freund spielte gern die Rolle des Patriarchen, und so nahm er beiden, ohne sich vorher informiert zu haben, die Entscheidung ab. Ganz der buddhistischen Tradition vom mittleren Weg als dem besten verpflichtet, schnitt der die Kartoffel in zwei gleiche Teile und präsentierte sie so den brüderlichen Rivalen. Sehr zufrieden mit seiner Lösung zog er sich zu einem Nickerchen ins Wohnzimmer zurück.

Am Abend erfuhr er dann, daß sein ›perfekter Kompromiß‹ von beiden Seiten zurückgewiesen worden war. Es hatte sich nämlich herausgestellt, daß der eine Sohn eher auf die Schale, der andere eher auf das weiche Innere der Kartoffel aus gewesen war. Sie hatten also gar keine Wünsche, die sich gegenseitig ausschlossen, gehabt, und so war auch der Kompromiß einer symmetrischen Teilung keine akzeptable Lösung gewesen.

3

Als kleiner Junge schlief ich zusammen mit meiner älteren Schwester in einem Zimmer. Unser Altersunterschied war zwar nur gering, aber sie sah doch, was Verstand und Reife anging, aus großer Entfernung auf mich herab. Schließlich beschäftigte sie sich bereits mit ernsthaften und hochstehenden kulturellen Dingen, während für mich die Hitparaden im Radio das größte waren.

Bei derart verschiedenen Interessen gab es unter den beengten Verhältnissen natürlich häufigen Anlaß zu Konflikten über Störungen und Rücksichtslosigkeiten. Über Monate hinweg versuchten wir, unsere Interessensphären genau zu teilen und Regelungen zu finden, die beiden gerecht wurden. Es gab

schriftlich fixierte Zeitpläne und Übereinkünfte, die Eltern wurden als Vermittler eingeschaltet, aber die Gegensätze blieben.
Wir kamen schließlich zu einer Lösung, als uns auffiel, wieviel kostbare Zeit und Energie wir damit verschwendeten, immer wieder mathematisch genaue Kompromisse auszuhandeln. Statt Stunden und Quadratmeter gegeneinander aufzurechnen, mußten wir nur einen Schritt weitergehen, und schon fanden wir eine Lösung, die beide Seiten grundsätzlich befriedigte: Wir kauften ein Paar Kopfhörer für das Radio. Und nun konnte ich jederzeit meine Hits hören, ohne meine Schwester zu stören.

Aus diesen drei Beispielen läßt sich unschwer ableiten, daß ein ›mathematischer Kompromiß‹ keineswegs der Weisheit letzter Schluß sein muß. Im Gegenteil: Entwickelt sich eine Verhandlung in diese Richtung, dann nehmen die Auseinandersetzungen gern noch an Heftigkeit zu, die Einsätze werden erhöht, taktische Manöver bis hin zu ultimativen Forderungen etc. werden vermehrt praktiziert, und aus Widerparts werden Feinde.
Gewiß ist damit nun nicht gemeint, daß Kompromisse immer die schlechtere Wahl sind. Nicht selten ist eine Kompromißstrategie, je nach den besonderen Umständen, sicher die passendste Vorgehensweise. Es geht mir also nur darum, deutlich werden zu lassen, daß man, um wirklich erfolgreich sein zu können, auf alle Möglichkeiten vorbereitet sein muß: Kompromisse schließen, sich entgegenkommen, überreden, miteinander ringen; und bisweilen muß man auch einfach aufstehen und weggehen können.
Wo aber eine Beziehung nicht abgebrochen, sondern weiter gepflegt wird, da sollte man sich von Anfang an bemühen, eine nicht nur halbwegs akzeptable, sondern eine für beide Seiten befriedigende Lösung zu suchen. Sollten es die Umstände erforderlich machen, dann müssen Sie im Laufe der Verhandlungen auch schon manchmal die Richtung wieder ändern, die Sie zunächst eingeschlagen haben — auf mehr Entgegenkommen oder auch auf mehr Wetteifern hin.

Ein guter Unterhändler muß wie ein guter Schachspieler vorgehen: Er muß jede mögliche Strategie und alle möglichen Züge eines Spiels von Anfang bis Ende kennen und überblikken. Auf diese Weise kann er sich mit dem sicheren Gefühl auf das Spiel einlassen, auf alle denkbaren Eventualitäten vorbereitet zu sein. Aber anders als beim Schachspiel geht es hier darum, zu einem Ergebnis zu kommen, das den Wünschen beider entspricht. Kompromisse sind dabei möglich und akzeptabel, befriedigend sind sie aber für beide Seiten nicht. Sie dienen zumeist nur dazu, das Enden in Sackgassen zu vermeiden.

In diesem Kapitel ging es die ganze Zeit darum, daß ein Verhandlungserfolg keineswegs die Niederlage eines Gegenspielers erfordert. Mit Gewinn abzuschließen, bedeutet lediglich, das Ergebnis nach den eigenen realistischen Möglichkeiten mitzugestalten und dabei über eine Strategie zu verfügen, die angemessene Reaktionen erlaubt.

Gewinnen heißt, seine Bedürfnisse zu befriedigen, und zwar im bestehenden Rahmen der eigenen Wertvorstellungen. Gewinnen heißt auch, herauszubekommen, was die andere Seite wirklich will, und ihr zu zeigen, wie sie das erreichen kann — wobei auch Ihre Wünsche erfüllt werden.

Und es ist möglich, daß beide Seiten tatsächlich erhalten, was sie sich vorstellen, wenn es keine zwei Menschen gibt, deren Vorlieben und Abneigungen völlig identisch sind. Jeder von uns ist zwar darauf aus, seine eigenen Bedürfnisse zu befriedigen, aber diese Bedürfnisse sind eben, wie unsere Fingerabdrücke, jeweils verschieden voneinander.

Eigentümlicherweise macht nun die Tatsache, daß ich erreiche, was ich angestrebt habe, nur einen Teil meiner Befriedigung aus. Das Produkt, die Dienstleistung, das Recht oder den Gegenstand, um den ich ge- und verhandelt habe, nun endlich zu erhalten, ist noch lange nicht alles. In viel größerem Maße ist es der Prozeß selbst, die Art, wie ich mit meinem Gegenüber umgegangen bin, die mir Befriedigung verschafft. Erinnern Sie sich an das Beispiel von dem Ehepaar, das eine alte Uhr kaufte, oder daran, wie ich den Zeitungsverkäufer in der 54. Straße zum Wechseln meines großen Geldscheins

brachte? In beiden Fällen war es doch eindeutig der Verlauf der Angelegenheit, der zur Erfüllung und Befriedigung beitrug bzw. nicht beitrug.
Diese Eigenart und der Wunsch nach Erfüllung von Bedürfnissen im und durch den Verhandlungsprozeß selbst, verleitet uns alle dazu, die verrücktesten Dinge zu tun. Haben Sie jemals Urlauber beobachtet, die von einem Winterurlaub in den Tropen zurückkehren? Da stehen sie dann in einer Reihe am Zoll ihres Flughafens im Norden, im bunten Hawaii-Hemd, mit Strohhüten auf den Köpfen, womöglich noch in Shorts. Jedesmal, wenn ich solch eine Gruppe sehe, muß ich lächeln — aber dann fällt mir wieder ein, daß ich selbst ja auch stolzer Besitzer eines mexikanischen Ponchos in den buntesten Farben bin. Mehr noch: Solche Ponchos werden, das weiß man schließlich, zu exorbitant überhöhten Preisen an Touristen verkauft, die irgendwoher aus dem Norden kommen. Und obwohl ich das alles wußte, fand ich mich dennoch plötzlich im Besitz eines solchen Kleidungsstücks.
Aber bevor ich von dem Handel erzähle und von den Umständen, unter denen er sich vollzog, möchte ich erst einmal etwas über meine wirklichen Bedürfnisse sagen. Soweit ich mich zurückerinnern kann, habe ich mir tatsächlich niemals gewünscht, einen Poncho zu besitzen. Mir ist nie etwas Derartiges in den Sinn gekommen. Selbst in meinen wildesten Fantasien sah ich mich nie als Pancho Villa über Mexikos Kakteenfelder reiten. Und so hätte ich auch mein künftiges Leben ohne solch einen Poncho verbringen können, ohne mir am Ende Vorwürfe machen zu müssen. Das war die Ausgangslage — und nun ist die Frage, wie denn das Bedürfnis nach einem Poncho, das ich tatsächlich nie gehabt hatte, überhaupt entstehen und dann befriedigt werden konnte.
Ich besuchte vor sieben Jahren Mexico City zusammen mit meiner Frau. Wir spazierten durch die Straßen, als sie mich plötzlich mit dem Ellbogen anstieß und sagte: »Halt ein! Da drüben erscheinen mir Lichter!« (Sie macht sich gern einen Spaß daraus, so zu reden!)
Aber ich grummelte nur: »O nein — ich werde dort nicht hinübergehen. Das ist eine typische Touristenfalle. Deswegen bin

ich nun ganz bestimmt nicht hergekommen. Ich bin nach Mexico gefahren, um hier etwas vom speziellen Flair dieses Landes und von seiner Kultur mitzubekommen ... um unerwarteten Dingen zu begegnen ... um mit unverdorbenen Menschen in Berührung zu kommen ... um das authentische Leben hier zu erfahren ... oder auch nur, um mich durch die Straßen treiben zu lassen. Wenn du willst, dann stürze dich in die Geschäfte mit Touristen, bitte sehr! Mich findest du im Hotel wieder.«

Meine Frau, wenig überzeugt und dazu wie immer auf Unabhängigkeit bedacht, winkte mir Auf Wiedersehen zu und verschwand. Und während ich mich nun durch die Straßen treiben ließ, bemerkte ich in einiger Entfernung einen echten Eingeborenen. Ich kam näher und entdeckte, daß er trotz der Hitze einen Poncho trug. Genauer: Er trug eine ganze Menge Ponchos übereinander und rief laut: »Zwölfhundert Pesos!«

»Wen meint er damit?« fragte ich mich. »Gewiß doch nicht mich! Denn woher weiß er zunächst einmal, daß ich ein Tourist bin? Und zweitens kann ich ihm nicht einmal die kleinste Andeutung gemacht haben, daß ich überhaupt Interesse an einem Poncho habe!« Wie ich ja schon erwähnte: Ich hatte absolut keinen Bedarf.

Ich tat mein Bestes, ihn zu ignorieren, und wollte gerade weiterschlendern, als er sagte: »Okay, ich komme Ihnen entgegen und gebe noch einen Rabatt: achthundert Pesos.«

An dieser Stelle wandte ich mich überhaupt zum erstenmal an ihn. »Mein lieber Freund, ich bewundere ganz sicher Ihren Geschäftsgeist, Ihren Eifer und Ihre Hartnäckigkeit. Aber ich *will* gar keinen Poncho. Mir fällt nicht im Traum ein, solch ein Kleidungsstück zu tragen oder auch nur in meinen Schrank zu hängen. Würden Sie also freundlicherweise Ihre Waren sonstwem und sonstwo anpreisen?« Und dann nach einer kurzen Pause: »Haben Sie mich verstanden?«

»Si«, kam die Antwort. Er verstand mich also offenbar perfekt. Worauf ich meinen Spaziergang wieder fortsetzte, aber plötzlich hörte, wie er hinter mir herstapfte. Als wären wir aneinandergekettet, blieb er mir auf den Fersen, und dabei wiederholte er immer und immer wieder: »Achthundert Pesos!«

Etwas ärgerlich beschleunigte ich meine Schritte, aber der Poncho-Verkäufer ließ sich nicht abschütteln. Außerdem war er inzwischen bei sechshundert Pesos angelangt. An einer Straßenecke mußte ich wegen des Verkehrs haltmachen; er stand hinter mir und setzte seine Ein-Mann-Konversation unbeirrt fort: »Sechshundert Pesos! ... Fünfhundert Pesos! ... Also gut, also gut, vierhundert Pesos!«
Als die Ampel auf Grün sprang, rannte ich fast über die Straße und hoffte, meine Flucht werde ihn eines Besseren belehren. Doch bevor ich mich noch umschaute, hörte ich ihn schon wieder hinter mir: »Señor, vierhundert Pesos!«
Inzwischen war mir heiß geworden, ich schwitzte, war müde und dazu von seiner Hartnäckigkeit irritiert. Ein bißchen atemlos baute ich mich vor ihm auf, und zischte zwischen halb zusammengebissenen Zähnen heraus: »Verdammt noch mal, ich habe bereits gesagt, daß ich keinen Poncho will. Lassen Sie mich in Ruhe!«
Meine Haltung und mein angeschlagener Ton schienen unmißverständlich.
»Okay, Sie haben gewonnen«, antwortete er. »*Nur für Sie:* zweihundert Pesos.«
»Was haben Sie gesagt?« fragte ich zurück und war nicht wenig über meine eigenen Worte erstaunt.
»Zweihundert Pesos«, wiederholte er.
»Zeigen Sie mir mal solch einen Poncho!«
Warum habe ich ihn darum gebeten, mir ihn ansehen zu können? Brauchte ich denn einen Poncho? Mochte ich wenigstens solch ein Kleidungsstück? Ganz gewiß nicht — und doch hatte sich in meinen Vorstellungen etwas geändert.
Vergessen Sie nicht, daß dieser mexikanische Poncho-Verkäufer bei zwölfhundert Pesos begonnen hatte! Und jetzt wollte er plötzlich nur noch zweihundert. Ich wußte wirklich nicht, was ich tat; aber immerhin hatte ich den Preis um tausend Pesos nach unten gedrückt.
Als wir nun eher formell ins Verhandeln kamen, erfuhr ich von diesem Straßenhändler, daß der billigste Poncho, der jemals in der Geschichte von Mexico City verkauft worden sei, an einen Burschen aus Winnipeg in Kanada gegangen sei. Er

hatte es geschafft, den Preis bis auf 175 Pesos zu drücken aber seine Eltern waren auch in Guadalajara geboren. Nun ja, ich bekam meinen Poncho für 170 Pesos und hielt damit den Rekord für Mexico City sicher bis ins nächste Jahrhundert!
Es war ein heißer Tag, und ich war ziemlich erschöpft. Aber dennoch trug ich meinen Poncho und fühlte mich blendend. Zufrieden betrachtete ich mein Spiegelbild in den Schaufensterscheiben und kehrte in mein Hotel zurück.
Meine Frau lag ausgestreckt auf ihrem Bett, als ich unser Zimmer betrat, und las ein Magazin. Ich platzte heraus: »Schau, was ich mir gekauft habe!«
Sie blickte gar nicht hoch und fragte nur: »Was hast du denn gekauft?«
»Einen wunderschönen Poncho!«
»Und was hast du für ihn bezahlt?« fragte sie flüchtig.
»Laß es mich erklären«, sagte ich selbstbewußt. »Ein eingeborener Unterhändler wollte zwölfhundert Pesos für ihn haben, aber dein Mann, der internationale Unterhändler, bekam ihn für 170 Pesos.«
Sie konnte sich ein Grinsen nicht verkneifen. »So, so, das ist interessant. Ich habe mir nämlich genau so ein Stück gekauft. Für 150 Pesos. Es hängt draußen im Vorraum.«
Mir fiel erst einmal das Kinn herunter. Und dann zog ich mich aus, setzte mich hin und dachte nach über das, was da passiert war.
Was war der wirkliche Grund dafür gewesen, daß ich den Poncho gekauft hatte? Brauchte ich ihn? Hatte er mir gefallen? Nein. Aber dafür war ich in den Straßen von Mexico City nicht irgendeinem Hausierer in die Hände gefallen, sondern einem mit allen Wassern der Psychologie gewaschenen Händler von internationalem Format. Dieser Mann hatte es verstanden, meinen besonderen Nerv zu treffen — ohne daß ich das gleich begriffen hätte, weil ich diesen Nerv noch gar nicht kannte.
Nehmen Sie diesen Poncho einmal bildlich, dann bin ich sicher, daß auch Sie solch ein Stück in Ihrem Schrank hängen haben. Das kann eine Porzellan-Figur aus Italien made in Hongkong sein, eine Galabia aus dem Basar von Luxor oder

ein echter Sombrero, dessen Gegenstück Sie in der Faschingsboutique Ihres Kaufhauses entdecken.
Meiner Erfahrung nach gibt es praktisch niemanden, der nicht schon einmal solch einen Kauf getätigt hat. Und wenn Sie sich einmal durch den Kopf gehen lassen, wie Sie zu dem Stück gekommen sind — war es das Stück selbst, das Sie so reizte, oder war es der Handel, mit dem Sie Ihre wahren Bedürfnisse befriedigt gesehen haben?
Im Grunde ist die Botschaft, die ich hier verkünde, recht simpel. Sie können erlangen, was Sie sich wünschen, wenn Sie beachten, daß jeder Mensch ein Individuum ist und daß man Bedürfnisse aufeinander abstimmen kann. Gleichzeitig sollten Sie nie vergessen, daß die meisten Bedürfnisse durch die Art und Weise erfüllt werden können, wie Sie handeln und sich verhalten. Dabei sollte Ihr Ziel sein, daß beide Parteien mit dem Verhandlungsabschluß zufrieden sind und dementsprechend sollten die Methoden aussehen, nach denen Sie vorgehen — gemeinsam erreichte Ziele machen beide Seiten zu Gewinnern.

Vierter Teil: Sie können über alles verhandeln und alles erreichen

Der Mensch ist frei, der weiß,
wie man die Macht der Entscheidung
in den eigenen Händen behält.

SALVADOR DE MADARIAGA

10. Verhandlungen per Telefon und Schriftverkehr

Das Telefon ist in der modernen Welt zu einem lebenswichtigen Kommunikationsmittel geworden. Im täglichen Leben greifen Sie wohl schon häufiger nach dem Telefonhörer als nach Messer, Gabel und Löffel. Ein Telefon läßt sich leicht handhaben und es macht einen ganz harmlosen Eindruck. Aber ist es das auch? Keineswegs. Es kann ernsthafte Mißverständnisse verursachen (»Ich hatte keine Ahnung, daß Sie das so gemeint haben!«). Man kann durchs Telefon besser lügen (»Ihr Scheck ist schon unterwegs«). Und es stellt einen mächtigen Wirtschaftsfaktor dar — Millionen von Dollars werden über das Telefon gewonnen oder verloren, je nachdem, wie gut man mit ihm umgehen kann.

Vor allem aber fordert das Telefon unüberhörbare Beachtung. Wenn es läutet und läutet, denkt man stets ganz instinktiv: »Wer will da etwas von mir?« Selbst potentielle Selbstmörder wurden noch in letzter Sekunde von der Fensterbank zurückgelockt, weil das Telefon klingelte und sie den Hörer erst noch einmal abheben mußten.

Trotz seiner Bedeutung nehmen sich aber nur wenige Leute die Zeit, die einzigartige Rolle, die das Telefon in Verhandlungen zu spielen pflegt, einmal zu untersuchen.

Lassen Sie uns daher hier die weitgefächerten Möglichkeiten, die das Telefon bietet, analysieren.
Charakteristische Merkmale, auf die bei telefonischen Verhandlungen zu achten ist, sind:

1. Es gibt mehr Mißverständnisse

Weil der Blickkontakt fehlt, ist die Gefahr größer, nicht richtig verstanden zu werden. Wenn man mit jemandem telefoniert, gibt es keine Möglichkeit, die Mimik des Gesprächspartners und die Signale wahrzunehmen, die sein Verhalten aussendet. Den Tonfall einer Stimme zu interpretieren, ist dagegen schwer und führt häufig zu Fehlschlüssen. Und man kann hier nicht nur etwas falsch auffassen, sondern auch verborgene An- und Absichten heraufbeschwören, wo gar keine vorhanden sind, oder eben keine entdecken, obwohl sie existieren.

2. Es ist leichter, nein zu sagen

Es kostet wenig Anstrengung und ist gar nicht schwierig, am Telefon nein zu sagen. Nehmen wir an, ich wähle Ihre Nummer und sage höflich zu Ihnen: »Wenn es Ihnen nichts ausmacht, dann hätte ich gern, daß Sie folgendes tun …«
Sie unterbrechen mich kurz und bündig und antworten: »Ich kann aber nicht. Ich bin heute fürchterlich beschäftigt. Rufen Sie mich später wieder an.« Klick. Weil wir uns dabei nicht gegenseitig ins Gesicht sehen, fällt es Ihnen nicht schwer, mich kurzerhand abzuwimmeln.
Sitze ich Ihnen aber in persona gegenüber, dann werden Sie mich so leicht nicht los. Dann komme ich nämlich zum Beispiel auf folgende Weise in Ihr Büro marschiert: »Bitte … ich hatte einen langen Weg bis hierher! Oh, was für eine Fahrt!«
Atemlos, erschöpft, mit Tränen in den Augen stehe ich da vor Ihnen und flehe Sie um Ihre Gunst an. Es ist ziemlich unwahrscheinlich, daß Sie mich unter diesen Umständen gleich wieder zur Tür hinausschicken.
Sie haben eher ein Schuldgefühl, daß ich extra so weit gefahren bin, und Sie machen sich Sorgen um mein leibliches und

mein geistiges Wohl. Natürlich wollen Sie die Angelegenheit ohne Aufregungen hinter sich bringen. Bedenkt man, wie die Dinge liegen, dann sieht es am Ende ganz so aus, als würden Sie mir, meinen Wünschen entsprechend, entgegenkommen. Es ist immer so, daß eine Idee, ein Vorschlag oder eine Bitte auf eine direkte Antwort warten, die sich aus dem Gang der Dinge ergibt, und zwar eine persönliche und mündliche Antwort. Dokumente, Briefe und Telefonate können solch einem direkten Zusammentreffen vorausgehen oder folgen, für sich selbst haben sie nicht die überzeugende Wirkung wie sie ein persönliches Gespräch hat.
Die Schlußfolgerung ist also sehr einfach: Wenn Sie wirklich ernsthaft etwas haben wollen, dann treten Sie persönlich auf und dafür ein.

3. Es geht viel schneller

Verhandlungen am Telefon sind stets kürzer als solche, bei denen man sich persönlich gegenübersitzt. Denn allein schon der Aufwand, dem eine persönliche Begegnung vorausgeht — Vorbereitungszeit, Reise, Ausgaben —, muß ja gerechtfertigt werden; die Investition muß sich auszahlen.
Nehmen wir einmal an, Ihr Kind hat Schwierigkeiten in der Schule. Rufen Sie den Lehrer, der damit zu tun hat, an, dann wird das Gespräch vielleicht fünf oder zehn Minuten dauern. Nehmen Sie sich aber die Zeit, persönlich bei ihm vorzusprechen, dann wird die Diskussion wohl kaum unter einer halben Stunde abgehen.

4. Es geht stärker konkurrenzbetont zu

Berücksichtigt man die relative Kürze, in der eine Transaktion per Telefon vor sich geht, dann zeigt sich, daß oft zu wenig Zeit ist, um Informationen und Erfahrungen auszutauschen und herauszubekommen, wie eine Lösung zur gegenseitigen Zufriedenheit aussehen würde. Dieser Umstand, noch verstärkt durch die mehr formelle Art des telefonischen Kon-

takts, läßt ein Klima entstehen, in dem eher ein auf Gewinnen oder Verlieren zielendes Konkurrenzverhalten gedeiht.
Am Telefon neigen die Leute dazu, sich unpersönlich zu geben und stärker ›auf den springenden Punkt‹ zu kommen. Das Gespräch ist weniger spontan und hält sich an die herrschenden Redensarten und Gebräuche. Daraus resultiert, daß oft die Seite, die die besseren Waffen hat, auch die Oberhand gewinnt.
Theoretisch wäre es für Sie also, falls Sie ein starker, auf Wettbewerb getrimmter Unterhändler sind, von Vorteil, wenn Sie ein Geschäft am Telefon erledigen. Dann wäre es sozusagen Teil Ihrer Strategie, auf einer telefonischen Verhandlung zu bestehen, weil Sie damit leichter auf meine Kosten gewinnen könnten.
In dem Zusammenhang wird es Sie dann nicht erstaunen, wenn ich wiederum eindeutig ein persönliches Treffen verlange. Denn nun werden Sie mich nicht mehr nur als eine statistische Ausnahme von der Regel ansehen können, sondern als einen Menschen aus Fleisch und Blut. Wenn zwei Unterhändler zusammentreffen und sich grüßen, einander zunicken, lächeln, sich am Kopf kratzen und so weiter, dann vermag das schon die Gegensätze ein wenig zu glätten. Die Diskussion wird freier, man steht nicht so unter Zeitdruck, und damit erhöht sich auch die Chance auf ein Ergebnis, das beiden von Nutzen ist.
Bevor wir weitergehen, möchte ich kurz eine erfundene Verhandlung schildern, die schwierig und frustrierend verläuft. Sie soll die Probleme der fernmündlichen Kommunikation illustrieren. Wie fast jeder weiß, kann das Fernmeldeamt — und in den Vereinigten Staaten eine Telefon-Gesellschaft — ein hervorragender Gegner sein, an dem man sich die Zähne ausbeißt. Sie bekommen also Ihre monatliche Telefonrechnung, auf der ein Betrag von 72 Dollar für ein Gespräch nach Kuala Lumpur auftaucht, das angeblich von Ihrem Apparat aus geführt wurde. Sie rufen die Abrechnungsstelle an und erklären, daß es sich dabei wohl um eine Fehlbuchung handle — und da Sie allein leben und auch keine Freunde haben, die Ihr Telefon benutzen, fühlen Sie sich zu Recht unschuldig.

Aber Ihr Widerpart am anderen Ende der Leitung zeigt sich taub für Ihre Beschwerde. Geschult in solchen Dingen, selbstbewußt und mit einer Stimme, die keinen Widerspruch duldet, läßt er Sie immer wieder auflaufen. Nach zahllosen Gesprächen neigt selbst der von seiner Unschuld überzeugteste Kunde dazu, nachzugeben und zu kapitulieren. Es ist ein Pokerspiel, und der andere kennt es besser und hat die besseren Karten.

5. Das Risiko ist größer

Wie bereits gesagt, ist eine telefonisch geführte Verhandlung von seiner Natur her generell schneller zu Ende und ist mehr auf Konkurrenz und Wettbewerb angelegt als bei einem persönlichen Treffen. Daraus folgt, daß solch eine Verhandlung eher mit einem Gewinner und einem Verlierer endet.
Hinter dieser Beobachtung steckt eine Grundregel, die man sich stets merken sollte: Gleichgültig, worum es geht — Geschwindigkeit bedeutet immer erhöhtes Risiko.
Das gilt für eine telefonische Verhandlung genauso wie für eine persönliche: Unangemessene Hast bedeutet meistens zumindest für eine der beiden Parteien erhöhte Gefahr.
Wer trägt das größere Risiko bei einer hastigen Übereinkunft? Derjenige, der weniger gut vorbereitet ist und keine Zeit findet, dies im Gespräch auszugleichen. Nehmen wir an, ich kann aufgrund meiner Daten und Beobachtungen nicht endgültig beurteilen, ob der von Ihnen gemachte Vorschlag auch fair ist. Statt dessen muß ich mich ganz auf das verlassen, was Sie mir präsentieren. Sind Sie ein offener, ehrlicher and aufrechter Mensch, dann wird mein Vertrauen in Sie schon belohnt werden. Aber was ist, wenn das, was Sie mir vorführen, nur Fassade ist, hinter der ein ganz anderer steckt? Einer, der mir mit unfairen Methoden ans Leder will? In diesem Fall käme ich nicht ohne Blessuren aus der Sache heraus.
Daher heißt die eiserne Regel: Wenn man schlecht vorbereitet ist, die Behauptungen des anderen nicht nachprüfen kann und wenn es keine Vertrauensbasis gibt, die sich aus Erfahrungen mit früheren Geschäften herleitet, dann heißt es abwarten.

Wenn man in einen schlammigen Teich springt, dann wühlt man den Schlamm nur noch mehr auf. Läßt man ihm aber Zeit, sich zu setzen, dann kann man nach einer Weile bis auf den Grund sehen und erkennen, wohin man seinen Fuß setzt. Häufiger fällt demjenigen Unterhändler, der mit Geduld und Standfestigkeit an seine Aufgabe herangeht, der Erfolg zu, als dem, der sich überhastet.
Sollten Sie daher in die Lage kommen, daß eine Entscheidung nicht vertagt werden kann, bis Sie mit Ihrem Gegenüber gleichgezogen haben, dann verschleppen Sie die Sache wenigstens. Das beste, was man tun kann, wenn man nicht weiß, was man tun soll, ist: nichts zu tun. Es ist nur sinnvoll zu handeln, wenn das auch zu Ihrem Vorteil geschieht; aber man sollte nicht aktiv werden, wenn nur der Gegner etwas davon hätte. Merken Sie sich: Die Kräfteverteilung ist keine Größe, die immer konstant bleibt. Vielmehr kann die Zeit Ihr Verbündeter werden und helfen, Ihre Position zu stärken.
Bisweilen kommt es auch vor, daß ein Unterhändler — aus gutem Grund — eine Verhandlung schnell hinter sich bringen kann. Angenommen, ich bin besser vorbereitet als Sie oder kann aufgrund meiner Unterlagen davon ausgehen, daß diese oder jene Übereinkunft meinen Bedürfnissen entsprechen wird, dann brauche ich kein längeres Gespräch mehr. Dann ist es gar nicht mehr nötig, Sie anzuhören oder zu prüfen, ob Sie auch ein integrer Partner sind, sondern dann ist ein beschleunigtes Ende sinnvoll, ohne daß dabei unnötige Risiken entstehen.

6. Der Anrufer ist gegenüber dem Angerufenen im Vorteil

Telefongespräche werden aus vielen Gründen getätigt, manchmal auch völlig grundlos. Aber erfahrene Leute wissen stets, daß das Telefon sowohl als offensive als auch als defensive Waffe im Arsenal der Verhandlungen eingesetzt werden kann. Und aus diesem Grund nimmt ein erfolgreicher Unterhändler die Dinge nicht ›wie sie kommen‹, sondern er rechnet sich von vornherein die Wirkungen aus, die sein Handeln — oder seine Inaktivität — hervorrufen.

Bei jedem Telefongespräch hat derjenige, der aktiv wird — also der Anrufer — einen natürlichen Vorteil, der Empfänger eines unerwarteten Anrufs dagegen einen Nachteil.
Nehmen wir das Beispiel einer langwierigen und schwierigen Verhandlung, in die wir verstrickt sind. Die Angelegenheit kocht schon seit langem auf kleiner Flamme vor sich hin. Da rufe ich Sie, wie aus dem Stegreif, unerwartet an und unterbreite Ihnen einen Vorschlag, der die Sache zwischen uns bereinigen könnte. Ist das nun wirklich eine impulsive Handlung meinerseits oder doch ein sehr bewußter taktischer Schachzug?
Aller Wahrscheinlichkeit nach war mein Anruf keineswegs die Eingebung eines Augenblicks. Bevor ich ihn machte, habe ich vielmehr die verschiedenen Möglichkeiten gegeneinander abgewogen: Gespräch unter vier Augen, Brief, Telegramm, Vermittler einschalten, Anruf oder untätig bleiben. Ich wählte schließlich den Anruf, weil er mir zu diesem Zeitpunkt am zweckmäßigsten erschien. Natürlich habe ich mich ausgiebig vorbereitet, bevor ich den Hörer abhebe. Ich kann nicht gestört werden, von wo aus ich telefoniere, und vor mir liegen zwölf gespitzte Bleistifte und sechs Notizblöcke. Gleich daneben ein Taschenrechner und hinter mir ein Computer, um notwendige Daten gleichabrufen zu können. Ich habe ein bestimmtes Ziel vor Augen, eine Strategie im Hinterkopf und ein paar ausgearbeitete Taktiken zur Hand. Und darüber hinaus habe ich mir auch noch Gedanken über die möglicherweise von Ihnen verfolgten Ziele gemacht und die entsprechenden Fakten und Antworten parat, um Ihnen zuvorzukommen. Kurzum, ich bin voll da!
Werfen wir nun einen Blick auf Ihre eher mißliche Lage. Von diesem unerwarteten Anruf überrascht, sitzen Sie unvorbereitet da. Vielleicht müssen Sie sogar erst einmal den Hörer unter den Bergen von Papier auf Ihrem Schreibtisch suchen. Ausgearbeitete Unterlagen, die Ihnen helfen könnten, liegen nicht in erreichbarer Nähe. Während unseres Gesprächs werden Sie dauernd von Leuten gestört, die etwas von ihnen wollen, und außerdem sehen Sie ständig die Lämpchen an Ihrem Apparat aufleuchten. Und um die Dinge noch mehr zu kom-

plizieren, finden Sie nun auch weder Ihre Sekretärin noch die einschlägigen Akten — nicht einmal einen Stift, um sich Notizen zu machen.
Unter derartigen Bedingungen ist ein Gespräch für Sie natürlich mit hohen Risiken belastet. Da ich um vieles besser präpariert bin, müssen Sie sich meinen Argumenten und Berechnungen beugen. Gehöre ich nun zu den gutwilligen, wohlmeinenden und wundervollen Menschen, die immer auch an andere denken, dann wird Ihnen Gerechtigkeit und Barmherzigkeit widerfahren. Bin ich von der anderen Seite, dann sind Sie aufgeschmissen.
Aber gleichgültig, wie viele Probleme in diesem Zusammenhang auftauchen können — die Realität sieht so aus, daß Sie täglich auf telefonische Verhandlungen angewiesen sind. Und die spielen sich ja nicht nur in Ihrer Bürozeit zwischen neun und siebzehn Uhr ab — auch Picknicks mit Ihren Freunden, Familienfeiern jeder Art, vom Geburtstag bis zur Hochzeit, werden schließlich mit Vorliebe per Telefon arrangiert; und was das an Aufwand kosten kann, das weiß nur, wer es schon einmal probiert hat. Sie verhandeln per Telefon mit einer Unzahl von Leuen, von total fremden Anrufern bis hin zu den engsten Freuden. Selbst wenn die eigentliche und endgültige Verhandlung, an deren Ende ein Ergebnis steht, nicht am Telefon stattfindet (obwohl das nicht selten der Fall ist), laufen doch die Vorbereitungen, also das Prozeßstadium, immer über diesen Weg. Anders ausgedrückt: Das ganze Vorspiel zu den eigentlichen Verhandlungen läuft über das Telefon, der endgültige Handel dagegen kann, muß aber nicht. Aber wenn Sie das Telefon schon so ausgiebig benutzen, dann sollten Sie es jedenfalls für sich nützen und nicht gegen sich arbeiten lassen.
Daher möchte ich Ihnen im folgenden ein paar Vorschläge machen, die Ihnen zu einer erfolgreichen Benützung des Telefons verhelfen könnten:

1. Sie müssen stets der Anrufer sein

Versuchen Sie stets, die Initiative zu ergreifen, wenn Sie mit einer Wettbewerbssituation rechnen. Ruft aber jemand Sie zu-

erst an und Sie sind nicht darauf vorbereitet, dann zögern Sie das Ganze etwa folgendermaßen hinaus: »Es tut mir leid, aber ich war gerade im Aufbruch zu einer wichtigen Konferenz und bin schon spät dran. Aber ich rufe gern zurück. Welcher Zeitpunkt würde Ihnen am besten passen?«
In dem Augenblick, wo Sie nämlich sagen, Sie hätten gerade einen anderen wichtigen Termin, riefen aber zurück, sind Sie schon nicht mehr der Angerufene. Denn jetzt können Sie sich vorbereiten, ehe Sie Ihrerseits anrufen — und sind somit der Anrufer.

2. Planen und vorbereiten

Bevor Sie in Aktion treten, überdenken Sie genau, worauf Sie es anlegen, und ob ein Anruf in diesem Falle wirklich die beste Methode ist, zum Erfolg zu kommen. Berücksichtigen Sie dabei auch, ob Sie ein Nein oder ein Ja hören wollen. Wie wir bereits sahen, ist es per Telefon leichter, sich ein Nein als ein Ja zu holen.
Irgend jemand hat einmal gesagt: »Wenn du es versäumst, einen Plan aufzustellen, dann planst du deine eigene Niederlage.« Richten Sie daher stets Ihr Denken auf das speziell zu erreichende Ziel aus, das Sie durch Ihren Telefonanruf anpeilen. Im Koran heißt es: »Wenn du nicht weißt, wohin du gehst, dann wird dich jeder Weg dorthin bringen.« Zugegeben: Wenn Sie nicht wissen, wohin Sie gehen, dann können Sie auch nicht fehlgehen. Und zu guter Letzt wissen Sie dann nicht einmal, wenn Sie angekommen sind, wo Sie sich überhaupt befinden ...
Es kommt also darauf an, daß Sie sich als Anrufer einen Plan machen und vorbereiten, was im Gespräch ablaufen soll. Dazu ein paar Ratschläge:

A Stellen Sie eine Liste über die einzelnen Punkte auf, die zur Sprache kommen sollen.
B Gehen Sie die Verhandlung oder die Transaktion vorher einmal im Kopf durch.
C Sehen Sie einen harten Wettbewerb auf sich zukommen, dann versuchen Sie, der Taktik der anderen Partei zuvor-

zukommen und sie vorwegzunehmen. Es ist immer gut, die Waffen des Gegners zu kennen.

D Achten Sie darauf, daß Sie zu allen Punkten die wichtigsten Unterlagen zur Hand haben, und zwar gleich während des Gesprächs.

E Ungeachtet all Ihrer Vorbereitungen kann es doch passieren, daß Sie durch überraschende Ablenkungsmanöver aus Ihrer Marschrichtung gebracht werden sollen. Gehen Sie dann davon aus, daß es ganz gewiß keine Schande ist, irgendwo eine Wissenlücke zugeben zu müssen.

F Konzentrieren Sie sich und vermeiden Sie Umwege und Ablenkungen. Ihre ungeteilte Aufmerksamkeit sollte allein dem Telefongespräch gewidmet sein.

G Wenn es um Fakten und Zahlen geht, sollten Sie alles notwendige Material, bis hin zur Rechenmaschine oder zum Taschenrechner, in Ihrer Reichweite haben.

H Zum Schluß sollten Sie noch einmal zusammenfassen, worauf Sie sich geeinigt haben, und die Folgerungen daraus genau festlegen.

3. Ein eleganter Abgang

Halten Sie stets eine passende Entschuldigung für den Fall bereit, daß Sie das Telefonat abbrechen müssen — für den Fall nämlich, daß die Diskussion in eine ganz andere Richtung abdriftet als Sie beabsichtigten. Erlaubt Ihnen aber Ihr umständlicher oder gar mit allen Wassern gewaschener Widerpart keinen eleganten Abgang, dann probieren Sie es doch einmal, sich selbst das Wort abzuschneiden und aufzuhängen. (Schließlich würde ich nie unterstellen, daß Sie das bei jemand anderem tun! So etwas ist nicht nur unhöflich, sondern im Umgang untereinander einfach nicht akzeptabel. Hängen Sie also nur auf, wenn *Sie* gerade reden.)

Wie Sie das machen können, ohne daß es auffällt? Das ist ganz einfach. Sagen Sie zum Beispiel: »Hallo, da bin ich aber wirklich froh, daß Sie mich anrufen. Wissen Sie, ich habe gestern erst an Sie gedacht und wollte gerade ...« Klick.

Ihr Partner am anderen Ende der Leitung wird nie darauf

kommen, daß Sie in dem Augenblick selber auf die Gabel gedrückt haben, sondern wird die Schuld dem Telegrafenamt geben.
Was wird der Effekt sein? Der andere ruft noch einmal an. Und dann sind Sie gerade einmal aus Ihrem Büro gegangen, machen eine Besorgung, haben in der Garage zu tun, usw. Dadurch gewinnen Sie Zeit, in der Sie sich nun selbst präparieren können, und sind somit auch nicht mehr der Gnade des unerwarteten Anrufers ausgeliefert.

4. Diszipliniert zuhören können

Gutes Zuhören ist mehr als das Aufnehmen der Wörter, die im Gespräch fallen. Es bedeutet vielmehr, daß Sie mitbekommen, was jeweils damit gemeint und beabsichtigt ist. Schließlich stecken die Bedeutungen nicht in den Wörtern selbst, sondern in den Menschen, die sie gebrauchen.
Da es nun einmal unmöglich ist, gleichzeitig zu reden und zuzuhören, sollten Sie stets auf das Verhältnis beider Tätigkeiten zueinander achten. Und bedenken Sie, was eine prägnante Pause bewirken kann. Solch ein Moment des Schweigens kann magische Kräfte freisetzen. Vor allem, wenn das Ferngespräch über eine große Distanz geht, entsteht dann bei Ihrem Gesprächspartner ein regelrechter Zwang, Pause mit Worten zu füllen — entweder aus Nervosität oder weil er an die Telefongebühren denkt. Und dabei wird er dann unweigerlich Dinge herauslassen, die Ihren Informationsstand verbessern.

»Den Schrecken dieses Augenblicks«, fuhr der König fort, »werde ich nie, niemals vergessen!«
»Du wirst«, sagte die Königin, »es sei denn, du schreibst es nieder.«

LEWIS CARROLL

5. Das Ergebnis niederschreiben

Eigentlich bin ich kein unbedingter Befürworter großer Korrespondenzen, Memoranden und Noten. Daß man über alles eine Notiz anfertigt, ist ein regelrechter Infekt, der unsere Gesellschaft in einem solchen Ausmaße heimgesucht hat, daß man nur noch von einer Papierverstopfung reden kann. Von mir aus gesehen, sind die meisten schriftlichen Dokumente entweder überflüssig oder unverständlich. Zudem nimmt es viel Zeit in Anspruch, wenn man alles und jedes aufschreibt, und ist unnötig kompliziert.
Allerdings hat der Schriftsteller Stephen Leacock recht, wenn er mit Blick auf die Mühen und Anstrengungen des Schreibens meint: »Das Schreiben selbst ist gar nicht schwer. Nehmen Sie nur ein Stück Papier und einen Stift zur Hand, setzen Sie sich hin und schreiben Sie, wie es Ihnen in den Sinn kommt. Sie werden sehen, daß das Schreiben leicht ist — die Ideen und Einfälle sind das Schwierige daran.«
Im großen und ganzen ist es sicher gut, sich an die Grundregel zu halten, formellen Schriftwechsel so gut wie möglich zu vermeiden. Gewiß gibt es Augenblicke, in denen Sie einen Stift in die Hand nehmen müssen. Bei diesen Gelegenheiten ist es dann ratsam, sich zu merken: Was immer Sie niederschreiben, sollte so formuliert sein, daß es letztendlich auch vor Gericht verlesen werden könnte.
Im Begriff ›Grundregel‹ steckt bereits, daß es Ausnahmen gibt. Dies trifft zum Beispiel auf den Fall zu, daß man im Gespräch eine Einigung erzielt hat. Die Lösung, die Sie nach einem Konflikt oder einem Disput gefunden haben, schriftlich festzuhalten, ist oft eine Notwendigkeit. Damit haben Sie ein

Dokument in Händen, das die Verpflichtungen enthält, die beide Parteien eingegangen sind und die ja die Grundlage einer Einigung ausmachen.
Haben Sie also etwa eine wichtige Transaktion per Telefon geregelt, dann notieren Sie sich sorgfältig, worauf Sie sich geeinigt haben. Informieren Sie Ihren Partner noch am Telefon darüber, daß sie das zu tun gedenken. Übrigens sollten Sie das gleiche tun, wenn Sie im direkten persönlichen Gespräch zu einer Übereinkunft gelangt sind.
Die Erfahrung lehrt, daß ein ›gentleman's agreement‹, ein Abkommen unter ›Ehrenmännern‹, sehr unehrenhaft enden kann. Oder wie Sam Goldwyn es ausgedrückt haben soll: »Ein mündliches Abkommen ist das Papier nicht wert, auf dem es steht.«
Wie immer man die schriftliche Abfassung eines Abkommens nun nennen mag – Memorandum, schriftliche Bestätigung oder Protokoll –, der Zweck ist immer der gleiche: die Verpflichtungen festzulegen, die die beiden Parteien eingegangen sind. Dabei ist es durchaus typisch, daß sie in einer antiquierten Sprache aufgesetzt sind, als lebten wir noch in Zeiten des Federkiels. Sie wirken immer eigentümlich pompös und gespreizt und sie lesen sich meistens so:
›Unter Bezugnahme auf unser Gespräch vom soundsovielten wird hiermit festgestellt, daß …‹
›Wie bereits telefonisch vorabgeklärt, besteht Einigkeit darüber, daß …‹
›Unter Berücksichtigung der Ergebnisse unseres Telefongesprächs vom soundsovielten des Monats …‹ usw.
Aber die Form, in der das ganze geschieht, ist gewöhnlich nicht von Bedeutung, entscheidend ist indessen, daß *Sie* es sind, der das Schreiben aufsetzt. Warum Sie sich diese Arbeit aufhalsen sollen? Weil Sie daraus enormen Vorteil ziehen können.

Das sind die Vorteile des Verfassers:

A Er hat die ersten Schritte unternommen, mit denen er bestimmt, wann das Protokoll geschrieben wird, in welcher

Form und auch wann es abgeschickt wird. Es passiert so lange nichts, wie er es nicht in die Wege leitet!

B Das Schriftstück wird in der Terminologie des Verfassers aufgesetzt — und bekanntlich wird stets, wenn es Differenzen über die Interpretation eines Satzes gibt, dem Verfasser das letzte Wort eingeräumt.

Betrachten wir nun nach den telefonischen Verhandlungsmethoden das Gespräch unter vier Augen bzw. im direkten Gegenüber. Ich sitze als Ihr Gegner auf der anderen Seite des Konferenztisches und wir treffen uns dort Tag für Tag zu endlosen Sitzungen.

Vor mir liegen dabei nie irgendwelche Notizen. Wie so viele andere Topmanager wiege ich mich in der falschen Sicherheit, ein fotografisches Gedächtnis zu haben. Sie dagegen arbeiten mit Unterlagen und Notizen. Und weshalb, werden Sie fragen? Weil das Ihre Position stärkt und ihnen ein Gefühl der Macht über mich vermittelt.

Nach dem dritten Verhandlungstag frage ich Sie nämlich schon etwas irritiert, natürlich während einer Pause: »Warum benutzen Sie eine solche Menge Unterlagen? Wir haben doch bereits alle Aspekte mehrfach durchgekaut.«

Sie lächeln nur dazu, zucken mit den Schultern und murmeln etwas von Ihrer Unfähigkeit, etwas zu behalten, ohne es zu Papier gebracht zu haben.

Am fünften Tag ist mein fotografisches Gedächtnis nicht mehr ganz so fotografisch wie ich gedacht hatte. Während einer erneuten Pause nehme ich Sie zur Seite und frage: »Sagen Sie mal — was haben wir noch in diesen drei Ergänzungen zum Vertrag festgelegt? Sie sind mir nicht mehr ganz präsent, vor allem, nachdem wir am Dienstag noch zwei weitere Ergänzungen eingefügt haben. Ich fürchte, ich habe die nun durcheinandergeworfen!«

Sie wühlen in Ihren Notizen herum, während ich ungeduldig von einem Fuß auf den anderen stapfe. »Hier haben wir es ... die drei neuen Ergänzungen wurden am Mittwoch um 14 Uhr formuliert.«

Ich schaue Ihnen über die Schulter und versuche, Ihr Gekrit-

zel zu entziffern, aber es sind für mich Hieroglyphen. »Ich werde aus Ihrer Handschrift aber nicht schlau.«
Wie aus der Pistole geschossen antworten Sie: »Ergänzung Nummer eins lautete so, Nummer zwei so und Nummer drei so.« Ich mache ein ziemlich dummes Gesicht. »Alles, was ich auf dem Blatt da sehe, sind zwei Punkte, ein Sternchen und ein Kreuz!«
Worauf Sie mit Unschuldsmiene erläutern: »Aber ich habe Ihnen gesagt, was die Zeichen *bedeuten!*«
Und plötzlich betrachte ich Sie mit einiger Scheu, denn nun verfügen Sie über einen beträchtlichen Vorteil. Wer kann schließlich das ganze Gekritzel besser interpretieren als der, der es hingekritzelt hat?

C Wenn Sie von Anfang an wissen, daß Sie es sind, der die schriftliche Fassung Ihres Abkommens anfertigen wird, dann werden Sie genauer zuhören und sich bessere Notizen machen. Sie werden aufmerksam sein und sich in Selbstdisziplin üben.

D Ihr erster Entwurf wird bereits den Rahmen für alle möglichen Revisionen in der Zukunft bilden. Sie werden die Definitionen bestimmen, mit denen dann gearbeitet wird, und Sie setzen die Grenzen für die noch folgenden Diskussionen.

Dafür ein Beispiel. Angenommen, Sie und ich bringen eine Transaktion per Telefon zum guten Abschluß. Sie stimmen mir zu, daß ich es sein werde, der unser Abkommen schriftlich festhält und Ihnen eine Kopie davon zuschickt. Sie sind sich dabei nicht im klaren, was Ihre Geste bewirken kann. Ich schreibe also das Protokoll und schicke Ihnen eine Kopie.
Zwei Tage später rufen Sie mich an und sagen: »Hallo, passen Sie mal auf: Ich habe Ihr Protokoll erhalten und Sie haben Punkt A ausgelassen.«
»Punkt A?« frage ich mit aller Unschuld zurück.
»Ja«, fahren Sie fort. »Erinnern Sie sich nicht?«

Ich gebe mich ein bißchen verwirrt. »Oh ... Punkt A. Ich meine mich zu erinnern, daß Sie ihn kurz erwähnten.«
Sie bleiben beharrlich. »Und warum haben Sie ihn dann nicht aufgenommen?«
Ich erwidere: »Ach, ich hielt ihn nicht für wichtig. Sie haben ihn ja auch kaum erwähnt.«
Sie räuspern sich. »Ich habe ihn kaum erwähnt, weil Sie mit mir darüber einer Meinung schienen.«
Ich mache eine kurze Pause — so als hätten Sie mich soeben beschwindelt oder als würden Sie zuviel von mir verlangen. Und dann sage ich: »Möchten Sie tatsächlich, daß wir den Punkt noch aufnehmen?«
Sie antworten: »Ja, das möchte ich.«
Ich mache wieder eine Pause. »Nun gut, können wir uns nicht darauf einigen, so zu verfahren, als hätten wir ihn mit aufgenommen?«
Das irritiert Sie. »Nein — ich möchte, daß er nachgetragen wird.«
Warum stelle ich mich nur so an, was den Punkt A angeht? Gehen wir davon aus, daß wir bisher Zusammenarbeit und nicht Konkurrenz praktiziert haben — wie konnte dann überhaupt der Punkt A unter den Tisch fallen? Bei jeder schriftlichen Zusammenfassung wird ein wenig ausgewählt, schon allein aus dem Grund, weil sonst jedes Protokoll Buchumfang erreichen würde. Aber wenn *ich* es bin, der das Protokoll schreibt, dann gehen die Auslassungen stets auf Kosten des Partners. Denn was mir wichtig erscheint, wird auf alle Fälle Schwarz auf Weiß erscheinen. Dagegen ist es natürlich schwer, die Gedanken des Partners zu lesen. Und wenn Sie Punkt A während unserer Verhandlungen tatsächlich nur am Rande erwähnten, dann kann es passieren, daß er am Ende gar nicht mehr auftaucht.
Schließlich gebe ich aber nach und gestehe Ihnen die Aufnahme des Punktes zu. Aber nun kann ich, da ich Ihnen ja eine Konzession gemacht habe, auch eine Gegenleistung von Ihnen erwarten. Mehr noch: Nachdem wir schon solche Schwierigkeiten mit Punkt A hatten, zögern Sie vielleicht, auch noch Punkt B zu reklamieren, der ebenfalls in meinem Protokoll

fehlt. Vielmehr werden Sie sich jetzt sagen, daß es ja keinen Zweck hat, das Ganze nun noch einmal von vorn durchzukauen.
Und damit wäre ich als Verfasser des Protokolls am Ende doch wieder in der Vorhand.

E Weil Sie sich der Mühe unterzogen haben, das ganze überhaupt aufzuschreiben, ist die andere Partei eher verständnisvoll und verständigungsbereit gestimmt. Sie neigt dann dazu, nicht mehr auf Lappalien und zweitrangigen Fragen herumzureiten. Auch wenn Ihr Protokoll ein paar kleinere Ungenauigkeiten enthält, werden die meisten Leute großzügig darüber hinwegsehen und nun nicht mit Haarspaltereien anfangen.

Kurz zusammengefaßt: Mündliche Absprachen, Versprechungen und Zugeständnisse mögen gut sein, besser — weil man sich darauf berufen kann — sind schriftliche Abkommen.

Warum soll ich den Esel fragen,
wenn der Treiber daneben steht?

ANEURIN BEVARN

11. Wenden Sie sich an die nächsthöhere Instanz

Ein Rad, das quietscht, muß geölt werden. Und es bekommt sein Öl, wenn es weiß, wann und wie es zu quietschen anfangen muß.

Nehmen wir zum Beispiel an, Sie haben eine Beschwerde gegen eine große und scheinbar völlig unpersönlich agierende Bürokratie vorzubringen. Da empfehle ich folgendes:

1. Rufen Sie das nächstgelegene Büro dieser Institution an. Lassen Sie sich den vollen Namen und die Stellung der Person nennen, mit der Sie sprechen. Fassen Sie Ihre Beschwerde in einfache, menschlich-verständliche Worte, damit man sich mit Ihnen identifizieren kann. Bitten Sie um Unterstützung und lassen Sie sich mündlich versichern, daß in einer bestimmten Zeitspanne für Abhilfe gesorgt wird.
2. Lassen Sie dem Anruf einen freundlichen Brief folgen, um die Person, mit der Sie sprachen, daran zu erinnern, daß Sie auf sie zählen.
3. Kurz vor Erreichen des Zeitpunkts, an dem für Abhilfe gesorgt sein soll, rufen sie Ihren ›Freund‹ wieder an und prüfen, wieweit seine Bemühungen schon gediehen sind. Bringt das die Dinge nicht in Schwung …
4. … dann suchen Sie das Büro persönlich auf. Geben Sie sich höflich und entgegenkommend. Besuchen Sie Ihren ›Freund‹, aber machen Sie ihm klar, daß auch noch andere von dem Unrecht wissen, das da weiter existiert. Bemühen Sie sich um die Hilfe anderer, damit ihr ›Freund‹ sich verpflichtet fühlt, selbst um seines guten Rufes willen eine annehmbare Lösung zu finden.

Was aber, wenn dies alles noch immer nicht dazu führt, daß zu Ihrer Zufriedenheit verfahren wird? Dann sollten Sie *eine Stufe höher gehen.* Jede Organisation und jede Institution ist hierarchisch aufgebaut. Steigen Sie daher Stufe um Stufe hinauf, bis Sie das erreicht haben, was Sie wollten. Je höher Sie gehen, desto wahrscheinlicher wird es, daß Ihre Bedürfnisse erkannt und befriedigt werden.

Warum? Dafür gibt es mehrere Gründe. Leute in höheren Positionen wissen, daß allgemeine Regeln niemals jede spezielle Situation abdecken können. Sie haben dazu den notwendigen Überblick und können erkennen, wo inadäquat gehandelt wird. Hinzu kommt natürlich noch, daß Sie über mehr Autorität verfügen, mehr riskieren können und größeren Entscheidungsspielraum haben. Auf welcher Stufe Sie sich auch befinden, verhandeln Sie nie mit jemandem, der keine Autorität hat — es sei denn, es macht Ihnen Spaß, Ihre Zeit zu vergeuden. Wenn Sie vorhaben, mit jemandem in Kontakt zu treten, dann fragen Sie sich zunächst: Wer ist die Person? Welche Erfahrungen haben andere mit ihr bereits gemacht? Wie ist ihre Stellung? Wie weit geht ihre Entscheidungsfreiheit? Und hat sie entsprechende Möglichkeiten, auch etwas durchzusetzen? Wenn Sie sich darüber ausreichend Klarheit verschafft haben, dann sollten Sie versuchen, durch Fragen herauszubekommen — höflich, aber ohne Umschweife —, ob Ihr Partner fähig ist, die Situation zu bereinigen, bei der Lösung Ihres Problems zu helfen oder irgend etwas in die Wege zu leiten, was die Sache weiterbringt. Ist die Antwort negativ, dann wenden Sie sich an jemand anderen.

Niemand hat absolute Autorität, also sollten Sie diese auch nicht erwarten. Alles, was Sie an vernünftiger Autorität erwarten können — vor allem in einer bürokratischen Organisation —, ist, daß einer, der seine Zustimmung zu etwas gegeben hat, auch alles tun wird, daß es erfüllt wird. Er wird an allen Drähten ziehen, um zu seinen Verpflichtungen zu stehen, und wenn es dabei auch nur ums Prinzip (und natürlich um seine Integrität) geht.

Als Menachem Begin endlich dem Nahost-Friedensvertrag zustimmte, sagte er sinngemäß zu Präsident Jimmy Carter:

»Ich bin nicht autorisiert, den Vertrag endgültig zu unterschreiben, bevor nicht das israelische Parlament zugestimmt hat. Aber ich garantiere Ihnen, daß ich zurücktreten werde, wenn es seine Zustimmung verweigert.« Mehr kann man nicht verlangen.
Lassen Sie mich fünf Beispiele dafür geben, wie ein quietschendes Rad sein Öl bekommt, weil nach dieser Methode des stufenweisen Fortschreitens gehandelt wurde. In allen Fällen spielen Sie jeweils diese Rolle.

Beispiel Nummer eins: Wegen eines Wirbelsturms konnte Ihr Flugzeug erst verspätet starten und so kommen Sie in Ihrem Hotel erst gegen Mitternacht an. Ihre Kleider sind feucht und zerknittert, die Schuhe naß, Ihr Magen rebelliert und Sie sind hundemüde. Sie wollen nur noch eines: sich umgehend in Ihr Bett fallen lassen. Gott sei Dank haben Sie rechtzeitig reservieren lassen.
Der Mann an der Rezeption schaut Sie an und meint dann nur kurz und bündig: »Ganz recht, Sie haben reservieren lassen und wir haben das auch bestätigt, aber wir haben trotzdem kein Zimmer mehr für Sie. Wir haben zufällig einmal überbucht — das kommt hin und wieder vor.«
Was sollen Sie jetzt tun? Stellen Sie Ihren Koffer ab und bedenken Sie, daß der Hotelangestellte, der da vor Ihnen steht, im Moment nichts anderes darstellt als eine Art Maschine, die nur noch reagieren kann. Er ist von seinen Vorgesetzten mit Informationen gefüttert worden, die er jetzt an Sie weitergibt. Man hat ihm gesagt, daß keine Zimmer mehr verfügbar seien. Und wie ein Papagei wiederholt er das immer wieder. Da er selbst keine Dispositionen trifft, ist es nun an Ihnen, ihm bei der Lösung des entstandenen Problems zu helfen.
Sie gehen die verschiedenen Möglichkeiten erst einmal im Kopf durch. Möglicherweise hat das Hotel noch eine Suite frei, die es Ihnen zur Verfügung stellen kann. Es gibt kleinere Konferenzräume, in die man ohne weiteres ein Bett stellen kann. Man kann auch eine Suite aufteilen und Sie im Aufenthaltsraum schlafen lassen. Und falls Sie sehr früh weiterreisen wollen, steht vielleicht doch noch ein Zimmer kurzfristig zur Ver-

fügung. So sagen Sie nun zunächst: »Gut ... wie steht es mit einer Suite? Wenn alle belegt sind, wie ist es mit der für hohe Staatsgäste? Außerdem haben Sie ja auch Konferenzräume. Könnten Sie nicht in einem von ihnen ein Bett aufschlagen?«
Der Angestellte weicht aus. »O nein — das geht alles nicht. Soll ich nicht lieber versuchen, Ihnen in einem anderen Hotel ein Bett zu besorgen?«
Sie antworten: »Ich will aber in keinem anderen Hotel untergebracht werden. Ich bin müde und will nur noch ins Bett. Und das möchte ich hier bei Ihnen tun. Ich möchte bitte mit Ihrem Hotelmanager sprechen.« (Sie wissen natürlich, daß der Manager so spät in der Nacht nicht mehr im Dienst ist, aber Sie wollen dem Mann an der Rezeption Ihre Entschlossenheit demonstrieren.)
Der zieht ein entsprechendes Gesicht, greift nach dem Haustelefon und murmelt etwas Unverständliches hinein. Wie Sie erwarteten, erscheint umgehend der Nachtdienst-Leiter auf der Bildfläche. Sie wiederholen Ihre Vorschläge bezüglich Suiten, Konferenzräumen und anderen Möglichkeiten.
Darauf wirft der noch einmal einen Blick auf den Zimmerplan, runzelt die Stirn und schaut Sie an. »Wir haben tatsächlich noch eine Suite frei, die Reservation ist wieder rückgängig gemacht worden. Aber sie ist natürlich doppelt so teuer wie ein normales Zimmer.«
Ganz ruhig, aber fest erwidern Sie: »Sie sollte mich aber keinen roten Heller mehr kosten, denn ich verfüge schließlich über eine von Ihnen bestätigte Reservierung.«
Der Manager seufzt, dann sagt er: »Also ... wollen Sie sie nun oder nicht?«
Sie antworten: »Ich nehme sie ... und über den Preis reden wir morgen.«
Am nächsten Morgen stehen Sie wieder am Empfang, fertig zur Abreise, und man präsentiert Ihnen Ihre Rechnung. Natürlich steht der doppelt so hohe Preis darauf. Und *jetzt* wollen Sie den obersten Hotelmanager sehen. Haben Sie Selbstvertrauen? Ja. Sie wissen, daß Sie am Schalthebel sitzen — denn das Hotel hat seinen Dienst ja bereits geleistet. (Und wenn erst einmal eine Dienstleistung absolviert ist, dann ist

sie keinesfalls mehr so viel wert wie sie es vor ihrer Ableistung war.) Sie lassen den Hotelmanager nun wissen, wie überrascht Sie davon sind, daß sein Hotel sich nicht an die Reservierungen hält. Dann hören Sie sich seine Erklärung an und beginnen daraufhin über die hohe Rechnung zu diskutieren.

In 95 Prozent der Fälle wird der Manager sich entschuldigen und das ganze als einen Irrtum hinstellen. Er wird Sie den normalen Zimmerpreis zahlen lassen. Er weiß schließlich, daß die Schuld eindeutig auf seiten des Hotels liegt. Und er ist sich bewußt, daß es sich auf lange Sicht nur auszahlt, wenn man faire Geschäftsgebaren pflegt.

Ich war einmal selbst in eine ähnliche Situation verwickelt. Das war vor zwei Jahren, und ich hatte ebenfalls eine bestätigte Reservierung in einem Hotel in Manhattan. Ich nahm ein Taxi, das mich spät am Abend zu dem Hotel bringen sollte, als der Fahrer plötzlich sagte: »Wir müssen an dieser Ecke anhalten, die Straße ist gesperrt, es sieht so aus, als habe die Polizei sie blockiert.«

»Na, großartig«, knurrte ich, kletterte aus dem Taxi und zahlte die Fahrt. Ich griff mein Gepäck und machte mich auf den Weg, vorbei an Polizisten, Pressefotografen, neugierigen Passanten, Fernseh-Teams und Reportern.

»He, was ist hier los?« wollte ich von dem Portier wissen, als ich den Eingang zum Hotel erreichte.

Er zeigte nach oben. »Im elften Stock ist da so ein Bursche, der offenbar hinunterspringen will. Das ist los!«

»Scheußlich, scheußlich«, sagte ich, und mir war gar nicht wohl bei dem Gedanken, daß da jetzt plötzlich neben mir ein Mensch auf das Pflaster prallen könnte. Ich schob mich durch die Drehtüre und näherte mich dem Empfang. »Mein Name ist Cohen«, sagte ich. »Herbert A. Cohen. Ich habe bei Ihnen reserviert.«

Der Rezeptionist murmelte: »Ganz recht, Mr. Cohen, das haben Sie ... aber wir haben kein Zimmer für Sie.«

Ich zog eine Grimasse. »Wie meinen Sie das: Sie haben kein Zimmer für mich?«

»Tut mir leid«, sagte er, »aber wir sind voll. Sie wissen, wie das ist.«

»Nein, ich weiß ganz und gar nicht, wie das ist!« gab ich zurück. »Sie *müssen* ein Zimmer für mich haben!«
»Lassen Sie mich in den anderen Hotels in der Nachbarschaft nachfragen«, schlug er vor und griff schon nach dem Telefon.
»Einen Augenblick!« unterbrach ich ihn. »Sie *haben* ein Zimmer! Sie wissen von dem Burschen da oben im elften Stock? Von dem, der diesen ganzen Auflauf da draußen verursacht hat? Er ist so oder so dabei, *sein Zimmer zu verlassen?«*
Der Schluß der Geschichte? Der Kerl sprang nicht. Die Polizei schnappte sich ihn und steckte ihn natürlich in die geschlossene Abteilung einer psychiatrischen Anstalt. Und ich bekam das freigewordene Zimmer.
Lassen Sie mich noch von einer anderen Erfahrung berichten. Im Winter 1978 flog ich nach Mexico City, um dort ein Seminar für Geschäftsleute zu leiten. Ich hatte mir in einem hervorragenden Hotel ein Zimmer reservieren lassen. Aber unglücklicherweise konnte das Hotel seinen Ruf nicht bestätigen. Der Mann an der Rezeption empfing mich mit der Nachricht, daß alle Zimmer belegt seien. Einige Gäste waren länger geblieben, weil ein Schneesturm ihren Flug in den Mittelwesten der Vereinigten Staaten verhindert hatte.
Nachdem ich an der Rezeption mit meinen Einwänden keinen Erfolg hatte — was wohl auch an den Verständigungsproblemen lag —, fragte ich nach dem Geschäftsführer. Ich steckte mir eine Zigarre an, lehnte mich mit einem Ellbogen auf die Marmorplatte des Empfangstresens und fragte den Manager: »Was wäre, wenn der Präsident von Mexico nun vor Ihnen stünde? Würden Sie für ihn nicht doch ein Zimmer haben?«
»Si, Señor…«
Ich blies einen vollendeten Ring gegen die Decke. »Nun, er kommt nicht. Also nehme ich sein Zimmer.«
Ob ich das Zimmer bekam? Ich bekam es, aber unter einer Bedingung: Wenn der Präsident käme, dann müßte ich versprechen, umgehend auszuziehen.

Und nun zu Beispiel Nummer zwei: Sie gehen mit Ihrer Tochter einkaufen, um ein Kleid für die Abschlußfeier an ihrer High School zu erstehen. Und sie findet auch eines, das sie schlichtweg hinreißt. Sie kaufen es und tragen es beglückt nach Hause. Aber da passiert es: Ihre Tochter bekommt plötzlich heftige Magenkrämpfe und muß mit Tränen in den Augen ihren Freund anrufen, um ihm zu sagen, daß sie zu dem Ball nicht erscheinen kann.

»Was ist jetzt mit dem Abendkleid?« fragen Sie, natürlich genau zum schlechtesten Zeitpunkt und mit wenig Sensibilität für den Augenblick.

»Bring es bitte zurück!« Sie versteckt ihr Gesicht im Kopfkissen. »Ich möchte es nie mehr sehen. Ich *hasse* es!«

Noch am selben Abend tragen Sie das Kleid zurück in das Geschäft, doch die Verkäuferin meint nur: »Es tut mir sehr leid, aber wir nehmen Waren grundsätzlich nicht zurück.«

»Sie hat es überhaupt nicht getragen«, protestieren Sie. »Sogar das Preisschild hängt noch daran!«

Ihr Blick fällt auf ein Schild an der Wand:

WAREN WERDEN NICHT ZURÜCKGENOMMEN

(die Macht der Legitimität)

»Ich möchte mit der Besitzerin sprechen«, erwidern Sie.

»Sie ist zu Tisch und wird wohl erst in einer Dreiviertelstunde wieder zurück sein.«

»Ich werde warten«, murmeln Sie und nehmen auf dem nächstbesten Stuhl Platz. (Auch hier also die Regel: Können Sie von jemandem nicht bekommen, was Sie wollen, dann wenden Sie sich an die nächsthöhere Instanz. Nehmen Sie die nächste Stufe.)

Nach fünfundvierzig Minuten kehrt die Besitzerin zurück. Sie ziehen sich mit ihr in ihr Büro zurück. Sie erklären ihr die besonderen Umstände: Ihre Tochter ist krank und das Kleid hat sie nie angehabt.

»Wie soll ich wissen, daß sie das Kleid nie getragen hat?« fragt die Besitzerin. »Es gibt nicht wenige Eltern, die sich dieses Tricks bedienen. Sie befestigen das Preisschild einfach wieder und haben nicht selten vorher sogar versucht, mit feuchten Lappen etliche Flecken zu entfernen!«

Sie zeigen ihr das Datum auf der Rechnung und bieten ihr an, mit dem Hausarzt ein Telefongespräch darüber zu führen, wie krank Ihre Tochter tatsächlich ist.

»In Ordnung«, gibt die Besitzerin endlich nach. »Machen wir diesmal eine Ausnahme. Ich werde die Verkäuferin rufen, damit sie den Kauf rückgängig macht.«
Sie sehen, es gibt keine Regel ohne die berühmte Ausnahme. Regeln sind immer sehr allgemein. Und in den meisten Fällen müssen wir uns auch an sie halten, oder wir würden bald in anarchischen Verhältnissen landen. Aber lassen Sie mich ein etwas vereinfachendes Beispiel dafür nennen, wann eine Regel durchbrochen werden *sollte*.
Sie sitzen in der Kirche und hören einer Predigt zu. Die Gemeinde hängt schweigend an den Lippen des Geistlichen. In der Kirche gilt die Regel, daß niemand für die Dauer der Predigt ein Wort spricht. Das würde die gebannte Atmosphäre zerstören. Doch plötzlich entdecken Sie unten an der Mauer eine kleine Flamme. Eine elektrische Leitung unter dem Verputz ist offenbar defekt. Was sollen Sie nun tun? Wenn Sie auch dann noch unter keinen Umständen eine Regelverletzung begehen wollen, bleiben Ihnen drei Möglichkeiten:

1. Sie machen den Geistlichen aufmerksam, indem Sie den Qualm in seine Richtung wedeln.
2. Sie schreiben ihm eine Notiz und lassen sie langsam von Hand zu Hand weiterreichen, bis er auf der Kanzel oben endlich erfährt: »Die Kirche brennt!«
3. Sie stehen auf und gehen ohne ein Wort hinaus, denn das ist kein Verstoß gegen die herrschende Regel.

Die besonderen Umstände sind es also, die darüber bestimmen, ob Sie mit Recht eine vernünftige Regel durchbrechen. Wenn Sie vermeiden wollen, daß Sie von einer bestimmten Politik oder von einem Regelkanon beherrscht werden, dann sollten Sie darauf vorbereitet sein und Sie sollten denen, die diese Regeln aufgestellt haben, demonstrieren können, daß sie für Ihre durchaus einmaligen Umstände nicht gelten.

Und nun zum dritten Beispiel: Genau nach Vorschrift stecken Sie am 15. April Ihre Einkommensteuererklärung in den Briefkasten. Sie haben alles bis ins kleinste Detail angegeben

und an keiner Stelle auch nur im geringsten gemogelt. Zwei Monate später erreicht Sie ein Formbrief des Finanzamts. Man möchte Sie gern am folgenden Donnerstag um 10 Uhr im Büro Nummer soundso zu einem Gespräch empfangen. Es gebe einige Unklarheiten, die noch zu beseitigen seien.
Die Sache schlägt Ihnen geradezu auf den Magen und irgendwie entsteht in Ihnen die fixe Idee, daß Sie sich etwas zuschulden kommen lassen haben.
Benutzen Sie Ihren Verstand und reagieren Sie nicht emotional. Entkrampfen Sie sich wieder. Niemand hat vor, Sie bei lebendigem Leibe zu tranchieren. Im Gegenteil, man wird Sie mit geradezu übertriebenem Respekt behandeln.
Mit allen zur Sache gehörigen Unterlagen unter dem Arm treffen Sie pünktlich um 10 Uhr im Finanzamt ein. Während Sie sich anmelden, werfen Sie einen Blick in das Großraumbüro und entdecken Reihen von Schreibtischen, an denen lauter Leute vor einer Rechenmaschine, einem Berg Papier und einem Stapel Steuertabellen hocken — alle mit einem ebenso ernsten wie freundlichen Gesicht. Und nun sollten Sie vier Dinge bedenken, wenn Sie diese Leute sehen:

1. Sie sitzen da und tun einfach ihre Arbeit, weiter nichts. Und sie verdienen nicht einmal viel damit.
2. Sie zahlen genauso ungern Steuern wie Sie. Wenn Sie Ihre eigene Einkommensteuererklärung aufsetzen, dann frisieren Sie sie an einigen kleineren Stellen wahrscheinlich ebenso wie das die Gesamtbevölkerung im Durchschnitt tut. Und auch von ihnen kommt der eine oder andere in eine Überprüfung.
3. Falls sie nicht gerade mit besonderer Fantasie ausgestattet sind, gehen sie gern streng nach Vorschrift vor, wie sie in den Büchern steht; sie denken in allgemeinen Begriffen, auch wenn sie den Einzelfall prüfen.
4. Am wichtigsten aber: Trotz aller Rechenmaschinen und Tabellen — was sie tun, ist trotzdem subjektiv und wertend. Es ist alles andere als objektiv, todsicher und fehlerlos. Kurzum, *Ihre Interpretationen und Bewertungen können ebenso begründet sein wie Ihre.*

Wenn Sie nun dasitzen und darauf warten, daß Ihr Name aufgerufen wird, dann überprüfen Sie noch einmal, was Sie anhaben — Sie sollten nämlich weder zu gut angezogen, ›overdressed‹, daherkommen, wenn Sie das Finanzamt betreten, noch sollten Sie wie ein Penner in den letzten Fetzen auftreten. Der Beamte oder die Beamtin, mit dem/der Sie zu verhandeln haben, werden sich nur wohl fühlen und Ihnen freundlich begegnen, wenn sie sich mit Ihnen identifizieren können.
Endlich werden Sie aufgerufen. Der mit Ihrer Angelegenheit befaßte Prüfer kommt auf Sie zu und begrüßt Sie. Von diesem Augenblick an sollten Sie durchgehend nur noch die Rolle eines um Rat und Hilfe Suchenden spielen. Geben Sie sich als freundlicher und besonnener Zeitgenosse. Streiten Sie nicht, im Gegenteil. Aber verteidigen Sie sich auch nicht, denn das ist absolut nicht nötig. Sie sind gekommen, um gemeinsam mit dem Beamten ein Problem zu lösen.
Der Prüfer sagt: »Es gibt da vier Dinge, über die ich mit Ihnen reden möchte: Erstens über Ihre Spenden zu wohltätigen Zwecken; zweitens über die Summe, die Sie für Ihr Eigenheim abschreiben; drittens über die ungewöhnliche Zunahme Ihres Einkommens; und viertens über die Summe, die Sie als vierteljährliche Vorauszahlung zu leisten haben.«
Sie räuspern sich. Die Sache könnte härter werden als Sie angenommen haben. Aber muß sie das wirklich? Nein. Behalten Sie einen kühlen Kopf.
Der Steuerprüfer fährt fort: »Ich würde gern die Quittungen über die 900 Dollar sehen, die Sie für wohltätige Zwecke gespendet haben.«
»Kein Problem«, antworten Sie. »Ich habe sie bei mir, hier in diesem Umschlag.«
Der Prüfer geht sie durch und tippt gleichzeitig die einzelnen Summen in seine Rechenmaschine ein. »Ich komme im ganzen nur auf 360 Dollar. Was ist mit den restlichen 540?«
Sie antworten ebenso freimütig wie ohne zu zögern: »Ich gehe jeden Sonntag zum Gottesdienst und lege jedesmal zehn Dollar in den Korb.«
»Zweiundfünfzigmal im Jahr?«
»Ohne Ausnahme. Das macht 520 Dollar.«

»Und was ist mit den restlichen zwanzig?«
Sie machen sich nicht einmal die Mühe, sich kurz zu räuspern. »Die gingen bei einer Sammelaktion der Pfadfinder drauf und für den Sportverein meiner Kinder usw. Im Grunde habe ich da noch viel mehr ausgegeben, wahrscheinlich an die sechzig Dollar.«
»Hmmm ...« meint der Prüfer. »Das klingt nun etwas unwahrscheinlich. Niemand ist so freigebig!«
Sie zucken mit den Achseln. »Ich bin es.«
»Also, ich werde erst einmal ein Fragezeichen hinter die 540 Dollar setzen.«
Die Situation sieht nun so aus: Der Prüfer kann Ihnen nicht beweisen, daß Sie die zehn Dollar pro Sonntag *nicht* in den Korb gelegt und daß Sie *nichts* in die Sammelbüchsen der Pfadfinder und Jungsportler gesteckt haben. In diesem Falle kommt es auf die richtige Einschätzung an, für die der Finanzbeamte einen sogenannten Ermessensspielraum hat. Er wird also nicht nur nach den Buchstaben der Gesetzesvorschriften — und die verlangen schließlich Quittungen von Ihnen — vorgehen, sondern auch allgemeine Erfahrungen berücksichtigen. Schließlich weiß er ja auch, daß Sie noch die Möglichkeit haben, auf höherer Ebene Einspruch zu erheben.
Ihr Gespräch geht weiter. Der Prüfer fordert, daß Sie Ihr Eigenheim über eine Periode von zwölf Jahren abschreiben sollten. Sie widersprechen höflich und bleiben dabei, daß acht Jahre der angemessene Zeitraum seien. Pocht der Beamte jetzt unbeeindruckt auf die Gesetzesbuchstaben? Wohl kaum, denn auch hier ist es eine Sache der Einschätzung des einzelnen Falles — und auch hier könnten Sie ›in die Berufung gehen‹.
Der Steuerprüfer setzt sein nächstes Fragezeichen aufs Papier und geht, weil er kein Freund von Verzögerungen ist, zum nächsten Punkt über. »Ihre Einkünfte sind um 2000 Dollar gestiegen, wenn man mühsam entziffert und addiert, was Sie auf Seite vier Ihrer Beilagen notiert haben.«
»Aber nein — das haben Sie völlig mißverstanden«, stellen Sie ganz ruhig fest. »Das waren keine zusätzlichen Einnahmen. Das waren unumgängliche Reparaturen an meinem Haus. Es

wäre sonst zusammengefallen. Sie hätten es sehen sollen! Hätte ich die Reparaturen nicht vorgenommen, dann säße ich jetzt in einer mit Teerpappe abgedichteten Hütte!«

Der Prüfer lächelt schmerzlich — auch ein Finanzbeamter, der die Dinge wörtlich nehmen muß, kann schließlich einen Sinn für Humor haben. Und was er angesprochen hat, ist wiederum eine Sache der Einschätzung. So folgt ein weiterer Vermerk am Rande, womit schon drei Punkte abgehakt wären.

Aber bei Punkt vier Ihres Streitgesprächs müssen Sie nun doch eine Niederlage hinnehmen. Sie behaupten, vierteljährlich 1400 Dollar an Steuervorauszahlungen geleistet zu haben, aber nach den Unterlagen des Finanzamts sind es nur 900 Dollar. Ein reiner Flüchtigkeitsfehler Ihrerseits — es war schon späte Nacht, als Sie diese Stelle des Formulars ausfüllten, und Sie waren müde. In diesem Fall hat der Beamte natürlich keinen Entscheidungsspielraum mehr. Die Differenz von 500 Dollar geht auf Ihre Rechnung, und dagegen gibt es auch keine Einspruchsmöglichkeiten.

Was wäre indessen zu tun, wenn der Prüfer auch in den *anderen* Punkten strikt eine andere Auffassung verträte — also bei den Spenden, der Abschreibung Ihres Eigenheims und dem Einkommenszuwachs?

Die Antwort ist einfach. Wenn Sie ehrliche Angaben gemacht haben und daher glauben, daß Sie im Recht sind, dann gehen Sie eine Stufe höher. *Legen Sie Einspruch ein!* Die nächste Instanz wäre der Leiter Ihres Finanzamts. Sollten Sie dann noch immer nicht zufriedengestellt sein, appellieren Sie an die Oberfinanzdirektion. Und schließlich gibt es auch noch den gerichtlichen Weg bis zum Obersten Finanzgericht. Kurzum, auch wenn es um eine kleinere Summe geht, sollten Sie Einspruch erheben, wenn Ihnen die Angelegenheit wichtig erscheint. Das ist Ihr verfassungsmäßiges Recht, also können Sie es auch anwenden. Und schließlich haben Sie Mut — setzen Sie ihn ein.

Eine letzte Bemerkung zum Umgang mit dem Finanzamt: Falls verschiedene Steuerprüfer auf den verschiedenen Ebenen von Ihnen verlangen, zusätzliche Nachweise für alles, was Sie aufgestellt haben, zu erbringen — als wären Sie jemand, der so etwas aus dem Hut zaubern könnte –, dann fahren Sie nicht gleich aus der Haut. Legen Sie es vielmehr auf Verzögerungstaktiken an. Sagen Sie zu Ihrem jeweiligen Gegenüber, daß es sehr, sehr lange dauern werde, bis die erforderlichen Unterlagen herbeigeschafft seien. Nutzen Sie die Zeit und lernen Sie, mit solchen ungeklärten Fragen zu leben, denn das läßt Sie, auf lange Sicht, Geld, sparen.

Denken Sie daran: Das Finanzamt ist bemüht, Ihre Akte möglichst bald zu schließen. Lange Auseinandersetzungen mit Ihnen stellen eine Belastung dar, sowohl zeitlich als auch personell. Der Aufwand an Zeit und Geld steht in keinem Verhältnis zu dem, was wahrscheinlich dabei herauskommt – und das weiß man dort auch. Daher sollten Sie weiter darauf beharren: »Sehen Sie, ich glaube, ich bin im Recht. Aber vielleicht finden wir doch noch eine gemeinsame Lösung.« Dann wird das Finanzamt letztendlich auch in dem Fall, wo es sich ebenso wie Sie im Recht sieht, zu einer Einigung bereit sein. Nach Beendigung des Gesprächs können Sie ganz sicher davon ausgehen, daß Sie für Ihre Darlegungen mehr Verständnis vorfinden werden als zu Anfang. Jedenfalls weiß man auf den höheren Ebenen, daß eine gewisse Flexibilität der Finanzbehörden unumgänglich ist, solange es sich um keine ungewöhnlich hohen Summen handelt.

Und nun zum Beispiel Nummer vier: Sie beschließen, zusammen mit Ihrem Freund bzw. Ihrer Freundin, ein Landhaus für die Wochenenden zu mieten, das etwa hundert Kilometer von Ihrem Wohnort entfernt liegt. Als Sie das Haus am ersten Wochenende inspizieren, stellt sich heraus, daß Reparaturen in einem unglaublichen Ausmaß notwendig sind. Die Türen lassen sich nicht richtig öffnen und schließen, die Installation ist nicht in Ordnung, einige elektrische Leitungen sind bereits tot und die Küche sieht aus wie eine Rumpelkammer. Glücklicherweise sind Sie technisch recht geschickt, aber unglücklicherweise haben Sie kein Werkzeug dabei, keine Ersatzteile und auch nicht genügend Geld, um sich entsprechend auszurüsten.

Während Ihr Kompagnon sich schon daranmacht, die Böden

zu reinigen und die Fenster zu putzen, fahren Sie in eine nahegelegene Stadt und suchen sich ein Geschäft, in dem Sie die benötigten Werkzeuge und Teile bekommen. Eine Stunde lang fahren Sie mit Ihrem Einkaufswagen durch die Abteilungen, bis Sie alles beieinanderhaben. An der Kasse erfahren Sie dann, daß das ganze 84 Dollar ausmacht.
»Vierundachtzig Dollar!« rufen Sie. »Das ist unglaublich! Nun ja, ich werde Ihnen einen Scheck ausschreiben.«
»Tut mir leid«, sagt die Kassiererin. »In diesem Laden werden keine Schecks angenommen.«
Wie mag dieser Laden dazu kommen, keine Schecks mehr zu akzeptieren? Früher hatten sie zwar akzeptiert, bis dann allerdings bei einem Brand drei Prozent der Schecks, die man eingenommen hatte, vernichtet wurden. Auf der Basis dieser drei Prozent Verlust traf der Eigentümer dann eine Grundsatzentscheidung, seit der seine Angestellten keine Schecks mehr akzeptieren dürfen. Dementsprechend reagiert die Kassiererin auch, als Sie nun per Scheck bezahlen wollen, und sie macht keine Ausnahme.
»Sie *müssen* diesen Scheck einfach akzeptieren«, sagen Sie. »Ich kann sonst nicht in das Landhaus einziehen, das ich hier in der Nähe gerade gemietet habe.«
»Tut mir leid«, wiederholt die Angestellte. »Ich habe meine Vorschriften.«
»Wer hat Ihnen die gegeben?« fragen Sie zurück.
»Der Besitzer«, antwortet sie.
»Ich möchte mit ihm sprechen«, verlangen Sie.
Der Besitzer kommt herein. »Worum geht es?« fragt er.
»Ich brauche dieses Werkzeug und diese Ersatzteile«, antworten Sie, »und Ihre Kassiererin will keinen Scheck dafür akzeptieren.«
Er schaut in meinen Einkaufswagen. »Wieviel soll das alles zusammen kosten?«
»Vierundachtzig Dollar«, erwidern Sie.
»Und die haben Sie nicht in bar bei sich?« fragt er.
»Nein, aber hier ist meine Kreditkarte.«
Lassen Sie uns hier noch einmal kurz unterbrechen. Die Frage ist nämlich: Befinden Sie sich in einer guten Verhandlungspo-

sition — trotz der eindeutigen Vorschriften, die in dem Geschäft gelten? Jawohl. Denn Sie haben ja bereits die Dienste des Geschäfts in Anspruch genommen, Ihr Einkaufswagen ist gefüllt, und das ist der geeignetste Augenblick, um darüber zu verhandeln, ob Sie mit einem Scheck bezahlen können oder nicht. Der Besitzer hat die vierundachtzig Dollar im Auge, die er nun einnehmen kann oder auf die er verzichten muß, und zudem denkt er sich: »Mein Gott, wenn dieser Kerl jetzt sagt: ›Dann lassen wir es eben!‹, und er geht einfach so zur Tür hinaus, dann kann ich all diese Dinge Stück für Stück wieder in die Regale zurückstellen!«
Wird er Ihren Scheck akzeptieren? Er wird, wenn Sie ihm Ihre Scheckkarte zeigen. Merken Sie sich daher: In den meisten Fällen kann ein einfacher Angestellter gar nichts anderes tun als sich an die gegebenen Vorschriften halten. Gehen Sie daher, wenn Sie damit nicht einverstanden sind, eine Stufe höher, denn derjenige, der die Vorschriften aufgestellt hat, kann sie auch wieder aufheben. Geben Sie ihm die Chance, sein Geschäftsgebaren im Lichte Ihrer speziellen Interessen zu überprüfen und zu ändern. Oft ist jemand regelrecht dankbar für eine derartige Gelegenheit.

Beispiel Nummer fünf: Ihr jüngster Sohn — er geht in die siebente Klasse — hat gerade ziemliche Schwierigkeiten in Mathematik. Das hat nichts mit seiner Intelligenz zu tun: in anderen Fächern ist er glänzend. Doch kaum sieht er Zahlen vor sich, dann setzt offenbar etwas bei ihm aus. Warum? Sein Mathematiklehrer hat ihn vor den Augen seiner Klassenkameraden heruntergemacht, weil er sich bei einer besonderen Hilfsaktion, zu der in der Zeit nach Unterrichtsschluß aufgerufen worden war, nicht sehen gelassen hat. Und nun ist Ihr Sohn irgendwie blockiert, sobald er es mit Zahlen zu tun bekommt. Das ist schon schlimm genug. Schlimmer noch ist aber, daß dann, wenn ihm der Lehrer nicht wieder ein wenig entgegenkommt, seine Versetzung in die achte Klasse gefährdet ist. Der Junge ist überaus sensibel und er würde das kaum verkraften.
Wie schaffen Sie es nun, Ihr Kind doch noch in die achte

Klasse zu bekommen? Entscheidend ist, daß Sie den Mathematiklehrer noch sprechen, bevor er seine Versetzungsnoten gibt und Ihren Sohn dabei durchrauschen läßt.
Steht solch eine Note erst einmal auf dem Papier, dann ist es meist zu spät. Eine wichtige Voraussetzung ist natürlich, daß Ihr Sohn sich Ihnen anvertraut und Ihnen seine mißliche Lage erklärt. Sie *müssen* also ein gutes Verhältnis zu Ihrem Sprößling haben — ein gegenseitiges Vertrauensverhältnis, das gerade darauf basiert, daß man auch die Schwächen des anderen akzeptiert. Weiterhin ist entscheidend, daß Sie den Mathematiklehrer zu einem persönlichen Gespräch aufsuchen. Reden Sie nicht am Telefon mit ihm über diesen Fall. Am Telefon Nein zu sagen, ist leicht, ebenso leicht wie sich uneinsichtig zu zeigen. Sich aber ebenso zu verhalten, wenn man sich Auge in Auge gegenübersitzt, ist eine andere Sache.
Wenn Sie dann mit dem Lehrer zusammensitzen, gehen Sie ganz persönlich auf ihn ein. Sie müssen sichergehen, daß er Sie mit Wohlwollen versteht, daß er mit jeder Faser spürt, worum es Ihnen geht. Sollte das nun nicht zum Erfolg führen, wenden Sie sich umgehend an die nächsthöhere Ebene in der Hierarchie der Schule. Klettern Sie die Leiter weiter hinauf, wenn es sein muß, bis zum Oberschulrat.
Normalerweise wird ein Oberschulrat die Sackgasse viel besser erkennen, in der Ihr Sohn steckt, als der Mathematiklehrer. Warum? Weil er eher in politischen Kategorien denkt. Er bedenkt die Folgen, die mögliche öffentliche Kritik, die Aufregung, die Sie unter den Eltern der anderen Schüler verursachen können, während der Lehrer nur den einzelnen Fall sieht.
Wird Ihr Sohn am Ende in die achte Klasse versetzt? Ja — falls Sie keine Zeit versäumen. Und je höher Sie die administrative Hierarchie hinaufklettern, desto besser sind Sie dran. Denn dort oben herrschen mehr Pragmatismus und Beweglichkeit als auf den unteren Stufen. Dort ist man eher bereit, angeblich unverrückbare Grundsätze doch noch in Frage zu stellen.
Ein letztes Wort zur Methode, die nächste Stufe zu nehmen. In den meisten größeren Städten und Gemeinden gibt es alle

möglichen Gruppen von Leuten oder Institutionen, an die Sie sich um Hilfe wenden können: Elternvereinigungen, Verbraucherverbände, Handwerkskammern, Bürgerbüros, Ombudsmänner, Zeitungs- und Rundfunkjournalisten, Stadträte und andere Abgeordnete. Zögern Sie nicht, sich solchen Gruppen anzuschließen, bzw. sich mit ihnen in Verbindung zu setzen. Das in solchen Fällen geltende Prinzip formulierte Hubert Humphrey: »Geben Sie niemals vorschnell auf oder nach.«

Von der Macht Gebrauch zu machen, heißt nicht, gewalttätig zu sein; und sein Gewissen zu befragen, muß nicht Nachgiebigkeit bedeuten. Am wirkungsvollsten ist es, wenn man beides nebeneinander handhabt: Macht und Gewissen.

Barbara Deming

12. Geben Sie Ihren Verhandlungen den Charakter des Persönlichen

Die Geschwindigkeit, in der Dinge sich wandeln, und die immer komplexeren Probleme unseres täglichen Lebens machen sogar den ausgesprochenen Experten immer mehr zu schaffen. Alle Institutionen sind größer geworden und haben sich damit auch weiter von uns entfernt. Aus diesem Grunde fühlen sich manche Menschen bereits wie in der Fremde, wie kleine Nummern, die in der Masse untergegangen sind. Ihre Gefühle werden von einer eigenartigen Mischung aus Apathie und Verzweiflung bestimmt. ›Kafkaesk‹ heißt die Metapher, mit der man diese Situation gern umschreibt.

Es ist, als habe man seine Persönlichkeit verloren und funktioniere nur noch wie ein kleines Rädchen in einer nicht mehr erfaßbaren Maschinerie — eine winzige Ameise im großen Ameisenhaufen des Lebens.

Doch das war nicht immer so. Vielleicht erinnern Sie sich an eine Zeit, zu der — sogar in großen Städten — die Leute noch in ihren Laden gleich nebenan gingen und der Eigentümer sie dort mit Namen begrüßte. Natürlich ist diese Art, sein Geschäft zu betreiben, weniger effizient als die der modernen Kettenläden, aber irgendwie ging jeder mit größerer Befriedigung aus solch einem Laden hinaus.

Ganz gewiß will ich hier nun kein Plädoyer dafür halten, daß man diese ›aufregenden, alten Zeiten‹ wieder heraufbeschwören sollte. Ich will auf etwas anderes hinaus: Wenn Sie mit jemandem über irgend etwas verhandeln, dann muß die andere

Seite Sie nicht unbedingt als eine statistische Größe, als ein Ding, eine Zahl, eine Ware ansehen. Präsentieren Sie sich Ihrem Gegenüber als ein eigenständiges und einmaliges menschliches Wesen — und als solches auch als ein verwundbares —, dann werden Sie mit größerer Wahrscheinlichkeit erhalten, was Sie von ihm wollen. Wie vielen von uns gelingt es schon, *Menschen* gegenüber vollkommen gleichgültig zu sein, ohne sich selbst gegenüber ebenso gleichgültig zu sein? In ihrem tiefsten Innern wissen die meisten Menschen, daß ihr eigenes Wohlergehen vom Wohlergehen der anderen abhängt. Was meinem Nachbarn an Unbill passiert, trifft mich am Ende selbst.

In der Theorie wissen wir zwar wohl, daß ›niemand eine Insel ist‹, neigen aber unter den Bedrängnissen des täglichen Lebens nur allzu gern dazu, unsere gegenseitige Abhängigkeit voneinander zu vergessen. Es liegt daher an Ihnen, sich selbst als Mensch darzustellen und damit zu verhindern, daß man Sie wie eine unpersönliche Nummer behandelt. Eine Identifikation mit einer großen Nummer ist nicht möglich, wohl aber die mit der Angst einer bestimmten Person aus Fleisch und Blut. Es gibt einen berühmten Ausspruch von Samuel Adams, den dieser kurz vor der Amerikanischen Revolution getan hat und in dem derselbe Gedanke steckt. Während der Planung eines Angriffs, der als das ›Massaker von Boston‹ in die Geschichte eingegangen ist, soll Adams gesagt haben: »Es müssen gar nicht einmal mehr als drei oder vier Männer den Tod finden, und schon haben wir Märtyrer der Revolution geschaffen. Aber mehr als zwanzig sollten es wiederum auch nicht sein, denn dann haben wir keine Märtyrer mehr, sondern nur schlicht und einfach das Problem ihrer Beseitigung.«

Abgesehen von der Roheit, die diese Äußerung von Adams kennzeichnet, und abgesehen von allen ethischen Fragen, die damit aufgeworfen sind — die Theorie als solche stimmte. Um die Wirkung eines Ereignisses optimal auswerten zu können, muß man den Menschen die Möglichkeit verschaffen, sich mit denen, die direkt daran beteiligt sind, und mit den gegebenen Umständen zu identifizieren.

Nach dem Ende des Zweiten Weltkrieges erfuhren wir von

dem ganzen Ausmaß der Verbrechen gegen die Menschlichkeit, die er mit sich gebracht hatte. Und doch blieb das, was ans Tageslicht kam, zum großen Teil für uns ›Statistik‹, weil wir gar nicht ganz erfassen konnten, was die Nazis und ihre Millionen stiller und passiver Komplizen an Grausamkeiten angerichtet hatten. Dem Durchschnittsmenschen blieb das, was hinter den Zahlen steckte, einfach unfaßbar.

Dagegen waren es die Notizen eines jungen jüdischen Mädchens, die mehr als alles andere den Menschen etwas von den Schrecken nahezubringen wußten, die damals verbreitet wurden. Vor den Nazis in einem Versteck verborgen, schrieb sie in ihrer lebhaften und empfindsamen Sprache auf, was sie damals erlebte. Aus ihren Worten sprachen eine Unschuld, ein Optimismus und eine Menschlichkeit, die eine direkte emotionale Wirkung hatten. Es handelte sich natürlich um das *Tagebuch der Anne Frank*, das 1947 publiziert wurde, später auch ins Theater gebracht und verfilmt wurde und die Welt bis heute beeindruckt.

Dieses große, historische Beispiel auf unseren Kontext angewendet, heißt: Um das Beste für sich aus einer Verhandlung herauszuholen — gleichgültig, mit wem Sie es zu tun haben —, müssen Sie ihr *den Charakter des Persönlichen* geben und sich selbst als Mensch zeigen.

Wie stellen Sie das an? Indem Sie erstens dafür sorgen, daß die andere Seite Sie als einzigartig ansieht, als ein Wesen aus Fleisch und Blut, mit Gefühlen und Bedürfnissen, als jemanden, der den anderen mag, sich Gedanken um ihn macht, sich ihm irgendwie verpflichtet fühlt — oder wenigstens als einen, für den der andere etwas tun möchte.

Und wie geben Sie einer Verhandlungssituation den Charakter des Persönlichen? Die Antwort darauf ist recht einfach. Versuchen Sie nie, im Namen einer Institution oder Organisation zu verhandeln, wie riesig oder unbedeutend sie auch sein mag. Verhandeln Sie in Ihrem *eigenen* Namen, stellen Sie selbst die Institution dar.

Lassen Sie mich das verdeutlichen. Nur wenige von uns fühlen sich irgendwelchen sterilen Institutionen tatsächlich verpflichtet. Sie sind uns einfach zu weit entfernt, zu leblos und ab-

strakt, als daß sie in uns ein Gefühl der Verpflichtung oder gar der Sorge entstehen lassen könnten. Niemand kümmert sich groß um die Ziegel, das Glas, den Stahl und Beton, aus dem ein Haus gebaut ist — es sei denn, er ist Architekt. Es kommt darauf an, was in diesem Haus vor sich geht, wer darin wohnt. Das ist auch der Grund, weshalb man allen möglichen Großorganisationen gewöhnlich so mitleidlos begegnet, wenn sie einmal in Schwierigkeiten geraten. Und das ist auch der Grund, warum man sich selbst eher schadet, wenn man im Namen oder unter Berufung auf große und prosperierende Organisationen auftritt und verhandelt. Prüfen Sie doch nur einmal, wie wenig effektiv solche Phrasen sind wie diese:
›Mit Rücksicht auf die Interessen der Industrie- und Handelskammer würden wir es gerne sehen, daß …‹
oder
›Zugunsten der St.-Georgs-Pfadfinder hätten wir gern von Ihnen folgende …‹
oder
›Die Vereinigte Synode von Soundso fordert …‹
oder gar
›Damit der Staat solvent bleibt, fordert die Nationale Frauenvereinigung, daß Sie Ihre finanziellen Verpflichtungen auf Heller und Pfennig erfüllen.‹
Treten Sie aber nun einmal als Repräsentant einer Versicherung, eines Verkehrsunternehmens, Ihres lokalen Frauenvereins, einer Kirche oder Behörde auf, und man erwartet von Ihnen, daß Sie für diese unpersönlichen Institutionen *als solche* andere Menschen verpflichtet bekommen (was eigentlich unmöglich ist), was können Sie dann tun? Sie können ›personalisieren‹. Sie können andere Menschen auf *sich selbst* verpflichten.
Lassen Sie mich das an einem Beispiel erläutern. Nehmen wir an, Sie gehören einer bestimmten Organisation an und Ihnen sitzt jemand gegenüber, mit dem sich nur äußerst zäh verhandeln läßt. Dann überzeugen Sie Ihren Widerpart, daß es bei Ihrem Gespräch gar nicht um die Organisation geht, die Sie vertreten, sondern um Sie selbst. Das können Sie dann etwa so ausdrücken:

»Wie Sie ja wissen, bin ich zufällig für die und die Firma tätig ... aber haben Sie mir nicht zugesagt, Sie würden die Angelegenheit für mich geregelt bekommen? Ich habe mich da auf Sie verlassen und habe das auch meinem Direktor bereits versichert. Ich habe es meiner Familie erzählt. Sie können mich jetzt einfach nicht mehr hängen lassen, verstehen Sie?«
Wenn die andere Partei dann fragt: »Aber Sie nehmen das ganze doch hoffentlich nicht persönlich?«, dann antworten Sie ruhig mit kläglicher Stimme: »Aber doch!«
Mit anderen Worten, schieben Sie dem anderen die Verantwortung zu. Sorgen Sie dafür, daß er bei seinen Gefühlen gepackt wird. Es fällt den Leuten schwer, Ihnen einfach den Rücken zu kehren, wenn Sie sich so an sie wenden: »Ich wüßte es ganz besonders zu würdigen, wenn Sie dies oder jenes speziell für mich tun würden.« Derartige Phrasen sind hervorragend dazu geeignet, einer Situation die Note des Persönlichen und Menschlichen zu geben. Natürlich versteht es sich dann von selbst, daß Sie im umgekehrten Fall auch wieder vergelten, was man ihnen an Gefälligkeiten entgegengebracht hat. Das führt uns zu der nächsten Frage: Wie können *Sie selbst* in bestimmten Begegnungen Ihrem Gegenüber signalisieren, daß Sie keine Nummer, sondern ein Mensch aus Fleisch und Blut sind?
Im folgenden ein paar recht nüchterne Beispiele:
Nehmen wir einmal an, Sie fahren mit 70 km/h Geschwindigkeit in einer geschlossenen Ortschaft, wo nur 50 km/h erlaubt sind. Sie werden von einem versteckten Radarwagen aus erfaßt und registriert. Ein Polizist winkt Sie strengen Blickes an den Straßenrand; während Sie sich über diese Belästigung zu ärgern beginnen, steht er schon an Ihrem Fenster, den Protokollblock in der Hand und schaut Sie mit undurchdringlichem Gesicht an, die Augen hinter einer Sonnenbrille verborgen. Sie haben ein mulmiges Gefühl in der Magengegend, aber Sie wissen: Wenn Sie auch nicht ganz ungeschoren aus dieser Situation herauskommen dürften, so besteht immerhin doch noch die Chance, die Angelegenheit ohne Anzeige erledigt zu bekommen.
Als erstes steigen Sie ohne jede Drohgebärde aus Ihrem Auto.

Zeigen Sie sich entgegenkommend und signalisieren Sie ihm: »Ich bin ganz in Ihren Händen.« Bleiben Sie *keinesfalls* bei hinaufgekurbeltem Fenster hinter dem Steuer sitzen. Am Ende kommt er dann auf die Idee, daß Sie unter Alkohol oder unter Drogen stehen oder daß Sie gar ein Gangster sind mit einer Pistole auf dem Schoß. Schließlich muß ein Polizist heutzutage mit allem rechnen. Denken Sie also auch grundsätzlich an seine Lage und an die Maßregeln, an die er sich zu halten hat, genauso wie Sie an Ihre eigenen.
Während Sie ihm dann Ihre Papiere reichen, ist der springende Punkt erreicht. Drei Zwecke verfolgen Sie jetzt nämlich in den folgenden Minuten:

1. ihn von einer Anzeige abzubringen;
2. ihm Ihren persönlichen Standpunkt klarzumachen;
3. wenigstens vorerst einmal Zeit zu gewinnen.

Fangen Sie etwa so an: »Mein lieber Herr Wachtmeister, das trifft sich gut, daß ich Ihnen gerade jetzt begegne — ich habe mich nämlich total verfahren! Ich bin jetzt schon mehrfach im Kreis gefahren. Wie komme ich denn von hier in die So-und-so-Straße?«
Wahrscheinlich wird er Ihre Frage für den ersten Moment ignorieren und Sie schnell unterbrechen: »Wissen Sie, daß Sie zu schnell gefahren sind?«
Jetzt müssen Sie ihn wieder auf Ihre Frage zurücklenken: »Ja, aber ich habe mich verfahren. Ich weiß nicht, wo ich mich gerade befinde!«
Und nun wird Ihnen der Polizeibeamte ohne Zweifel Auskunft geben. Während er Ihnen also die Richtung angibt, bitten Sie ihn noch um ein paar zusätzliche Auskünfte — alles, was immer Ihnen einfällt, um ihn vom Ausfüllen seines Anzeigeformulars abzubringen. Nachdem er Ihnen dann fünf Minuten lang den Weg bis in alle Einzelheiten erklärt hat und Sie sich dabei immer entsprechend dankbar verhalten haben, wird er nun wieder auf das zurückkommen, was Anlaß Ihres Gesprächs war — auf Ihre Verkehrsübertretung.
An dieser Stelle sollten Sie versuchen, dem Polizisten deutlich

zu machen, wie wichtig er ist und wie schwierig und gefährlich sein Beruf ist. Zeichnen Sie von sich das Bild eines Menschen, der stets getreu die Gesetze befolgt, eines ganz gewöhnlichen Durchschnittsbürgers, der sich von Problemen umgeben sieht. Wenn er auf Ihre zu hohe Geschwindigkeit zu sprechen kommt, antworten Sie: »Gewiß, tut mir leid. Ich habe das gar nicht bemerkt ... Ich dachte gerade an etwas ganz anderes ...« Und dann erzählen Sie, in was für einem einzigartigen Dilemma Sie gerade stecken; bekennen Sie es ihm. Jeder Mensch hat schließlich solch ein Problem: einen tyrannischen Chef, eine kranke Ehefrau, eine alte und kranke Mutter, eine fällige Ratenzahlung, für die das Geld fehlt, einen untreuen Freund oder ein Kind, das Schwierigkeiten macht. Sorgen Sie dafür, daß er alles von Ihnen erfährt, was seine Entscheidung irgendwie beeinflussen könnte. Angenommen, Sie haben bislang noch eine völlig ›weiße Weste‹, dann sagen Sie: »Zwölf Jahre habe ich jetzt schon meinen Führerschein, und dies wäre dann meine erste Anzeige. Es wäre wirklich schlimm, wenn mein stolzer Rekord damit dahin wäre!« Es ist durchaus gegeben, daß er nun zögert. Auch Polizisten halten sich einmal zurück, wenn sie erfahren, daß sie jemandem seinen ersten Strafzettel im Leben verpassen!

Was immer Sie als Entschuldigung anführen, es sollte besser keine der üblichen Ausreden sein. Denn zweifellos hat dieser Vertreter von Recht und Ordnung sie alle schon einmal gehört. Haben Sie aber eine ganz spezielle und interessante Begründung, dann trägt das jedenfalls zu seiner Unterhaltung bei — und das ist ja auch schon etwas in seinem von Routine und Monotonie bestimmten Beruf. Mehr noch: Auf der Polizeistation hat er jetzt seinen Kollegen wieder einmal eine ›Geschichte‹ zu erzählen, wenn er zurückkommt.

Was ungewöhnliche Entschuldigungen angeht — da habe ich einmal von einem Polizeikommissar an der FBI-Akademie folgende Geschichte gehört: Ein Polizist wollte jemanden aufschreiben, weil der eine Einbahnstraße in verkehrter Richtung befahren hatte. Plötzlich sagte der Ertappte unschuldig: »Herr Wachtmeister, haben Sie eigentlich schon einmal in Erwägung gezogen, daß das Schild möglicherweise in die verkehrte

Richtung zeigt?« Der Kommissar hat mir versichert, daß das tatsächlich genau so passiert ist und daß der Fahrer kein Strafmandat bekommen hat — vielleicht als Belohnung für seinen Einfallsreichtum.

Was immer Sie aber auch tun, bleiben Sie nie in Ihrem Wagen sitzen und machen Sie es dem Polizisten, der Sie fragt, nicht extra schwer. Plustern Sie sich niemals etwa in diesem Stil auf: »Her mit dem Strafzettel! Bezahlen werde ich ihn nie! Ich werde durch alle Instanzen dagegen angehen!« Oder: »Damit Sie es wissen: Ich bin sehr einflußreich!« Oder: »Radarmessungen sind eine ziemlich ungenaue Sache, und das wissen Sie so gut wie ich! Nach wissenschaftlichen Kriterien beurteilt, funktioniert Ihr Apparat keineswegs exakt!«

Es mag sein, daß Frauen in solchen Situationen mehr Erfolg haben als Männer. In den Statistiken über Geschwindigkeitsübertretungen und ihre Häufigkeit werden keine Angaben über das Geschlecht des Fahrers gemacht. Aber insgesamt gesehen erhalten Frauen bei einer Gruppe von 1000 Autofahrern um 25 Prozent weniger Strafmandate als Männer.

Scheinbar befolgen die meisten Frauen, wenn sie angehalten werden, die Regeln, wie ich sie hier dargelegt habe. Sie steigen aus dem Auto, geben sich zerknirscht, bleiben freundlich und bemühen sich, dem Polizeibeamten auf der menschlichen Ebene zu begegnen. Ich bin auch fest überzeugt, daß die fünfundzwanzigprozentige Abweichung dadurch zustandekommt, daß Verkehrspolizisten größtenteils dem männlichen Geschlecht angehören. Aber auch wenn die Anzahl der Frauen in unseren Polizeikräften immer weiter ansteigt, wird sich meiner Meinung nicht viel in den Statistiken ändern. Auf der einen wie der anderen Seite wissen die Frauen es wohl besser, wie man einer Sache den Charakter des Persönlichen gibt.

Ein weiteres Beispiel: In sechs Monaten ist es soweit, daß Sie sich einen Herzenswunsch erfüllen und von San José wieder nach San Francisco zurückziehen können. Nach endloser Suche finden Sie endlich ein Haus, dessen Wohnungen und dessen Lage Ihnen und Ihrer Familie zusagen. Das Problem ist nur: Es steht lediglich eine freie Wohnung in dem Wohnhaus zur Verfügung, und auf der Warteliste vor Ihnen befinden sich nicht weniger als dreißig Namen. Wie kommen Sie nun auf Platz eins dieser Liste? Wie ist das unmöglich Erscheinende zu erreichen? Wie erreichen Sie, was Sie wollen?

Wenden Sie sich an den Richtigen, an die Nummer Eins, an den, der die letzte Entscheidung trifft. Zu dem Menschen marschieren Sie nun mit Weib und Kind. Sagen Sie Ihren Sprößlingen, daß sie sich gut benehmen sollen, und stellen Sie ihnen für den Erfolgsfall eine Belohnung in Aussicht. Alles, was ich Ihnen empfehlen kann, sind: vernünftige Kleidung, gute Manieren und Anstand. Dabei sollte man nie — auch Kinder nicht — ins Extrem gehen. Das fällt auf, und niemand erwartet, daß er seine Wohnung an ein perfektes Plastik-Ehepaar vermietet bekommt.

Sie wollen nur als ein vernünftiger, umgänglicher, beständiger und somit erwünschter Mieter gelten. Der Zufall will es, daß die Wohnung gleich neben der des Verwalters liegt und er deswegen besonders genau darauf achtet, wer für die nächste Mietperiode sein Nachbar sein wird. Aus Erfahrung weiß er, wie störend ein Mieter in unmittelbarer Nachbarschaft sein kann, aber er weiß auch, was für gute Verhältnisse es geben kann. Bringen Sie also so viel wie möglich über ihn und seine Familie in Erfahrung und sorgen Sie gleichzeitig dafür, daß er Sie als Mensch kennenlernt und betrachtet.

Fragen Sie höflich nach der zur Vermietung stehenden Wohnung. Antwortet er: »Tut mir leid, aber da sind noch dreißig Leute vor Ihnen«, dann lassen Sie sich dadurch nicht abschrecken. Erklären Sie ihm, welch weiten Weg Sie extra gekommen sind, und versichern Sie ihm: »Ich weiß, daß unsere Chancen nicht groß sind, aber könnten wir nicht wenigstens einen kleinen Eindruck davon bekommen, wie sie aussieht?« Auch wenn es nicht möglich ist, die betreffende Wohnung zu besichtigen (vielleicht wohnt der Vormieter noch darin), überreden Sie den Verwalter, Ihnen irgendeine andere Wohnung zu zeigen. Als letzte Zuflucht: Wie wäre es mit seiner eigenen Wohnung? Und während der ganzen Zeit sollten Sie ihm stets diese wirksame Mischung aus Takt, Einfühlung, Höflichkeit, Vernunft, Standfestigkeit, Leutseligkeit und Beschlagenheit servieren.

Von dem Tag an halten Sie dann jedesmal, wenn Sie in der Gegend sind, kurz an und machen ihm Ihre Aufwartung. Auch wenn er dabei bleibt, daß Ihre Chancen hoffnungslos sind, halten Sie den Kontakt aufrecht.
Während nämlich der Verwalter auf diese Weise beträchtliche Zeit auf Sie verwenden muß, haben Sie die Möglichkeit, ihm die näheren Umstände zu erklären, die ihren Wohnungswunsch bestimmen. Erklären Sie sich ihm und fragen Sie ihn um Rat. Erzählen Sie ihm, für wen Sie arbeiten, was für eine Stellung Sie bekleiden, welchen Vereinen Sie angehören, wo Sie Ihre Freizeit verbringen, was für Interessen und Hobbies Sie haben. Machen Sie das so lange, bis er Sie wirklich genauso gut kennt wie seine eigene Familie.
Dank Ihrer persönlichen Anstrengungen wird dann folgendes geschehen, wenn es soweit ist, daß die Wohnung frei wird: Der Verwalter schaut in seine Liste. An der Nummer eins wird er kurz einhalten, aber das ist auch schon alles. Was ist ein Name schon mehr als eine Ansammlung von Buchstaben, ohne Gesicht? Er hat nun die Wahl, die Wohnung an jemanden zu vermieten, über den er nichts weiß und dem er auch keinerlei Gefühle entgegenbringt … oder an Sie, über den er bereits eine ganze Menge weiß. Wie gesagt: Es ist besser, den Teufel zu kennen!
Es ist keineswegs unwahrscheinlich, daß Sie vom einunddreißigsten auf den ersten Platz vorrücken, und Sie bekommen die Wohnung, weil der Verwalter schon etwas in Sie investiert hat und weil er sich mit ihnen identifizieren kann. Sie haben den Auswahlprozeß ›personalisiert‹. (Natürlich funktioniert diese Technik nur, wenn der Verwalter allein darüber bestimmen kann, an wen vermietet wird. In anderen Fällen müssen Sie selbstverständlich auch andere Taktiken anwenden.)
Nun zum dritten Beispiel. Als unser mittleres Kind, unser Sohn Steven, sein letztes Hochschuljahr vor sich hatte, machte er für die bevorstehenden Ferien große Pläne: Er wollte per Autostop quer durch Amerika fahren und, wie er es ausdrückte: »Ich werde eine Menge sehen, und dazu brauche ich weder viel Geld noch Kleidung.« Es ist wohl überflüssig zu sagen, daß seine Eltern total dagegen waren. Wir machten ihm

klar, was alles üblicherweise gegen solch ein Unternehmen sprach: Es war gefährlich; in bestimmten Gegenden war ›Hitchhiking‹ verboten; es gab zu viele unvorhersehbare Faktoren. Wir diskutierten hin und her, aber er wies alle unsere Einwände zurück.

Schließlich rückten wir mit dem Argument heraus, von dem wir meinten, es würde ihn überzeugen: »Gut, dann tu' es eben, aber niemand wird dich mitnehmen. Die Autofahrer nehmen heutzutage einfach keine Stopper mehr mit.«

Aber zu unserer Überraschung und zu unserem Mißvergnügen hatte Steven über dieses Problem auch schon nachgedacht. Er hatte sich einen Benzinkanister besorgt und hatte vor, den zu einer Art Koffer umzufunktionieren — aber von außen sollte er natürlich noch ›echt‹ aussehen. Wir sahen, daß er mit seinem Reiseplan nicht nur eine flüchtige Idee verfolgte, sondern eine wohlüberlegte Strategie.

Nach monatelangen Debatten entschieden wir uns zu einer Art wohlwollendem Gewährenlassen — sollte er doch seinen Träumen nachjagen und sie sich erfüllen. Nachdem er wohlbehalten zurückgekehrt war, war eines der ersten Dinge, die er uns erzählte, die Leichtigkeit, mit der man als Anhalter weiterkam.

Steven berichtete, daß er von dem ersten Fahrer, der angehalten hatte, lernte, wie die Sache dann immer wieder laufen sollte. Nachdem er nämlich ein paar Meilen mit Steven gefahren war, sagte er zu ihm: »Du mußt ja einen verdammt langen Marsch gemacht haben für dieses Benzin.«

Steven antwortete ihm: »Oh, ich habe gar kein Auto. Dieser Kanister dient mir als Koffer. Aber mit ihm finde ich leichter jemanden, der mich mitnimmt.«

Er berichtete weiter, daß er normalerweise von den Fahrern daraufhin ein mächtiges Gelächter geerntet habe, und dann habe man sich freundlich und angeregt unterhalten.

Obwohl der Daumen auch weiterhin kein sicheres Mittel ist, um von einem Ort an den anderen transportiert zu werden, so hatte es doch in seinem Falle geklappt. Indem er den Benzinkanister mit sich herumschleppte, zeigte er sich in den Augen der Autofahrer persönlich und menschlich und unterschied sich gleichzeitig vom durchschnittlichen Anhalter. Vielmehr sahen die Vorüberfahrenden in ihm einen leidenden Menschen, mit dem sie sich identifizierten und dem sie helfen wollten.

Unser viertes Beispiel: Eines der Instrumente unseres modernen Lebens, die uns erlauben, einen Menschen nur noch als Punkt in einer Statistik zu betrachten, ist der Computer. Haben Sie nicht auch schon einmal einen fehlerhaften Brief, eine falsche Rechnung oder Nachricht von einem Computer bekommen? Wenn ja, dann wissen Sie, wie schwer es ist, mit solch einem Apparat in Verhandlung zu treten. Sie können anrufen und schreiben — Ihr Gegner ist darauf programmiert, Ihren Bitten gegenüber blind und taub zu bleiben.

Wie schaffen Sie es, daß dennoch eine Korrektur vorgenommen wird?

Nehmen wir uns als erstes einmal eine Notiz vor, die Sie in Form einer rechteckigen Computer-Karte bekommen und auf der vermerkt steht: »Nicht falten, reißen oder knicken.« Hier ist die Lösung einfach. Nehmen Sie eine Schere oder einen Kugelschreiber und stechen Sie noch zwei zusätzliche Löcher in die Karte. Stecken Sie sie dann in einen Umschlag und schicken Sie sie per Post an den Adressaten zurück. Wird Ihre Karte dann wieder ins System eingespeist, so wird der Computer sie zurückweisen. Infolgedessen muß sich ein Mensch der Sache annehmen und Ihr Problem eigenhändig lösen.

Als zweites wollen wir uns nun aber mit einem von einem Computer geschriebenen, fehlerhaften Brief auseinandersetzen. In diesem Fall rufen Sie den Absender an und lassen sich den Sachbearbeiter geben, der mit Ihren Unterlagen zu tun hat. In den meisten Fällen wird man die von Ihnen gewünschten Änderungen dankbar entgegennehmen. Aber angenommen, im nächsten Monat taucht der gleiche Fehler wieder auf! Dann schreiben Sie einen ›persönlichen‹ Brief an den Sachbearbeiter, mit dem Sie gesprochen haben, und senden gleichzeitig eine Kopie an dessen Vorgesetzten sowie an den Direktor der ganzen Institution. Die Namen dieser Leute erfährt man am leichtesten über die Sekretariate oder die Telefonvermittlung.

Sinn und Zweck beider Vorgehensweisen ist es, mit irgendeinem Wesen aus Fleisch und Blut in Kontakt zu kommen, das Sie als hilfesuchendes Individuum betrachtet.
Kommen wir zum fünften Beispiel. Diese Geschichte geht auf das Konto unserer Tochter Sharon. Sie wohnte einmal einen Sommer lang im Rahmen eines studentischen Austausch-Programms bei einer französischen Familie. Die Leute hatten einen kleinen Bauernhof, auf dem sie Melonen zogen.
In periodischen Abständen kamen immer wieder Anrufe ins Haus von Leuten, die Melonen bei ihnen kaufen wollten. In allen Fällen wurden sie abschlägig beschieden.
Eines Tages kam ein zwölfjähriger Bub persönlich auf den Hof und trug die gleiche Bitte vor. Er erhielt die gleiche Antwort. Aber der junge Bursche beharrte auf seinem Wunsch und blieb dem Besitzer auf den Fersen. Nachdem der sich fast eine Stunde lang die Bitten des Jungen anhören mußte, blieb er plötzlich mitten in einem Melonenfeld stehen.
»Jetzt reicht es!« sagte er zu ihm. »Du kannst die große da haben, für einen Franc.«
»Ich habe aber nur zehn Centimes«, jammerte der Junge.
»Laß mal sehen«, sagte der Bauer listig und winkte Sharon. »Wie wäre es zu dem Preis mit dieser kleinen grünen Melone da drüben?«
»Ich nehme sie«, sagte er. »Aber schneiden Sie sie bitte jetzt noch nicht ab. Mein Bruder wird in zwei Wochen herkommen und sie holen. Wissen Sie, ich mache nur den Einkauf. Er ist für Abholen und Transport zuständig!«
Kommen wir nun zum sechsten und letzten Beispiel. Nehmen wir an, Sie leben in einer Wohnungsanlage von ausgesprochen guter Wohnqualität. Es ist Mitte Januar und Ihnen ist nicht warm genug. Sogar Ihre Katze zittert vor Kälte.
Haben Sie sich schon beim Verwalter oder beim Besitzer beschwert? Ohne Erfolg? An dieser Stelle sollte ich vielleicht einmal erwähnen, daß ich nichts davon halte, wenn man jemandem gereizt und aggressiv gegenübertritt. Sie sollten sich nie »beschweren«, sondern stets nur schlicht auf Ihre Bedürfnisse und auf die Umstände hinweisen. Tun Sie das zu heftig, dann kehrt sich das ganze nur gegen Sie.

Bei diesem Beispiel ist es wichtig, erst einmal herauszubekommen, ob dieses arktische Klima in der gesamten Wohnanlage herrscht, denn dann läge die Vermutung nahe, daß der Besitzer auf diese Weise Geld und Investitionen sparen will. Sollte das der Fall sein, dann müssen sich alle Mieter zusammentun, um sich gegen die Methoden dieses unmöglichen Hausbesitzers zur Wehr zu setzen. Benutzen Sie hier die Macht, die aus gemeinsamer und gegenseitiger Verpflichtung entsteht.

Aber lassen Sie mich das Problem ein wenig schwieriger machen. Vielleicht sind Sie der einzige Betroffene in der gesamten Wohnanlage und Sie haben nun schon fast alles versucht Sie haben telefoniert, Briefe geschrieben, Ihre Zeitung angerufen —, aber nichts hat zum Erfolg geführt!

Die Situation ist sehr ernst und Sie haben jede denkbare Möglichkeit ausgeschöpft. Bevor Sie nun den nächsten Schritt tun, sollten Sie erst einmal feststellen, wer für diese unerträglichen Bedingungen verantwortlich ist. Sagen wir: Es ist der nicht anwesende Eigentümer.

Finden Sie daher als erstes heraus, wo er wohnt. Fahren Sie hin, fallen Sie ihm mit der Tür ins Haus, unangemeldet, an einem Sonntag, wenn seine Frau und seine Kinder dabei sind. Gehen Sie bedacht, freundlich und besonnen vor. Werfen Sie ihm nie vor, daß er nachlässig sei, denn er wird sicher zornig, wenn er vor seinen Lieben daheim das Gesicht verliert. Sagen Sie etwa: »Schauen Sie — die Sache sieht so aus. Mir ist klar, daß Sie die Situation nicht kennen, denn dann würden Sie sie nicht dulden. Ich habe ein krankes Kind, und die Temperatur in meiner Wohnung steigt nicht über sechzehn Grad. Wo steckt da Ihrer Meinung nach die Ursache — könnten die Heizungsrohre defekt sein? Was kann ich da machen? Ich *weiß*, daß Sie mir helfen können!«

Im Grunde kann er hier, im Angesicht seiner Familie, Ihre Bitte nicht mehr ignorieren. Mehr noch: Er kennt Sie nun nicht mehr unter der Appartement-Nummer 203, sondern sieht in Ihnen jetzt einen Menschen mit ganz menschlichen Bedürfnissen.

Es gibt keine allgemeingültigen Regeln, die in jedem einzelnen Fall anwendbar wären. Zu einem bestimmten Zeitpunkt gilt in einer bestimmten Situation immer nur eine bestimmte Kombination von Fakten, auf die man sich jeweils einstellen muß. Aber ein paar Grundregeln treffen ausnahmslos zu. Es sind zwei; behalten Sie sie im Gedächtnis:

1. Nur allzu leicht ignoriert man andere und ihre Wünsche, wenn man in ihnen nicht den Menschen sieht, der dahintersteckt.
2. Sorgen Sie dafür, daß man Sie nicht wie eine bloße Nummer, eine Belanglosigkeit, behandelt. Mit Nummern haben die Menschen nicht viel im Sinn. Ihre Einstellung dazu ist: »Wie, Nummer 463 glaubt, ein Problem zu haben? Wen kümmert es?«

Nachdem wir aber so weit gekommen sind, möchte ich eine Warnung aussprechen, die jetzt angebracht ist. Bitte, nehmen Sie zur Kenntnis, daß jede effektive Methode ihre Wirkung verliert, wenn man sie bis zum äußersten treibt. Sie kann dann regelrecht lächerlich wirken. Etwas besonnene Zurückhaltung ist daher oft recht hilfreich.

Vor einiger Zeit erfuhr ich einmal von einer etwas zweifelhaften Geschichte, die ich Ihnen gern weitererzählen möchte. Sie handelt von einem jungen Priester, der beim Lesen seiner ersten Messe derart nervös war, daß er kaum sprechen konnte. Nach Beendigung der Messe wandte er sich an seinen Monsignore und bat ihn um Hilfe.

Angetan von der Bitte des jungen Priesters, legte ihm der Monsignore den Arm um die Schultern und sagte: »Wenn Sie Ihre Gemeinde fesseln wollen, dann müssen Sie die Bibel zum Leben erwecken. Ihre Zuhörer müssen das, was damals passierte, so erleben, als sei es heute. Denken Sie daran: Jesus wollte das wirklich Menschliche im Menschen erlösen. Seine Aufgabe bestand nicht darin, über sie zu herrschen, sondern sie zu befreien. Mit anderen Worten«, und dabei neigte er sich dem jungen Mann noch mehr zu, »die Gläubigen müssen das alles wie am eigenen Leibe, ganz persönlich, erfahren. Benutzen Sie daher ihre Sprache. Sag's, wie es ist, wie die jungen Leute sagen.«

Der Priester nickte dazu nachdrücklich und ermunterte damit seinen Lehrer, weiterzureden.
Der war tatsächlich so beeindruckt von der Reaktion des jungen Mannes, daß er ihm einen kleinen letzten Tip aus seiner langen Erfahrung nicht verheimlichen mochte. Ganz nah am Ohr des jungen Mannes wisperte er: »Und, also – vielleicht hilft es Ihnen auch ein wenig, wenn Sie sich einen Schluck Wodka oder Gin in Ihr Wasserglas schütten.«
Am folgenden Sonntag hielt sich der junge Priester Wort für Wort an die Ratschläge seines Monsignore, worauf ihm auch tatsächlich alles sehr leichtfiel; er redete wie ein Wasserfall. Aber da sah er, ganz im Hintergrund, den Monsignore sitzen, der sich wie wild Notizen machte.
Nach Beendigung der Messe eilte der Priester zu seinem Oberen, um Genaueres zu erfahren: »Nun, wie habe ich es diesmal gemacht?«
»Recht gut«, sagte der Monsignore, »aber da gibt es sechs Punke, die mir aufgefallen sind, an denen Sie noch arbeiten sollten.« Und dann drückte er dem Priester einen Zettel in die Hand, auf dem er folgendes vermerkt hatte:

1. Es handelt sich um die ›Zehn Gebote‹, nicht um die ›top ten‹ auf der ›Hitliste‹.
2. Es waren seine Jünger, nicht sein ›Fanclub‹.
3. David traf Goliath mit einer Schleuder und hat ihn nicht ›in den Arsch getreten‹.
4. Es handelt sich um Jesus Christus und nicht um den ›verstorbenen J.C.‹.
5. Am nächsten Samstag haben wir eine Maiandacht in St. Peter und nicht einen ›Treff mit Maria‹.
6. Gottvater, Sohn und Heiligen Geist sollte man nicht als ›Big Daddy‹, ›Junior‹ und ›das Gespenst‹ bezeichnen.

Die Moral von der Geschicht': Man sollte nicht alles ganz wörtlich nehmen. Tun Sie, was den Umständen entsprechend das Passende ist – und dies immer gemäßigt.

Mit dieser Möglichkeit, durch Einsetzen der eigenen Persönlichkeit zum Erfolg zu kommen, konnte wohl Richard J. Daley, der langjährige Bürgermeister von Chicago, am besten umgehen. Das läßt sich gut im Kontrast zu den Methoden von John Lindsay, dem früheren Bürgermeister von New York, herausarbeiten.

Meiner Ansicht nach war John Lindsay der bestaussehendste Bürgermeister, den New York je hatte. Schlank gebaut und mit einem markanten Kinn ausgestattet, hätte er leicht eine Karriere bei Film oder Fernsehen machen können. Vom Wuchs her war er der größte Bürgermeister, den die Stadt je gehabt hatte, aber das sagt nicht viel. Er war stets makellos gekleidet und er war ein begabter Redner. Und wenn er sprach, dann hörte sich das an, als stamme er gar nicht aus New York — und das allein schon qualifizierte ihn ausreichend, Bürgermeister dieser Stadt zu werden. John Lindsay schien alles zu haben, was er für sein Amt brauchte.

Aber hat John Lindsay, ein ehrbarer Staatsdiener mit den besten Vorsätzen, seine Ziele auch erreicht? Mitnichten. Es gelang ihm nicht, weil er bei all seinem Engagement die Dinge nicht ›personalisiert‹ hat. Er hat stets nur im Auftrag der Stadt New York ge- und verhandelt. Er sagte immer Sätze wie: ›New York City weiß Ihren Einsatz zu würdigen.‹ Wer konnte mit solch unpersönlichen und abstrakten Sätzen schon etwas anfangen? Die riesige Stadt New York, dieses Megalopolis, ist einfach zu groß und umfassend, als daß ein normal beschränktes Gehirn sie ganz erfassen könnte.

Daley war genau der entgegengesetzte Typ: klein, rund und untersetzt. Er steckte stets in Anzügen, die seit mindestens dreißig Jahren aus der Mode waren. Seine Reden zeigten ihn im ständigen Kampf mit der Syntax.

Als er einmal eine neue Schule einweihte, nannte er sie eine der größten ›Platitüden des Lernens‹ (statt Plattformen), und vor Geschäftsleuten gelang ihm beispielsweise der Satz: ›Das wirkliche Problem von heute ist die Zukunft.‹ Die Beispiele ließen sich beliebig fortsetzen.

Aber haben seine Erscheinung und seine Probleme, sich richtig auszudrücken, Richard Daley geschadet? Im Gegenteil: Sie

machten ihn menschlich, wertvoll und anziehend. Er wird noch heute so verehrt, daß man sagen kann: Er ist in die Geschichte von Chicago eingegangen.
Im vergangenen Herbst saß ich in O'Hare in einem Flugzeug und wartete auf den Abflug. Mein Sitznachbar fragte mich: »Schneit es draußen?« Ich schaute aus dem Fenster und sagte: »Ja.« Da antwortete mein Nachbar doch tatsächlich: »Wissen Sie, als Daley noch am Leben war, hat es nie so früh geschneit!«
Das schlichte Grab des Bürgermeisters liegt auf einem kleinen Friedhof in Chicago. Aber immer noch pilgern Jahr für Jahr Tausende zu seiner letzten Ruhestätte, um ihm die letzte Ehre zu erweisen. Vom Gewicht dieser vielen Menschen ist der Boden um das Grab regelrecht abgesunken, und das Grab selbst liegt jetzt erhöht. Warum kommen sie in solchen Scharen? Wahrscheinlich bitten sie um Gnadenerweise, und wahrscheinlich gewährt er sie ihnen immer noch!
Wie kommt es, daß auch noch heute die Geschäftsleute und die Männer aus den Führungsetagen behaupten?: »Daley war unser Freund; und er verstand *wirklich* etwas vom Geschäft.« Warum sagen Gewerkschaftsvertreter noch heute?: »Daley hat den Arbeiter *tatsächlich* verstanden und seine Bedürfnisse gekannt.« Wie ist es ihm gelungen, mit beiden Seiten zu verhandeln und jede davon zu überzeugen, daß er auf *ihrer* Seite sei? Weil er, anders als Lindsay, *als Person* auftrat. Er verhandelte niemals im Auftrag der Demokratischen National-Komitees, der Demokratischen Partei und der Stadt Chicago. Er wußte in seinem Innern, daß das allzu abstrakte Größen waren. Statt dessen trat er den Menschen ganz privat gegenüber, jedem einzelnen von ihnen, und forderte jeden persönlich zum Engagement auf.
Er sagte zum Beispiel: »John, Sie haben gesagt, Sie würden das für mich tun. Ich habe mich da auf Sie *verlassen.* Ich habe meiner Frau erzählt, was Sie mir versprochen haben. Sie können mich jetzt nicht hängen lassen!« usw.
Das ist es, was ich meinte, als ich vorschlug, Sie sollten Ihren Verhandlungen den Charakter des Persönlichen geben.

Jetzt, da wir zusammen am Ende des Buches angelangt sind, wage ich zu hoffen, daß das Gelesene für Sie der Beginn einer gewinnbringenden und befreienden Phase Ihres Lebens einzuleiten vermag.
Sie haben auf dieser Welt eine Rolle zu spielen — es hat seinen Sinn, daß es Sie gibt. Aber es liegt an Ihnen, wie Sie Ihren Part finden und spielen, wie Sie Ihre Zukunft gestalten.
Sie allein bestimmen Ihr Schicksal, durch Ihre eigenen Anstrengungen. Akzeptieren Sie diese Verantwortung — nicht nur für sich selbst, sondern für uns alle als Gemeinschaft. Sie haben es selbst in Ihren Händen, Ihr Leben und das Leben der anderen zu verändern. Schrecken Sie nicht davor zurück, Macht zu gebrauchen, und warten Sie nicht, daß andere es für Sie tun. Selbstverständlich können Sie erreichen, was Sie wollen, aber ein Teil davon soll auch den anderen auf ihrem Lebensweg zugutekommen.
Ein gutes Leben ist keine passive Existenz nach dem Motto: Leben und leben lassen. Die Menschen sind aufeinander angewiesen: Leben und leben helfen.

Ich möchte dieses Buch gern mit einem Zitat aus William Styrons *Sophie's Choice* beschließen:

›Das Tiefgründigste‹, was jemals über Auschwitz gesagt wurde, bestand nicht in einer Aussage, sondern in einer Gegenfrage.
Die Frage lautete: ›Sag mir, wo war Gott, als es Auschwitz gab?‹ Die Antwort war: ›Wo war der Mensch?‹

Stichwortverzeichnis